Dr. med. R. F. Weiß

Moderne Pflanzen-Heilkunde

Neues über Heilpflanzen
und ihre Anwendung
in der Medizin

7. Auflage

Kneipp-Verlag GmbH
8939 Bad Wörishofen

Printed in Germany
Umschlag: Atelier Faber, München
Druck: Landsberger Verlagsanstalt Martin Neumeyer, Landsberg a. Lech
ISBN-3-921481-17-1

INHALTSVERZEICHNIS

Vorwort zur 1. und 2. Auflage

Die Pflanzenheilkunde (Phytotherapie) ist wieder *modern* geworden, nicht nur in weitesten Kreisen der leidenden Menschen, sondern auch in der wissenschaftlichen Medizin. Die Zahl der Arbeiten in der medizinischen Fachliteratur, die sich mit Heilpflanzen und ihren Wirkungen beschäftigen, ist in ständigem Zunehmen begriffen. Bemerkenswert ist dabei, daß die Mehrzahl dieser Arbeiten sich keineswegs mit neuen oder noch weitgehend unbekannten Pflanzen ferner Zonen beschäftigt, wie man zunächst annehmen möchte; sondern daß sich die Forschung weitmehr auf altbekannte *heimische* Heilpflanzen richtet und bei diesen ganz *neue* therapeutische Möglichkeiten auffindet. In vielen Fällen sind wir schon heute zu gesicherten Ergebnissen gekommen, so daß manche der aus der alten Volksmedizin stammenden Heilpflanzen eine ganz neue Bedeutung für die Heilkunde gewonnen hat. Wir sprechen dabei von einem *neuen medizinischen Aspekt.* In anderen Fällen sind die Forschungen noch nicht abgeschlossen. Andererseits dürfen wir nicht verschweigen, daß manche neue Bearbeitung auch ergeben hat, daß bisherige Behauptungen *nicht* stimmen und daß wir die Beurteilung so mancher Pflanze revidieren müssen.
Daraus ergeben sich dann auch eine große Zahl neuer *Anwendungen,* die nun sowohl im Experiment, durch bessere Kenntnis der Inhaltsstoffe und ihrer Wirkungen, als auch durch kritische Untersuchungen an kranken Menschen belegt und gesichert werden konnten. Die moderne Pflanzenheilkunde kann daher mit Recht für sich in Anspruch nehmen, als eine *wissenschaftliche* Arbeitsrichtung der gesamten Medizin bezeichnet zu werden, nicht anders wie etwa die Behandlung mit chemischen Substanzen (Chemotherapie), mit den verschiedenen Strahlen (Radiotherapie usw.), mit Wasseranwendungen (Hydrotherapie), mit Elektrizität (Elektrotherapie) usw.
Aus diesem Gebiet der modernen wissenschaftlichen Phytotherapie soll hier einiges gebracht werden, das allgemeines Interesse verdient. Es wird also auf das *Neue* aufmerksam gemacht, das sich in letzter Zeit ergab und unsere bisherigen Kenntnisse bereicherte und erweiterte. Da die therapeutische Ausnutzung vieler dieser neuen Arzneipflanzen nur in Form von Fertigpräparaten möglich ist, mußten auch diese genannt werden. Das soll in keinem Falle ein Werturteil darstellen, sondern nur einen nach Möglichkeit objektiven Bericht ergeben und einen Hinweis für die praktische Ausnutzung der neuen Erkenntnisse im Einzelfall. Die Fülle des Stoffes macht eine Auswahl notwendig.
Die 1. Auflage war schon am Ende des Erscheinungsjahres vergriffen. So wurde bald eine 2. Auflage notwendig, die nun noch einige Ergänzungen im Text

und in den Abbildungen erfahren hat. Möge sie allen, die an den Heilpflanzen und ihrer Anwendung interessiert sind, manche Aufklärung und einigen Nutzen bringen.

Januar 1967 *Der Verfasser*

Vorwort zur 7. Auflage

Die 3. bis 6. Auflage dieses Buches waren bald vergriffen. Daher wurde diese 7. Auflage notwendig. Sie wurde erneut überarbeitet und erweitert. Es wurde alles eingefügt, was inzwischen an Neuem hinzugekommen ist und begründet erscheint, und wie immer mit der für dieses Buch von Anfang an kennzeichnenden kritischen Zurückhaltung. Es soll wirklich objektive Informationen übermitteln, und daher blieb auch manches fort, was noch nicht als gesichert angesehen werden kann. Im Jahre 1974 erschien eine dänische Übersetzung, 1976 in erheblicher Auflage eine schwedische Übersetzung, sicherlich ein Zeichen dafür, daß diese Art der Darstellung weiteste Kreise anspricht und allerseits Zustimmung findet.
Die pflanzlichen Heilmittel oder Phytotherapeutika haben gerade in der letzten Zeit vermehrte Beachtung gefunden, leider nicht immer in sachlicher Weise, vielfach mit emotionalen Übertreibungen sowohl nach der positiven als auch nach der negativen Seite hin. Das hängt zusammen mit den heftigen Auseinandersetzungen über das neue Arzneimittelgesetz, das nunmehr in Kraft getreten ist. Jedes im Handel befindliche Arzneimittel soll zugleich unschädlich und wirksam sein – sicherlich Forderungen, denen jeder zustimmen wird. Aber lassen sie sich in der Praxis erfüllen? Ist dies nicht ebenso ein Wunschtraum, eine Utopie, wie etwa derjenige nach dem absolut sicheren Auto und vielen anderen Dingen, mit denen man sich in der heutigen Zivilisation täglich auseinandersetzen muß? Da von diesen Auseinandersetzungen gerade die pflanzlichen Arzneimittel besonders betroffen sind, wurde auch dieser Auflage wieder ein eigenes Kapitel „Was ist Phytotherapie?“ vorangestellt. Es war vor allem notwendig, erst einmal eindeutig zu definieren, was man unter Phytotherapeutika zu verstehen hat, denn sonst redet man weitgehend aneinander vorbei. Erst wenn man sich darüber klar ist, gelingt es, den Platz zu finden, den zumal die einfachen pflanzlichen Arzneimittel in der heutigen Medizin einnehmen und mit Recht für sich beanspruchen können.

Herbst 1983 Dr. med. Rudolf Fritz Weiß
Facharzt für Innere Krankheiten

Was ist Phytotherapie?

Der wissenschaftliche Name für die Pflanzenheilkunde ist Phytotherapie. Er hat sich heute allgemein eingeführt und kommt her von dem griechischen Wort Phyton = Pflanze, das dem weiteren Begriff vorangestellt wird, also Phytotherapie, Phytochemie usw. Erstmals gebraucht wurde diese Bezeichnung von dem französischen Arzt Henri *Leclerc* (1870–1955), der seinen weit verbreiteten Leitfaden „Précis de Phytotherapie" nannte. Henri Leclerc hatte seit der Jahrhundertwende in der führenden französischen medizinischen Zeitschrift Presse médicale eine ganze Reihe von Aufsätzen veröffentlicht, die sich jeweils mit der Anwendung einer einzelnen Arzneipflanze beschäftigen. Sie zeichneten sich außer durch ihren Inhalt auch durch die glänzende schriftstellerische Form und Darstellungsweise aus. Sie fanden in der französischen Ärzteschaft große Resonanz und sind sicherlich mit ein Grund dafür, daß auch heute noch die Beschäftigung mit den Heilpflanzen und ihre weitere Erforschung in Frankreich weit verbreitet ist und auf einer großen Höhe steht. Eine ganze Reihe von Heilpflanzen ist über Frankreich in der letzten Zeit zu uns gekommen und hat hier Beachtung und Verbreitung gefunden. Darauf wird in diesem Buch noch mehrfach hingewiesen werden.

Vor allem war mit der Herausarbeitung des Begriffs Phytotherapie ein wesentlicher Schritt getan, von der alten, noch größtenteils in historischen und volkstümlichen Anschauungen befangenen Kräuterheilkunde zu einer exakten Wissenschaft zu kommen, die sich gleichrangig neben andere Formen der Therapie wie der Hydrotherapie, Chemotherapie, Elektrotherapie usw. stellen kann. Daher wählte ich dann auch für die 2. Ausgabe meines Buches, das meine Vorlesungen über die Anwendung der Heilpflanzen an der Berliner Akademie für ärztliche Fortbildung zusammenfaßte, den Namen „Lehrbuch der Phytotherapie". Damit sollte unterstrichen werden, daß es sich hier bereits um ein Gebiet der echten Wissenschaft handelt, auf dem wie in allen anderen Wissenschaftszweigen betont kritisch vorgegangen wird. So war es schon damals mein Bestreben und ist es bis heute geblieben, das darzustellen, was an echtem wissenschaftlichem Gut auf dem Gebiete der Heilpflanzenkunde heute vorliegt, und kritisch auszusondern, was damit zu erreichen ist, was wir als überholt ansehen müssen und was an ständig Neuem hinzukommt. Daher war es unausbleiblich, daß ich den neuen Auflagen meines „Lehrbuch der Phytotherapie" (6. Auflage 1982, Hippokrates-Verlag, Stuttgart) ebenso wie hier einen Abschnitt voranstellte: „Was ist Phytotherapie?" Damit sollte zunächst einmal die Ausgangslage geklärt werden, denn jede Wissenschaft baut sich auf einer exakten Definition ihrer Begriffe auf.

Phytotherapie oder Pflanzenheilkunde ist derjenige Teil der Medizin, der sich mit der Anwendung pflanzlicher Heilmittel beim kranken Menschen beschäftigt. Sie umfaßt demgemäß *alle,* von den *schwach* wirksamen Heilpflanzen wie der Kamille, der Pfefferminze und vielen anderen bis zu den *stark* wirksamen z. B. der Digitalis oder der Tollkirsche (Belladonna) oder dem Schlafmohn, der uns das Opium und damit das Morphium liefert. Dabei ist zu betonen, daß die Bezeichnung ,,schwach wirksam" nicht bedeutet, daß diese Heilpflanzen mehr oder weniger unwirksam seien. Es will vielmehr besagen, daß man von diesen Pflanzen keinen unmittelbaren intensiven Effekt erwarten kann und daß sie auch keine wesentliche Toxizität aufweisen, so daß man sie schadlos auch für längere Zeit kurmäßig nehmen kann. Während die stark wirksamen Heilpflanzen vorzugsweise der Klinik, jedenfalls den schweren Krankheitszuständen vorbehalten sind, sind die einfacheren die unentbehrlichen Mittel der Praxis, sowohl für leichtere Krankheitszustände als auch für viele und recht unangenehme chronische Krankheiten.

Derart ergibt sich eine Unterscheidung zwischen den ,,milden" oder *Mite*-Phytotherapeutica einerseits und den stark wirksamen oder *Forte*-Phytotherapeutica andererseits. Dazwischen freilich liegt das große Gebiet der Übergänge, also der vielen Arzneipflanzen, die eine Mittelstellung einnehmen zwischen ,,mild" und ,,stark", wie etwa die Arnika, die Adonis, das Süßholz, um nur einige wenige zu nennen. Dieser Unterschiede und dieser Einteilung muß man sich bewußt bleiben, wenn man das Gebiet der Phytotherapie überschauen will.

Diese Einteilung in Mite- und Forte-Phytotherapeutica hat sich schnell eingeführt, vor allem wohl deshalb, weil sie in sehr einfacher und anschaulicher Weise erkennen läßt, wie sehr man bisher oft aneinander vorbeigeredet hat. Im exakt-wissenschaftlichen Bereich sprach man und spricht auch heute noch vorzugsweise von „Phytopharmaca" und meint damit in erster Linie die Forte-Phytotherapeutica, weil sich diese mit den gleichen Methoden bearbeiten und erforschen lassen wie alle anderen Arzneimittel („Pharmaca") auch. Dagegen glaubte man, als Phytotherapeutica vorwiegend diejenigen Pflanzen bezeichnen zu können, die in der Volksheilkunde schon immer bekannt und beliebt waren, aber bisher einer wissenschaftlichen Nachprüfung nicht standhielten. Sie galten demgemäß als „nicht wissenschaftlich", und sich damit zu beschäftigen galt für einen Angehörigen der Hochschulmedizin, gleich ob im Laboratorium oder in der Klinik, gleichsam für minderwertig und eines exakten Wissenschaftlers nicht würdig. Das hat sich nun in letzter Zeit grundlegend geändert, allerdings erst auf dem Gebiete der Phyto-Chemie und zunächst noch zögernd auch auf demjenigen der Pharmakologie, jedoch leider noch gar nicht oder kaum in den Hochschulkliniken und den großen Krankenhäusern.

Die „einfachen", also die Mite-Phytotherapeutica, wurden in letzter Zeit sehr eingehend untersucht. Viele Berichte aus Laboratorien und Instituten

liegen darüber vor. Das führte dazu, daß nunmehr auch für Wirkung und Wirksamkeit der altbewährten Heilpflanzen wie der Kamille, dem Baldrian, dem Weißdorn und vielen anderen exakte Belege gebracht werden konnten. Sie zeigen, daß die uralten volksheilkundlichen Erfahrungen doch auf einem weit sichererem Boden stehen, als man bisher anzunehmen wagte. Froh darüber sind vor allem die Ärzte in der Praxis, die sich darin bestätigt sehen, daß sie an diesen Mite-Phytotherapeutica unentwegt festgehalten haben, weil sie immer wieder deren Erfolge feststellen konnten. Aber die große Klinik hat auch heute noch kaum Notiz davon genommen. Das ist leicht verständlich, wenn man bedenkt, daß sie an alle Arzneimittel und so auch an die pflanzlichen, ganz andere Anforderungen stellen muß wie der Arzt in der Praxis. Die Klinik braucht stark und schnell wirkende Medikamente, für die sich von den Phytotherapeutica etwa Digitalis, Strophanthin, Atropin und nicht zuletzt das gleichfalls pflanzliche Morphin aus dem Opium als geeignet erwiesen haben. So stehen sich Klinik und Praxis auch heute noch deutlich getrennt gegenüber: für die Klinik sind die Forte-, für die Praxis, zumal für die Langzeitbehandlung chronischer Leiden, dagegen, die Mite-Phytotherapeutica wesentlich. Die pragmatische Einteilung in diese beiden Gruppen hat das deutlich gemacht. So ist zu erwarten, daß es nunmehr als ersten Anfang wenigstens zu einem gegenseitigen Verstehen kommt.
Die Schwierigkeiten für die wissenschaftliche Anerkennung der Mite-Phytotherapeutica hängen damit eng zusammen. Die Ausbildung der Ärzte erfolgt in den wissenschaftlichen Hochschulinstituten und in den Kliniken. So kommt es, daß die jungen Ärzte von den Mite-Phytotherapeutica so gut wie nichts erfahren. Da ist es dann kein Wunder, daß sie später, wenn sie aus Klinik und Krankenhaus in die Praxis kommen, dem dort notwendigen Gebrauch der Mite-Phytotherapeutica völlig kenntnislos und hilflos gegenüberstehen. Nur so ist es zu verstehen, daß junge Ärzte in der Praxis etwa bei jedem Herzkranken gleich ein Digitalispräparat verordnen, weil sie es in der Klinik nicht anders gelernt haben und gar nicht wissen, daß man bei den vielen leichteren und vor allem chronischen Herzleiden auch mit anderen, „einfacheren“, aber trotzdem ausreichend wirksamen Herzmitteln auskommt. Gleiches gilt für die Behandlung von Magen-, Gallen- und Leberleiden, für Rheuma und vor allem für die große Menge der psychosomatischen Erkrankungen.
So konnte die Reaktion nicht ausbleiben. Sie macht sich heute in immer steigendem und dringendem Maße derart bemerkbar, daß schon die Studenten an den Universitäten unzufrieden damit sind, daß sie bei ihrer Ausbildung von den Mite-Phytotherapeutica so gut wie nichts erfahren. Sie suchen daher die Fortbildungskurse der Ärzteverbände auf, die sich mit den Naturheilverfahren und dabei auch mit den Mite-Phytotherapeutica beschäftigen. Das ist ein Trend, der immer deutlicher wurde und allmählich auch bei den für die

Ausbildung der Ärzte zuständigen Stellen sichtbar wird. Man wird nicht umhin können, bei der beabsichtigten Neuordnung des ärztlichen Studiums darauf Rücksicht zu nehmen. Ganz ähnliches gilt übrigens auch für die Apotheker, bei deren Ausbildung nach der „Reform“ des Studienganges die Botanik immer mehr in den Hintergrund getreten ist. Während es früher für den Apotheker Vorschrift war, daß er zum Examen ein Herbarium vorlegen mußte, bei dem die Heilpflanzen einen besonderen Raum einnahmen, ist dies jetzt abgeschafft worden. Früher galt ein Apotheker auch gleichzeitig als ein guter Botaniker und Kenner der Heilpflanzen, heute erfährt er in seinem Studium ähnlich wie die Ärzte fast nur noch etwas von chemisch-synthetischen Arzneimitteln und allenfalls einiges über Forte-Phytotherapeutica.

Mild und stark wirksame Heilpflanzen

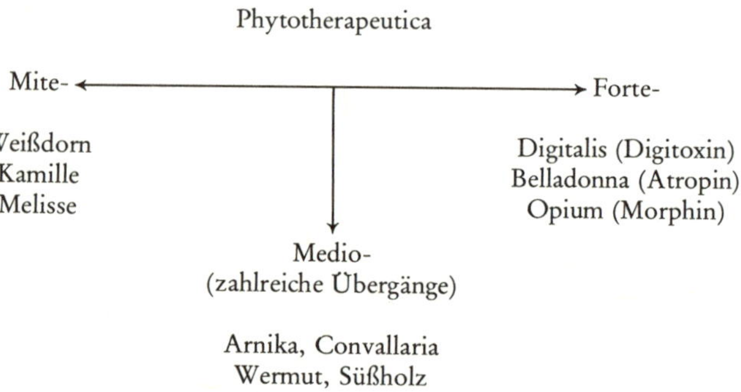

Inzwischen ist man sich doch näher gekommen und es scheint sich eine Synthese anzubahnen. Man hat die große Diskrepanz erkennen müssen, die heute noch zwischen der experimentell-theoretischen Forschung einerseits und der praktischen Anwendung andererseits besteht. Im Grunde sind also auch die beiden Ausdrücke Phytopharmaka und Phytotherapeutika nur andere Aspekte der gleichen Sache. So ist es verständlich, ja selbstverständlich, daß wir hier in diesem Buch von Phytotherapie und von Phytotherapeutika sprechen.
Eine große Auseinandersetzung, die mit erheblicher Schärfe und vielen Emotionen geführt wurde, gab es in den letzten Jahren um das neue *Arzneimittelgesetz.* In Ausführung eines Beschlusses der Europäischen Wirtschaftsgemeinschaft (EWG) mußte auch bei uns eine neue Regelung der Registrierung und Zulassung von Arzneimitteln erfolgen. Dabei zeigte sich dann so ganz der Perfektionismus, der heute noch weithin unser ,,wissenschaftliches“ Denken beherrscht. Man nahm sich die überaus strengen Vorschriften der amerikanischen

Food and Drug Administation (FDA) zum Vorbild und wollte nur noch solche Arzneimittel zulassen, bei denen der „Beweis“ für die Wirksamkeit in „objektiver“ Weise durch exakte chemische, pharmakologische und klinische Untersuchungen erbracht werden kann. Das ist aber bis heute für einen großen Teil der pflanzlichen Arzneimittel noch nicht zu erreichen, vor allem für das die Praxis ganz beherrschende Gebiet der milden (Mite-) Phytotherapeutika. Diese würden nach dem ersten, strengen Entwurf des neuen Arzneimittelgesetzes samt und sonders aus unserem Heilschatz verschwinden müssen! Daß dies geradezu absurd ist und bei der weiten Verbreitung und der aus langer, langer Erfahrung gesicherten Erkenntnis praktisch einfach nicht durchführbar sein könnte, erkannte man langsam, als der einhellige Protest aus Ärzteschaft und Publikum einsetzte. Trotzdem gaben die „strengen“ Wissenschaftler nicht auf. Erst als die Proteste immer mehr anschwollen und auch wissenschaftliche Begründungen vorgelegt wurden, kam es zu einem dritten Entwurf des Gesetzes, der nun doch Zugeständnisse machte. Aber selbst das genügte noch nicht.
Die endgültige Entscheidung war zuletzt eine vorzugsweise *politische.* Die Politiker aller Parteien hatten den Eindruck gewonnen, daß man über die mannigfachen Bedenken sich nicht einfach hinwegsetzen könne, die nicht nur von Ärzten vorgebracht wurden, sondern die sich weit darüber hinaus auch auf die Meinungsbildung in weitesten Kreisen der Bevölkerung erstreckten. Um es etwas gröber zu sagen: es war die „breite Masse“ mobilisiert worden, die sich ihr Recht auf einfache und „natürliche“ Heilmittel nicht nehmen lassen wollte.
Damit wurde bestätigt, was inzwischen schon viele Umfragen ergeben hatten, daß nicht nur die große Mehrzahl der Ärzte in der freien Praxis, sondern auch und sogar noch mehr die Kranken und Leidenden selbst sich energisch gegen die einseitige Bevormundung durch eine perfektionistische Wissenschaft wehrten, die über den Gesetzgeber ihre einseitige Meinung durchzusetzen suchte. Wir leben in einer *pluralistischen* Gesellschaft, in der *alle* Anschauungen gleichberechtigt nebeneinander stehen. Das gilt auch für die Heilkunde. Es ist nun einmal eine Tatsache, an der man nicht vorübergehen kann, daß gerade die Heilpflanzen eine breite Anhängerschaft im Volke und bei den Ärzten in der Praxis haben. Das will keineswegs besagen, daß man ausschließlich jeden Kranken auf diese Weise behandeln muß. Schon die Umfragen bei den Ärzten hatten gezeigt, daß sich viele Ärzte ständig pflanzlicher Heilmittel bedienen und diese verordnen, ohne darüber die anderen zu vernachlässigen. Die Praxis kommt eben ohne einen gesunden Pragmatismus nicht aus.
In dem endgültig angenommenen Arzneimittelgesetz, das am 1. Januar 1978 in Kraft getreten ist und das im Bundestag einstimmig verabschiedet wurde, ist nunmehr die Existenz der pflanzlichen Heilmittel anerkannt und gesichert. In § 21 Abs. 3 des neuen Arzneimittelgesetzes heißt es, daß anstelle der strengen

Forderungen nach Abs. 2 auch „anderes wissenschaftliches Erkenntnismaterial" vorgelegt werden kann und zwar nach Abs. 1 „bei einem Arzneimittel, dessen Wirkungen und Nebenwirkungen bereits bekannt und aus dem wissenschaftlichen Erkenntnismaterial ersichtlich sind." Gerade diese Fassung ist in dem zuständigen Ausschuß von allen Fraktionen einmütig gebilligt worden. Sie bedeutet die Anerkennung der *Erfahrung*, also der wissenschaftlich begründeten Empirie, wie es die Vertreter der praktischen Phytotherapie immer gefordert haben. Der Berichterstatter des Ausschusses sagte hierzu, daß vom Antragsteller auf die Registrierung eines Arzneimittels nicht der zwingende Beweis der Wirksamkeit eines Arzneimittels im Sinne eines jederzeit reproduzierbaren Ergebnisses eines nach einheitlichen Methoden ausgerichteten naturwissenschaftlichen Experiments verlangt werden kann. Und weiterhin heißt es in diesem Bericht, daß ein wissenschaftlicher Streit zwischen den verschiedenen therapeutischen Lehrmeinungen nicht dadurch entschieden werden dürfe, daß sich die Zulassungsbehörde die wissenschaftlichen Methoden und Denkansätze einer bestimmten Lehre zu eigen mache und sie als den Stand der wissenschaftlichen Erkenntnisse deklariere. Damit ist ebenfalls eine deutliche Absage an Forderungen gestellt, lediglich die Methoden und Entscheidungen von bestimmten Hochschulinstituten und Kliniken als maßgeblich zu betrachten. Es ist die Erkenntnis niedergelegt, daß auch die sog. „wissenschaftliche Lehrmeinung" durchaus zeitbedingt ist und immer die Neigung zeige, sich an eine jeweils vorherrschende Richtung zu binden. Sie wird damit intolerant und glaubt andere Lehrmeinungen und Anschauungen als nicht wissenschaftlich begründet abtun zu können.

Jetzt ist nun endgültig entschieden, daß die phytotherapeutischen Arzneimittel. wenn sie ausschließlich Pflanzen von seit langem bekannter Wirksamkeit und Unschädlichkeit enthalten, nicht den strengen Anforderungen zu unterliegen brauchen, wie sie in dem ersten Entwurf des Arzneimittelgesetzes gefordert wurden. Es genügt, wenn anstelle der Ergebnisse von pharmakologischen, toxikologischen und klinischen Prüfungen *bibliographische* Unterlagen oder wissenschaftliches Erkenntnismaterial vorgelegt werden, die im Sinne des Gesetzes als ausreichend anzusehen sind.

In der Tat erkennen heute auch schon viele Hochschullehrer den Wert der Erfahrungstherapie. So schrieb Prof. L. *Demling* , Direktor der Medizinischen Universitäts-Klinik Erlangen, kürzlich in einer wissenschaftlichen Zeitschrift: „Manches, was in der Erfahrungsmedizin seinen festen Platz hat, lange Zeit aber ein allenfalls von Naturheilkundigen gefördertes Dasein fristete, erweist sich plötzlich im Lichte neuer Prüfmethoden als wirksame Arznei." Noch deutlicher wird Prof. Robert Hegenauer von der Reichsuniversität in Leiden (Niederlande). Er sagte in seinem Festvortrag anläßlich der Verleihung der Ehrenmitgliedschaft der Gesellschaft für Arzneipflanzenforschung, der in-

zwischen auch in der Zeitschrift „Planta Medica" (August 1978) erschienen ist: „Schlußendlich sollten die vielen in Europa und andernorts auf empirischem Wege gesammelten therapeutischen Erfahrungen mit Arzneipflanzen unbedingt zur kritischen Prüfung anregen. Der Ausdruck Volksmedizin – obwohl durch die Schulmedizin öfters in abschätzendem Sinne verwendet – ist keineswegs synonym mit Humbug, Quacksalberei und Kurpfuscherei, sondern Inbegriff des durch viele Generationen gesammelten und weitergegebenen Erfahrungsgutes hinsichtlich der vor der letzten Jahrhundertwende verfügbaren Arzneimittel. Es gehört zu den Aufgaben der modernen Wissenschaften, diesen teilweise durch Aberglaube und mystische Vorstellungen verborgenen Schatz von Pharmaka zu heben und richtig beurteilen zu lernen. Letzteres wird aber nur dann möglich sein, wenn neben der Reinstoffpharmakologie in vermehrtem Maße die klinische Pharmakologie und die pharmakologische Beurteilung von Kombinationspräparaten – wie sie letztenendes Frischpflanzen, Drogen und Drogenzubereitungen darstellen – zur Entwicklung gebracht werden. Ausgezeichnete und ausschließlich mit Sonnenenergie erzeugte Pharmaka, wie beispielsweise Kamille, Baldrianwurzel, Tormentillwurzel und vielleicht auch frische Wegerichblätter, werden durch die Reinstoffpharmakologie abgeschrieben, weil sie ihren Prüfungsmethoden kaum zugänglich sind. So lange nicht der ernsthafte Versuch gemacht wurde, brauchbare Methoden zur therapeutischen Beurteilung von ganzen Arzneipflanzen und daraus hergestellten Zubereitungen auszuarbeiten, ist deren Abschreibung für die Therapie als unwissenschaftlich zu bezeichnen. Außerdem scheint mir eine derartige Einstellung im Widerspruch mit der höchsten Norm ärztlichen Handelns – Salus aegroti summa lex (das Wohl des Kranken ist das erste Gebot) – zu sein. Sie beraubt nämlich den Arzt vorhandener Möglichkeiten, um leidenden Menschen zu helfen."
Auch *Prof. E. Bock* (Tübingen), Präsident der Deutschen Therapiewoche, die alljährlich in Karlsruhe stattfindet, hat sich mehrfach und sehr entschieden *positiv* für die Phytotherapie ausgesprochen, nachdem es dieser gelungen ist, sich von dem früheren Ballast allzu spekulativer und phantasiereicher Vorstellungen und Versprechungen zu befreien und eine echte Wissenschaft zu werden. So sagte er hierzu: „Pflanzliche Therapie, sei sie mit Ganzpflanzen oder nur mit Pflanzenstoffen betrieben, wird Phytotherapie genannt. Sie erscheint als Naturgeschenk und leuchtet uns wegen ihrer kosmischen Natürlichkeit als ein erster Behandlungsentwurf unmittelbar ein. Generationen haben sich ihrer bedient, Erfahrung gesammelt und sie als Therapiequelle wie einen historischen Schatz gehütet." Daraus hat er auch die Konsequenz gezogen und erstmalig auf der Therapiewoche 1982 einen ganzen Vormittag für phytotherapeutische Vorträge freigegeben, wobei er es sich nicht nehmen ließ, diese Vormittagstagung mit einigen bemerkenswerten Ausführungen über Wert und Notwendigkeit der Phytotherapie einzuleiten. Sie soll nunmehr

ständig auf der Therapiewoche vertreten sein und findet damit eine gleichsam offizielle Anerkennung.
So steht nun die Phytotherapie heute deutlich an einem Wendepunkt und an einem neuen Beginn. Man hat geradezu von einer „Renaissance“ der Heilpflanzen gesprochen. Sie werden nicht nur ihren Platz in der heutigen Medizin behalten, sondern ihn aller Voraussicht nach noch weiter ausbauen. Allerdings gehören dazu Kenntnisse und kritische Auswahl. Dazu mögen die nachfolgenden Ausführungen beitragen.

Phytotherapeutika bei Herzkrankheiten

Mite- (mild) — Forte- (stark)

Crataegus ↔ Digitalis

Convallaria (Mittelstellung)

Phytotherapeutika bei Magen-Darmkrankheiten

Mite- (mild) — Forte- (stark)

Kamille, Pfefferminze ↔ Belladonna (Atropin)

Liquirita (Mittelstellung)

Phytotherapeutika bei Nervenkrankheiten

Mite- (mild) — Forte- (stark)

Baldrian, Melisse ↔ Opium, Morphin (Schlafmohn)

Hyperikum (Mittelstellung)

Neues von der Kamille

Kamille

Die echte Kamille (Matricaria chamomilla) ist bei uns Jahr für Jahr die weitaus am meisten gebrauchte Heilpflanze. Die Menge, die in jedem Jahr verkauft wird, übersteigt bei weitem diejenige aller anderen Arzneipflanzen. Wenn eine Pflanze in so hoher Gunst steht, muß das schon seinen Grund haben. In der Tat haben neue Forschungen gezeigt, daß diese Wertschätzung der Kamille voll und ganz berechtigt ist.

Bekanntlich wächst die Kamille bei uns überall wild, auf den Feldern und in den Gärten als ein Unkraut, das kaum beachtet wird. Das liegt wohl hauptsächlich daran, daß man sich gar nicht bewußt ist, daß es sich bei diesem Unkraut um eine hochwertige Heilpflanze handelt, und man meistens annimmt, das könne doch wohl nur die nutzlose und unwirksame Hundskamille (Anthemis arvensis) sein. Dabei ist die Unterscheidung dieser beiden Kamillenarten so außerordentlich leicht. Freilich, der Geruch ist nicht ausschlaggebend. Wohl riecht die echte Kamille schön aromatisch und die Hundskamille mehr unangenehm, etwas an eine „Hundehütte" erinnernd. Das ist bei der einzelnen Pflanze oft schwer auseinanderzuhalten. Betrachtet man aber die einzelnen Blütenköpfchen, so erkennt man bei der echten Kamille den kegelförmig sich nach oben erstreckenden Blütenboden und die meist nach unten geschlagenen Randblüten; im Unterschied zu dem mehr flachen Blütenboden und den senkrecht oder etwas nach oben stehenden Randblüten bei der Hundskamille. Gesichert jedoch wird die Unterscheidung, wenn wir eine Blüte mit dem Messer oder mit der Schere durchschneiden. Dann erkennt man deutlich, daß bei der echten Kamille der Blütenboden *hohl* ist, bei der Hundskamille dagegen markig, oft etwas braunschwarz durch einen Pilzbefall. Man pflücke sich einmal eine Handvoll solcher echten Kamillen aus dem Garten und bereite sich daraus einen Tee: man wird erstaunt sein, wie herrlich *aromatisch* er schmeckt!

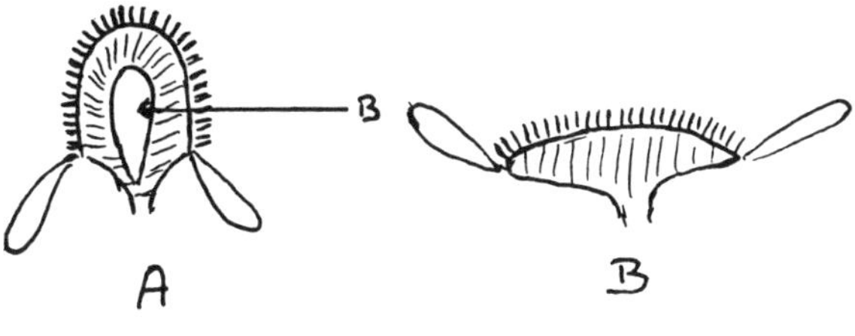

Schematischer Durchschnitt durch die Blüte:

A Echte Kamille: kegelförmiger *hohler* Blütenboden (B), Randblüten meistens nach unten geschlagen.

B Hundskamille: flacherer markiger Blütenboden, Randblüten gewöhnlich seitlich abstehend.

Es ist bekannt und durch vielfache Untersuchungen belegt, daß unsere *heimische* Kamille sehr hochwertig ist, sowohl die wildwachsende als auch diejenige aus dem Anbau. Trotzdem beträgt der Anteil der deutschen Kamillenblüten am inländischen Markt kaum ein Prozent. Das erklärt sich sehr einfach dadurch, daß das Sammeln bei dem heutigen hohen Lebensstandard nicht mehr lohnt und auch der Anbau viel zu teuer kommt. Die übrigen 99 Prozent des Bedarfs an Kamillen-Blüten müssen durch Einfuhren aus Ungarn, Rumänien, Bulgarien, Griechenland und sogar aus Argentinien gedeckt werden, wobei die argentinische Ware durchaus nicht immer den Anforderungen entspricht. Durch diese Einfuhr ist die Kamille bei uns verhältnismäßig *teuer,* viel teurer als etwa die Pfefferminze, die sich bei uns leicht feldmäßig anbauen und ernten läßt. Gerade die Ernte ist bei der angebauten Kamille recht schwierig. Durch eine neue Kamillen-Pflückmaschine versucht man, sie rationeller zu gestalten. Diese Kamillen-Pflückmaschine ist unter der Nummer 1819617 beim Deutschen Patentamt in München als Gebrauchsmuster eingetragen.
Die wissenschaftliche Durchforschung der Kamille begann bereits vor einigen Jahrzehnten durch den berühmten Berliner Pharmakologen Prof. Heubner. Er konnte durch Untersuchungen in seinem Institut feststellen, daß die Kamille eine deutliche *entzündungshemmende* (antiphlogistische) Wirkung besitzt. Träufelt man beim Kaninchen etwas Senföl in das Auge, so entsteht eine heftige Entzündung. Gibt man jedoch Kamille hinzu, so bleibt diese Entzündung aus. Das ist ein klassischer Versuch geworden, der heute überall im Unterricht gezeigt wird.
Destilliert man die gelben Kamillenblüten mit heißem Wasser, so erhält man ein ätherisches Öl von schöner blauer Farbe, das man daher *Kamillenblauöl* nennt. Sein Hauptbestandteil erhielt den Namen *Azulen,* von dem azurblauen Himmel. Ob die entzündungshemmende Wirkung der Kamille lediglich dem Kamillenblauöl zukommt, wird neuerdings bezweifelt. Man fand nämlich in dem ätherischen Kamillenöl noch andere Substanzen, die *Bisabolole* genannt werden. Sie besitzen ebenfalls eine antiphlogistische Wirkung wie das Azulen und gleichzeitig noch *krampfstillende* Eigenschaften. Bisabolol kann bis zu 50 % in dem ätherischen Kamillenöl enthalten sein. Es gibt sogar Kamillensorten, die nur wenig Azulen enthalten, dafür reichlicher Bisabolol. Es zeigt sich also bei der Kamille als dem typischen Beispiel einer altbekannten und altbewährten Heilpflanze, daß es nicht ein einzelner Wirkstoff ist, auf dem der gesamte heilende Effekt beruht. Vielmehr kommen eine ganze Reihe verschiedener Substanzen zusammen, die eben erst in dieser Mischung die erstrebte Heilwirkung ergeben. An der entzündungshemmenden Wirkung selbst kann jedoch heute kein Zweifel mehr sein.
Neuere Untersuchungen von Kunde und Isaac haben gezeigt, daß das Disabolol aus dem Kamillenöl nur in einer linksdrehenden Form vorkommt. Syntheti-

sches Disabolol ist jedoch optisch inaktiv und besitzt eine geringere Wirksamkeit als das linksdrehende Disabolol der Kamille. Die in der Natur vorkommende und somit im Kamillenöl enthaltene Substanz ist also, trotz gleicher chemischer Strukturformel, mit dem synthetischen Mittel im biologischen Sinne keineswegs identisch. Wir kennen ein gleiches Verhalten von einer ganzen Reihe anderer Heilpflanzen. Damit bestätigt sich die alte Erfahrung, daß das *Naturprodukt* doch von dem synthetischen Mittel *verschieden* und ihm in der Wirkung überlegen ist. Man wird also in der Praxis nicht nur etwa aus Vorliebe für die Pflanze, sondern aufgrund sicherer experimenteller Ergebnisse das Naturprodukt vorziehen.
Überhaupt ist es nicht das ätherische Kamillenöl allein, das die heilende Wirkung hervorruft. Bei der Abdestillation des Blauöls verbleibt ein wäßriger Rückstand. Dieser enthält ebenfalls noch wichtige wirksame Substanzen, vor allem die Flavonoide Apiin und Apigenin. Beide wirken ebenfalls krampfstillend, wahrscheinlich noch stärker als das Bisabolol. Dazu kommen dann noch die bekannten blähungswidrigen Eigenschaften der Kamille und weiterhin eine Förderung der Wundheilung, die sich ebenfalls experimentell zeigen läßt. Diese *drei* Haupteigenschaften der Kamille: entzündungshemmend, krampfstillend und wundheilungsfördernd, machen die Kamille zu einem wirklichen und ernsten Heilmittel, das bei innerlicher Anwendung vorzügliche Erfolge bei Magen- und Darmleiden, auch bei akutem Blasenkatarrh und bei vielen anderen Zuständen ergibt und äußerlich in Form von Umschlägen bei schlecht heilenden Wunden und dgl. ebenfalls angebracht ist. Allgemein eingeführt hat sich heute die Anwendung der Kamille bei Magengeschwüren und bei Magenschleimhautkatarrhen (Gastritis) in Form der sog. Rollkur oder Wälzkur. Hier kombinieren sich diese drei Wirkungen der Kamille in bester Weise; sie bewirken nicht nur eine raschere Schmerzbefreiung, sondern fördern auch die Heilung des Geschwürs. Die Durchführung einer solchen Rollkur ist überaus einfach. Morgens früh nüchtern wird ein starker Kamillentee getrunken, doppelt bis dreifach so stark wie gewöhnlich, also 2–3 Teelöffel oder 1 ganzer Eßlöffel voll Kamillenblüten auf 1 Tasse heißes Wasser, langsam, schluckweise, gleichsam „diätetisch". Danach bleibt der Kranke 10 Minuten auf dem Rücken liegen, dann rollt bzw. wälzt er sich auf die rechte Seite und verbleibt dort 10 Minuten, dann ebenso lange auf die linke Seite, und zum Schluß noch 10 Minuten Bauchlage. Auf diese Weise kommt der Kamillentee mit allen Schichten der Darmwand in Berührung, denn er füllt ja nicht gleich den ganzen Magen gleichmäßig aus. Abschließend bleibt der Kranke noch etwa 1/2 Stunde mit einem warmen Leibumschlag im Bett liegen. Dann kann er aufstehen und sein Frühstück einnehmen. Diese Rollkur wird jeden Morgen durchgeführt, 10 Tage hintereinander. Das genügt in den meisten Fällen, um bei einem Magengeschwür Beschwerdefreiheit zu erreichen. Vielfach kann ein neuer Schub des

Geschwürleidens auf diese Weise schon bei häuslicher Behandlung abgefangen werden. Zusätzlich läßt man während dieser Zeit noch nach dem Mittag- und nach dem Abendessen bzw. vor dem Schlafengehen 1 Tasse warmen Kamillentee trinken in der gleichen Weise, langsam, schluckweise, möglichst in entspannter Haltung in einem Sessel sitzend. Dagegen wissen wir heute, daß es bei einem Magengeschwür weit weniger auf eine strenge Diät ankommt als man früher meinte. Nicht einmal eine Breikost ist unbedingt notwendig. Es genügt eine leicht verdauliche Kost ohne reizende Bestandteile, also nur mit milden pflanzlichen Gewürzen. Notwendig ist es allein, solche Nahrungsmittel auszulassen, die nach der eignen Erfahrung des Kranken schlecht vertragen werden, wie etwa gebratene Speisen mit erhitzten Fetten, blähende Gemüse, saure Früchte oder süße Fruchtsäfte und dergleichen.

Anstelle des Kamillentees kann man für eine solche Rollkur auch einen handelsüblichen *Kamillenextrakt* gebrauchen, wie er von verschiedenen Firmen im Handel ist, z. B. Kamillosan der Chemischen Werke Homburg. Man nimmt davon 30–40 Tropfen oder sogar einen Teelöffel voll auf eine Tasse Wasser, noch besser in eine Tasse des gewöhnlichen Kamillentees, den man auf diese Weise verstärkt.

Untersuchungen aus neuester Zeit haben die heilungsfördernden Wirkungen der Kamille bei Magengeschwüren bestätigt und noch erweitert. Es zeigte sich nämlich in Tierversuchen, daß die Verabfolgung eines Kamillenextraktes vor der Bildung von Magengeschwüren schützt. Gab man den Tieren einen Kamillenextrakt und eine Stunde später eine geschwürserzeugende Substanz in den Magen, so blieb in über 50% der Fälle eine Geschwürsbildung aus. Es handelt sich also um eine richtige *Schutzwirkung*; man spricht dabei wissenschaftlich von einem *ulcusprotektiven* Effekt der Kamille. Wahrscheinlich tragen dazu außer dem Alpha-Bisalbolol noch andere Wirkstoffe der Kamille bei. Sie bauen in ihrer Gesamtheit in der Magenschleimhaut gleichsam eine Schutzbarriere gegen die geschwürserzeugende Wirkung des körpereigenen Magensaftes auf. Diese Bestätigungen der aus der ärztlichen Erfahrung heraus schon immer bekannten guten Wirkung der Kamille bei Magengeschwürsleiden sind uns noch aus einem anderen Grunde wesentlich. Es gilt noch immer der alte Satz: *ohne Magensäure kein Magengeschwür.* Daher versuchte man in hartnäckigen Fällen, vor allem solchen mit besonders hohen Salzsäurewerten im Magen, die Salzsäuresektretion durch geeignete Arzneimittel herabzusetzen. Geeignet hierfür sind Zubereitungen aus der heimischen *Tollkirsche*, Atropa belladonna, insbesondere das darin enthaltene Reinalkaloid Atropin. Es wirkt sicher und stark, aber es ist ein *Forte*-Phytotherapeuticum, das auch erhebliche Nebenwirkungen hervorrufen kann. Gibt man jedoch eine Belladonnatinktur in sehr vorsichtigen kleinen Dosen, etwa zwei- bis dreimal täglich jeweils 5–6 bis höchstens 8 Tropfen, so ist die säurehemmende

Wirkung deutlich und zeigt sich in einer Linderung der Schmerzen. Man muß die Zahl der Tropfen so weit steigern, daß es gerade noch zu einer ersten leichten Trockenheit im Mund und Rachen kommt, als Zeichen eines Nachlassens der Schleimhautsekretion, die dann in gleicher Weise auch im Magen einsetzt. Geht man darüber hinaus, so kommt es zu einer Erweiterung der Pupillen und damit zu Sehstörungen, weil nunmehr vermehrt Licht in die Augen eintreten kann. Übrigens war dieser Effekt auch schon im alten Rom bekannt und wurde sogar in besonderer Weise ausgenutzt. Große, weite Pupillen galten als schön, und daher nahmen die Römerinnen Belladonna-Zubereitungen, um dies zu erreichen. Daher kommt auch der Name „Belladonna", was soviel heißt wie „schöne Frauen". Auch heute noch vermag uns die Belladonna bei Magengeschwürsleiden Gutes zu leisten, wenn man mit Kamille allein nicht auskommt. Das erfordert dann allerdings eine ständige gute Überwachung. Aus diesem Grunde versuchte die chemisch-pharmazeutische Industrie, synthetische Stoffe herzustellen, die eine gleich günstige oder sogar noch stärkere Wirkung auf die Hemmung der Magensaftsekretion besitzen, ohne die unangenehmen Begleiterscheinungen der Belladonna. Das ist gelungen. Eine solche Substanz, genannt Cimetidin (als Handelspräparat Tagamet genannt), hat in letzter Zeit durch eine ganz groß aufgezogene Propaganda Bedeutung und weltweite Aufmerksamkeit erlangt. Man glaubte damit einen großen Schritt in der Behandlung der Magengeschwüre weitergekommen zu sein. Aber, wie es bei fortgesetzter Anwendung und Beobachtung so häufig geht, wurden die Hoffnungen neuerdings erheblich gedämpft. Es stellte sich nämlich heraus, daß auch Cimetidin sehr viele und teils recht unangenehme Nebenwirkungen besitzt und man daher genauso zurückhaltend und vorsichtig sein muß, wie mit der Belladonna. Nur für ganz besondere Fälle mit exzessiver Säureproduktion im Magen scheint Cimetidin angebracht zu sein. In der großen Mehrzahl der Fälle aber hat man es gar nicht nötig, derart stark wirkende chemisch-synthetische Substanzen zu geben. Etwa 80% aller Magen- und Zwölffingerdarmgeschwüre heilen auf die einfache konservative Behandlung mit Kamille und nötigenfalls auch kleinen Dosen der Belladonna aus. Nur bei dem Rest von etwa 20% wird sich eine Operation nicht umgehen lassen. Das Geschwürsleiden jedoch, also die Neigung zum erneuten Auftreten von Magen- und Zwölffingerdarmgeschwüren, läßt sich mit keinem Mittel verhüten, auch nicht mit dem neuen Cimetidin, obwohl man es anfangs vermutet hatte. Langzeitbeobachtungen konnten dies nicht bestätigen. Es bleibt auch weiterhin nichts übrig, als möglichst schon bei den ersten Zeichen eines neuen Geschwüres eine Kamillen-Rollkur einzuleiten. Das kann jedenfalls nie schaden, und wegen des geschwürsschützenden Effektes auf die Schleimhaut sollte man davon schon Gebrauch machen, bevor es zur Ausbildung eines vollen Geschwüres kommt.

Ein weiteres Anwendungsgebiet hat die Kamille außerdem bei *Darm*krankheiten. Wir geben sie allein oder als wesentliches unterstützendes Mittel bei geschwürigen Darmkatarrhen der verschiedensten Art (Colitis), ganz besonders wegen des zuverlässigen krampflösenden Effekts bei dem sog. *reizbaren Dickdarm* (Colon irritabile). Das ist heute eine der häufigsten Darmkrankheiten überhaupt, bei der sich chronische „nervöse" Belastungen und Erschöpfungszustände, aber auch gar nicht so selten ein chronischer Reizzustand durch langdauernden Mißbrauch von Abführmitteln am Darm auswirken. Man spricht dabei geradezu von einem „cathartischen Colon", also einem Reizdickdarm durch Laxantien (Laxativ-Colon). Die Ursache hierfür sind die Flüssigkeitsver-

Mild und stark wirkende Heilpflanzen bei Magen-Darmleiden

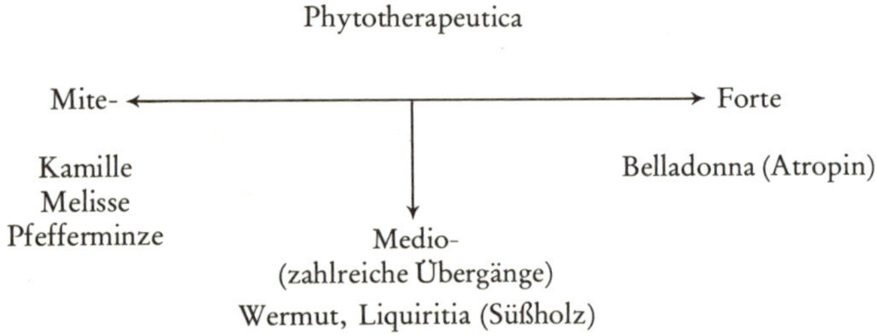

luste, die durch die künstlich hervorgerufenen Durchfälle entstehen und bei denen nicht nur Wasser, sondern auch wesentliche Mineralsubstanzen wie vor allem Kalium dem Körper entzogen werden. Ein solcher Kaliummangel führt zu schweren Schwächezuständen mit lähmungsartigen Erscheinungen. Wenn man sie nicht kennt und nach einem Mißbrauch von Abführmitteln fragt, werden sie leicht übersehen, sogar im Krankenhaus. Man vermutet alles mögliche und wird dann auch hinsichtlich der Behandlung auf falsche Bahnen geführt. Dabei ist die Hauptsache das sofortige Absetzen der Laxantien. Weiter hilft hierbei Kamillentee, regelmäßig und langdauernd getrunken, oft schon allein und vielfach besser als so manche starken Antikrampfmittel. Derart ist die Kamille heute ein *echtes* Heilmittel, selbst für die Klinik, geworden.

Das schien uns eigentlich schon genug zur Erklärung der Wertschätzung der Kamille, die sie seit altersher besitzt. Um so erstaunlicher ist es, daß neuere Forschungen noch eine ganz *andere* Wirkung der Kamille aufgedeckt haben. Priv.-Doz. Dr. Kienholz vom Hygiene-Institut der Universität Gießen gelang es vor einigen Jahren zu zeigen, daß der Kamille eine erhebliche *entgiftende* Wirkung auf die Toxine verschiedener Bakterien zukommt, u. a. auf Staphylokokken und Streptokokken, die zu den verbreitetsten und unangenehmsten Krankheitserregern zählen. Nicht die Vermehrung der Bakterien selbst wird gehemmt, wie es die modernen Antibiotika tun; sondern die von den Bakterien gebildeten *Giftstoffe* werden inaktiviert. Dazu genügen bereits sehr geringe Mengen des ätherischen Öls. Die Menge, die aus $^1/_{10}$ g Kamille durch Destillation gewonnen wird, vermag das Dreifache derjenigen Streptokokken-Giftmenge innerhalb von zwei Stunden zu vernichten, die bislang als höchste Giftkonzentration im menschlichen Organismus gefunden wurden. Noch größer war die Einwirkung auf die Gifte der Staphylokokken.

Es ist verständlich, daß durch diese Unschädlichmachung der Bakteriengifte schwerere Schäden im Körper vermieden werden können. So erklärt sich nun auch, weshalb und auf welchem Wege nach der Anwendung der Kamille eine rasche Besserung des Allgemeinbefindens bei den verschiedensten Erkrankungen eintritt. Wir kannten das schon immer bei den Entzündungen der oberen Luftwege. War es bei einem hartnäckigen Schnupfen zu einer Entzündung der Kieferhöhlen oder der Stirnhöhlen gekommen, so ließ man gerne heiße Kamillendämpfe inhalieren. Das geschieht in einfachster Weise so, daß eine Handvoll Kamillenblüten auf dem Boden eines Topfes mit kochendem Wasser überbrüht werden und man nun diese Dämpfe einatmet, indem man sich ein Tuch über den Kopf hält oder aus Zeitungspapier eine Tüte anfertigt, die am engen Teil abgeschnitten wird. Natürlich kann man auch die modernen Inhalationsapparate dazu benützen. Aber *wie* diese Inhalation wirkte, wußten wir bisher nicht. Wir glaubten, daß allein die Lösung des Schleimes und auch der bereits bekannte entzündungshemmende Effekt der Kamille dafür ausschlaggebend sei. Nun aber wissen wir durch die Forschungen von Kienholz, daß die Wirkung noch eine viel *weiter*gehende ist. Die Giftstoffe, welche die Bakterien auf den erkrankten Schleimhäuten bilden, werden durch diese Kamillendämpfe neutralisiert. Sie können dann nicht mehr in den Körper eindringen, und die Folge ist die auffällige Besserung des Allgemeinszustandes. Außerdem klingt der Katarrh der Schleimhaut rascher ab. Seitdem wir auf diese Weise eine exakte *Begründung* für diese Wirkung haben, werden wir diese einfachen Kamillen-Inhalationen mit ganz anderen Augen betrachten und sie als ernst zu nehmendes Heilmittel ansehen. Gleiches gilt selbstverständlich für die übrigen Anwendungen der Kamille.

Was also doch alles an Heilkraft in unserer einfachen, altbekannten Kamille steckt!

Moderne phytotherapeutische Aspekte bei chronischen Magenleiden

Auf dem Gebiet der *chronischen* Magenleiden hat sich in den letzten Jahren eine grundlegende Änderung vollzogen. Alles das, was wir bisher als *„Magenschleimhautkatarrh"* (Gastritis) bezeichnet hatten und was lange Zeit als Etikette für die meisten Magenbeschwerden galt, hat sich als irrig erwiesen. Die Ursache für diesen fundamentalen Wechsel in der Erkenntnis der Ursachen chronischer Magenbeschwerden war vor allem die neue Möglichkeit, mit einem inzwischen hochentwickelten und fiberelastischen, biegsamem Instrument, dem *Gastroskop*, die Magenschleimhaut und deren Veränderungen genau zu betrachten. Man kann sogar ein Stückchen der Magenschleimhaut entnehmen, was völlig schmerzlos ist, und feingeweblich (histologisch) untersuchen. Dabei ergab sich, daß bei den Zuständen, die wir bisher als „Magenschleimhautkatarrh" bezeichneten, jegliche Zeichen einer Entzündung fehlen. Es handelt sich also gar nicht um einen Schleimhautkatarrh. Sondern dasjenige, was wir bisher bei der Röntgenuntersuchung an Wulstungen der Magenwand feststellen konnten, erwies sich als nichts anderes als Krampfzustände der Muskulatur in der Darmwand. Diese beruhen auf einer *Übererregbarkeit des vegetativen Nervensystems,* sind also *funktionell-nervöser Natur.* Es liegen dabei enge Zusammenhänge mit den Steuerungszentren im Gehirn vor, die auf eine Mitwirkung seelischer Vorgänge hinweisen. Man spricht daher neuerdings bei derartigen Zuständen von einem *„nervösen Reizmagen"* (Gastropathia nervosa).
Durch die histoligische Untersuchung der Magenschleimhaut ergab sich ein weiterer überraschender Befund. Man findet gar nicht so selten eine echte Gastritis mit einer Schrumpfung des Gewebes und einer Verminderung der Magensaftsektretion durch fortschreitenden Untergang der Magendrüsen. Daher besteht gleichzeitig ein Säuremangel des Magens bis zum völligen Verlust jeder Säuresekretion (atrophische Gastritis). Dieser Zustand ist sogar nicht selten, aber eigenartigerweise macht er gar keine Beschwerden. Worauf er letztlich beruht, ist unklar. Wahrscheinlich ist es ein degenerativer Prozeß, der mit zunehmendem Lebensalter häufiger wird, ähnlich wie auch in anderen Organen des Körpers. In manchen Fällen, und meistens erst nach vielen Jahren bis Jahrzehnten, kann sich von einer solchen geschrumpften Schleimhaut aus auch ein Magenkrebs entwickeln. Das ist insgesamt aber doch sehr selten der Fall, hauptsächlich dann, wenn eine schwere Blutarmut in der Form der sog. „perniziösen Anämie" besteht. Dieser Zustand läßt sich durch nichts beeinflussen. Er schreitet in den meisten Fällen mit und ohne Therapie im Laufe des

Lebens langsam weiter fort, macht aber auch dann keinerlei Beschwerden, mit den seltenen Ausnahmen einer späteren Krebsbildung.
So haben wir also die eigenartige *Diskrepanz*, daß einerseits bei sehr vielen, wahrscheinlich sogar den allermeisten chronischen Magenbeschwerden mit Magendruck, Aufstoßen, Appetitlosigkeit, Übelkeit bis zum Erbrechen u.a. lediglich ein zwar sehr hartnäckiger und nicht leicht beeinflußbarer funktioneller „Reizmagen" vorliegt, der aber letztlich *harmlos* ist und bei dem auch keine Krebsgefahr besteht. Und andererseits finden sich echte histologische Veränderungen der Magenschleimhaut und der Magenwand, *ohne* Beschwerden, aber auch ohne die Möglichkeit, das Fortschreiten der Veränderungen aufzuhalten.
Dazu kommt ein weiteres: es hat sich gezeigt, daß die früher üblichen Bestimmungen der Magensalzsäure weitgehend überflüssig sind. Die Werte schwanken so erheblich, manchmal schon von Tag zu Tag oder innerhalb weniger Wochen, daß sie keine wesentliche Aussagekraft besitzen, lediglich mit zwei Ausnahmen: wenn gar keine Säure vorhanden ist oder wenn exzessiv hohe Säurewerte bestehen. Ersteres weist auf eine atrophische Gastritis hin, letzteres auf ein eigenartiges Krankheitsbild, das wir auch erst in der letzten Zeit näher kennengelernt haben, das *Zollinger-Ellison-Syndrom.* Es beruht auf einer oder mehreren kleinen Geschwülsten in der Bauchspeicheldrüse, die ständig und in erheblichen Mengen das Hormon Gastrin absondern, das die Magendrüsen zur Säuresekretion anregt. Das ist eine sehr seltene und meistens nur operativ zu behandelnde Erkrankung. Auch beim Magen- und Zwölffingerdarmgeschwür hat es sich erwiesen, daß die Bestimmung der Magensalzsäure keinen besonderen diagnostischen Wert besitzt. Auch hier können die Werte sehr verschieden sein, teils erniedrigt, teilt erhöht, ohne daß sich dies für die Diagnostik des Magengeschwürleidens auswerten läßt. Daher ist man heute weitgehend von den früher so häufig vorgenommenen Magensaftbestimmungen abgekommen. Zur ersten Untersuchung dient heute die Gastroskopie, und unentbehrlich ist uns auch weiterhin die Röntgendiagnostik.
Diese ganze Entwicklung hat nun auch erhebliche Folgen für unser therapeutisches Vorgehen. Die früher so häufige Verabfolgung von Salzsäure-Pepsin-Präparaten erwies sich als zwecklos und wurde längst aufgegeben. Bei erhöhten Säurewerten, die zu Sodbrennen führen, wird man nach wie vor alkalische Pulver nehmen, um schnell eine Linderung herbeizuführen, aber doch mit Zurückhaltung, weil sie nur einen Momentanerfolg ergeben, aber den Zustand selbst nicht beeinflussen.
Wohl aber haben sich gegen die dyspeptischen Beschwerden des nervösen Reizmagens unsere altbekannten Heilpflanzen bewährt. Dabei spielen *Kamille* und *Pfefferminze* eine führende Rolle. Die Kamille kommt nicht nur beim Geschwürsleiden des Magens als wertvolles Medikament in Betracht, sondern

hat auch beim nervösen Reizmagen eine günstige Wirkung, zumal wenn Krampfzustände mit Druck und Völlegefühl im Vordergrund stehen. Hier wirkt sich der krampflösende (spasmolytische) Effekt der Kamille günstig aus. Die Pfefferminze wird dann zu bevorzugen sein, wenn Übelkeit und Brechreiz im Vordergrunde stehen und wenn gleichzeitig Hinweise auf Störungen im Gallenwegsystem mit oder ohne Steinen vorliegen.

Treten die „nervösen“ oder, wie wir heute besser sagen, *psycho-vegetativen* Erscheinungen in den Vordergrund, oft einhergehend mit allgemeiner Unruhe und Reizbarkeit, Schlafstörungen und Leistungsminderung, so kommen beruhigende (sedative) Mittel wie die Melisse in Betracht. Bewährt hat sich für diese Fälle ein Tee aus gleichen Teilen Pfefferminze und Melisse (Fol. Menthae piperitae + Fol. Melissae) mehrfach täglich 1 Tasse langsam schluckweise getrunken, vor allem nach den Mahlzeiten und vor dem Schlafengehen, zweckmäßig für 2 bis 3 Wochen und länger kurmäßig.

Unter *Dyspepsie* versteht man eine Verdauungsstörung ohne anatomische Veränderungen der Magen- und Darmwand. Der krankhafte Prozeß spielt sich dabei also nur im Magen- und Darminnern ab, meistens in Form vermehrter Darmgärungen durch Überwiegen der gasbildenden Darmflora. Das macht sich bemerkbar an stärkerer Luftauftreibung des Leibes, manchmal verbunden mit sehr schmerzhaften Darmkoliken und übelriechenden Durchfällen. Es handelt sich dann um einen *Gärungskartarrh* (Gärungsdyspepsie). Da auch hierbei erhebliche psycho-vegetative Einflüsse mitspielen, spricht man auch von einem *„Reizdarm“* (Colon irritabile). Er ist oft mit einem Reizmagen verbunden.

Hierbei bewähren sich wieder andere Heilpflanzen, und zwar solche, die vorzugsweise eine *Verminderung der Darmgase* herbeiführen. An erster Stelle stehen hierbei *Fenchel* und *Kümmel.* Der Fencheltee, hergestellt aus den Fenchelfrüchten, hat den Vorteil, recht gut zu schmecken und ist daher das Mittel der ersten Wahl. Man trinkt mehrmals am Tag eine Tasse warmen Fencheltee. Ein Kümmeltee, aus den Früchten des Kümmels (Fruct. Carvi bzw. Semen Carvi) bereitet, wirkt eher noch stärker, hat aber einen strengeren Geschmack, der vielen Menschen nicht zusagt. Auch die Pfefferminze kommt hier in Betracht, zusammen mit Fenchel oder besser im Wechsel von Pfefferminztee und Fencheltee. Neue Berichte aus einer englischen Universität haben darauf hingewiesen, daß dem Minzöl aus einer japanischen Minzenart gerade beim Reizcolon eine überraschend günstige Wirkung zukommt, selbst dann wenn bei diesem langdauernden und schwierig zu beeinflußbaren Krankheitsbild andere Mittel versagen. Zu diesem Zwecke wurde das *„Japanische Heilpflanzenöl JHP-Rödler“* eigens in Form von Kapseln herausgebracht, die einige Wochen hindurch kurmäßig genommen werden. Damit hat sich für das Japanische Minzöl eine weitere Anwendungsmöglichkeit erschlossen, zusätz-

lich zu den Inhalationen bei akuten Erkrankungen der oberen Luftwege, über die an anderer Stelle noch zu sprechen sein wird.
So ergibt sich für die Behandlung der chronischen Magenbeschwerden mit Phytotherapeutica ein ganz *neuer phytotherapeutischer Aspekt.* Sie haben nach wie vor ihren großen Wert und sind unentbehrlich, aber ihre Wirkungsweise ist anders, als wir früher angenommen hatten. Wie man daraus erkennt, können experimentelle und anatomische Untersuchungen und die praktische Anwendung der Heilpflanzen sehr gut zusammenwirken und sich ergänzen. Aber erst eine übergeordnete, ganzheitliche (holistische) Betrachtungsweise eröffnet uns den Weg zu einem Verständnis und zeigt uns die phytotherapeutischen Erfahrungen in einem modernen Licht.

Kann das Kartoffel-Kochwasser schaden?

Kann es Sehstörungen auslösen?

Selten sind mir so viele schriftliche und telefonische Anfragen zugegangen wie auf meine Äußerungen in der Fernsehsendung von Bayern 3 am 27. Oktober 1981. Ihr Thema waren die Pflanzensäfte. Dabei stellte die Moderatorin u.a. am mich die Frage: *stimmt es, daß pflanzliche Heilmittel und so auch Pflanzensäfte immer völlig unschädlich sind,* wie man es immer wieder hört und liest? Darauf antwortete ich: das stimmt mit Sicherheit *nicht!* Auch pflanzliche Mittel können Gesundheitsschäden hervorrufen, wenn man sie nicht richtig oder in zu großen Mengen anwendet. Als Beispiel hierfür führte ich ein Erlebnis aus der eigenen Praxis an. Ein Patient, den ich schon lange wegen eines Magengeschwürleidens in Behandlung hatte, kam eines Tages zu mir und sagte: Herr Doktor, heute möchte ich nur eine Überweisung zum Augenarzt. Daraufhin fragte ich ihn zunächst, welcher Art denn seine Augenbeschwerden seien. Er antwortete, er habe seit einiger Zeit ein Flimmern vor den Augen und könne schlechter sehen. Nun fragte ich weiter, wie es denn jetzt mit seinen Magenbeschwerden stehe. Darauf sagte er mir: damit geht es jetzt ganz gut, denn er habe ein neues Mittel angeraten bekommen. Seine Frau gebe ihm täglich das Kochwasser von der Zubereitung der Kartoffeln und das trinke er regelmäßig zum Essen. Da fiel bei mir der Groschen! Es wurde mir sofort klar, daß hier ein ursächlicher Zusammenhang bestehe.
Die Kartoffel (Solanum tuberosum) ist nämlich ein Nachtschattengewächs. Zu dieser Familie gehören eine ganze Reihe unserer stärksten Gift- und Heilpflanzen wie die Tollkirsche, das Bilsenkraut und der Stechapfel. Sie enthalten alle

stark wirksame Alkaloide wie das *Atropin* aus der Tollkirsche (Atropa belladonna) oder das *Hyoscyamin* aus dem Bilsenkraut (Hyoscyamus niger). Und so kommt auch in der botanisch nahen verwandten Kartoffel das giftige Alkaloid *Solanin* vor, in allen Teilen der Pflanze und vor allem in den Knollen, die wir als Kartoffeln bezeichnen. Der Solaningehalt ist meistens recht gering und schwankt zwischen 0,002 bis 0,01%. Jedoch in den unreifen grünen und in alten auskeimenden Kartoffeln ist er höher bis zu 0,06%, in den Keimen bis zu 0,5%. Daher kann es zumal beim Genuß von Kartoffelkeimen zu schweren Vergiftungen mit Kopfschmerzen, Brechdurchfall, Kreislaufstörungen, Schwindel usw. kommen. Daher gilt die alte Regel, daß man solche Keime auf jeden Fall entfernen müsse und nicht verzehren dürfe. Grüne oder angekeimte Kartoffeln solle man dick abschälen, denn das Solanin sammelt sich in der Hauptsache an der Oberfläche an. Da es wasserlöslich ist, geht es bei dem üblichen Kochen der Kartoffeln in das Kochwasser über, so daß die Kartoffeln selbst frei davon bleiben. *Aber auch hier gilt die alte Regel, daß man das Kochwasser abgießen solle.* Auf keinen Fall dürfen übrigens auch die grünen Keime und die Schalen der Kartoffeln an Haustiere verfüttert werden.
Das Solanin erzeugt ähnlich wie das Atropin aus der Tollkirsche eine *Erweiterung der Pupillen* in beiden Augen. Dieser Eigenschaft verdankt übrigens die Tollkirsche ihren lateinischen Namen „Belladonna". Im alten Rom galten weite Pupillen bei den Frauen als schön und daher halfen viele nach, indem sie Tropfen aus der Belladonna einnahmen oder auch direkt in die Augen einträufelten (lat. bella = schön, donna = Dame). Wenn auch das Solanin schwächer wirkt als die Belladonna, so kann es doch die gleichen Augenstörungen hervorrufen.
Derart wurde bei meinem Patienten der Zusammenhang klar: die tägliche Einnahme größerer Mengen des Kartoffel-Kochwassers führte nach einiger Zeit zu einer Erweiterung der Pupillen, es kam dadurch mehr Licht in die Augen und die Folgen waren Sehstörungen. Das erklärte ich meinem Patienten; er möchte das Kartoffel-Kochwasser fortlassen und er brauche nicht zum Augenarzt zu gehen. In der Tat, nach 8 Tagen kam er freudestrahlend wieder und sagte, jetzt sei mit den Augen alles wieder in Ordnung.
Diese Beobachtung kann aber noch etwas anderes lehren. Hätte ich den Kranken nicht nach der Art seiner Augenstörungen gefragt, sondern ihm gleich eine Überweisung zum Augenarzt gegeben, so wäre dieser bei der Diagnostik in erhebliche Schwierigkeiten gekommen. Da der Kranke selbst von dem Zusammenhang mit dem Trinken des Kartoffel-Kochwassers natürlich nichts ahnte, hätte er dem Augenarzt auch nichts davon gesagt und dieser hätte vielleicht eine ganz andere Augenkrankheit vermutet. Man sieht auch an diesem Beispiel wieder, wie alles im Körper miteinander zusammenhängt und wie recht Paracelsus mit seiner berühmten Aussage hatte: Die Dosis macht es,

daß ein Mittel Gift ist! Das bedeutet, daß kleine Mengen einer an sich giftigen Substanz noch keine Schäden hervorrufen, sondern erst dann, wenn sie in einem Übermaß genossen werden, wie es hier mit dem Kartoffelwasser der Fall war. Übrigens hatte mein Patient auch recht wenn er angab, daß seine Magenbeschwerden verschwunden seien, seitdem er täglich diese größeren Mengen Kartoffel-Kochwasser zu sich nehme. Das Atropin und auch das Solanin haben nämlich die Eigenschaft, die Salzsäuresekretion des Magens herabzusetzen und Magenkrämpfe zu beseitigen und zu verhüten. Daher ist Atropin ein auch heute noch sinnvolles Mittel zur Behandlung von manchen Magenleiden und kann insbesondere bei Neigung zu Magengeschwüren mit einer Übersäuerung des Magens nützlich sein, wie bereits in dem Kapitel über die Kamille ausgeführt wurde. Hier zeigt sich wieder, wie der gute Effekt auf *einen* Körperteil gleichzeitig mit störenden Einwirkungen an einem *anderen* Körperteil einhergehen kann.
Aus den vielen Anfragen, die ich erhielt, geht hervor, welche große Verbreitung der Frischsaft aus den Kartoffeln und sogar der Genuß des Kochwassers heute noch hat. Von dem Kochwasser wird zutreffend behauptet, daß es auch noch eine ganze Reihe von Mineralstoffen enthalte, deshalb nützlich sei und zur Zubereitung von Gemüse usw. verwandt werden sollte. Wenn dies hin und wieder und in kleinen Mengen geschieht, dürfte es nicht schaden. Erfolgt es aber regelmäßig und mit größeren Mengen, so kann der schädliche Einfluß des Solanin überwiegen. Man sollte also bei derartigen Gewohnheiten darauf achten und die Verwendung des Kartoffelwassers sofort abstellen, wenn sich erste Augenerscheinungen, zumal mit Flimmern vor den Augen und Lichtscheu, einstellen. Gleiches gilt, wenn hin und wieder ganze Kartoffeln gerieben und als Rohkost verwendet werden. Auch hier wird ein gelegentlicher Genuß noch nicht schädlich sein.
Ganz ähnlich liegen übrigens die Verhältnisse auch bei manchen Gemüsen wie etwa den *Grünen Bohnen* (Phaseolus vulgaris). Die Samen der Grünen Bohnen enthalten das giftige *Phasein*, das Erbrechen, Durchfälle u.a. hervorruft. Daher kann z. .B ein Rohkostsalat aus den ganzen Grünen Bohnen zu Vergiftungserscheinungen führen, wenn er häufiger oder in größeren Mengen genommen wird. Die Hüllen selbst, die man im reifen Zustand auch als Bohnenhülsen bezeichnet, sind dagegen frei von Phasein. Daher ist bei dem Bohnenschalentee nichts zu befürchten. Für die Grünen Bohnen als Gemüse gilt dagegen das gleiche wie für die Kartoffeln, daß man sie einige Zeit kochen und das Wasser abgießen soll, um auf diese Weise die toxische Substanz zu entfernen.

Artischocke und Pestwurz bei nervösen Magen- und Gallenleiden

Artischocke

Die Artischocke (Cynara scolymus) kennen die Italienreisenden als ein Feingemüse. Man verzehrt von ihr die unteren fleischigen Teile der Hüllblätter des Blütenköpfchens, bevor die Pflanze voll erblüht ist. Man schätzt an der Artischocke den feinen, leicht bitteren Geschmack. Zum Sattessen reicht sie freilich nicht; wohl aber vermag sie viele Mahlzeiten pikant zu gestalten. Die Artischocke ist aber auch eine Heilpflanze. Hierfür werden andere Pflanzenteile gebraucht, die Blätter und hauptsächlich die Wurzeln. Die Inhaltsstoffe sind nicht einheitlich. Hauptsächlich ist es das Cynarin, das man früher für einen Bitterstoff hielt; nach neuen Untersuchungen ist es jedoch eine aromatische Verbindung. Dazu kommen verschiedene Enzyme, relativ viel Viatmin A und etwas Vitamin B.

Die Artischocke ist ein Anregungsmittel für die Tätigkeit der Leber und der Gallenwege. Sie galt als ein solches schon immer, aber erst jetzt wurden ihre Wirkungen genauer bekannt. In der Hauptsache bewirkt die Artischocke eine verbesserte Entleerung der Gallenblase und einen vermehrten Gallenfluß. Darüber hinaus konnte festgestellt werden, daß sie eine unmittelbare Wirkung auf die Leberzellen hat, indem sie deren Funktion ganz allgemein steigert. Eine solche Doppelwirkung auf Gallenwege und Leber besitzen nur wenige Heilpflanzen. Wir kennen sie noch von der Mariendistel (Silybum marianum), die der Artischocke botanisch nahe verwandt ist. Beide gehören zu den Distelgewächsen, die unseren heimischen Disteln auch im Aussehen ähnlich sind. Bei beiden ist der große rote Blütenkopf von stacheligen Hochblättern umgeben. So hat die heute wieder aufgekommene Verwendung der Artischocke als Heilpflanze wegen dieser Doppelwirkung ihre Berechtigung und gute Begründung. Als Tee kommt sie nicht in Betracht. Man muß die Pflanzenteile zu einem Extrakt verarbeiten, den man dann gern mit anderen pflanzlichen Mitteln kombiniert, z. B. *Galenavowen*-Dragées und -Tropfen (Vogel und Weber), *Cynarix*-Saft und Dragées (Sagitta) und viele andere. Auch einen Artischocken-Sirup kann man daraus bereiten; man nimmt ihn eßlöffelweise, am besten verdünnt mit Milch, Mineralwasser oder Fruchtsäften.

Hochinteressant sind neueste Untersuchungen über das *Cynarin*, dem Naturstoff aus der Artischocke. Es wurde festgestellt, daß es bei der Einnahme von

Cynarin zu einem Absinken der Werte für die Blutfette im Blutserum kommt, vor allem derjenigen für das *Cholesterin.* Damit eröffnen sich ganz neue Aussichten auf eine einfache phytotherapeutische Behandlung der Krankheitszustände mit erhöhten Blutfettwerten (Hyperlipämien), deren enge Beziehung zu der Arteriosklerose immer deutlicher erkannt und statistisch einwandfrei erfaßt werden konnte. Die vermutlichen Zusammenhänge gehen aber noch weiter. Die Gallenflüssigkeit ist reich an Cholesterin, und diese dient hauptsächlich dazu, die Galle flüssig zu halten. Ein Mangel an Gallensäure scheint die Bildung von Gallensteinen zu begünstigen. Ein Zusammenhang zwischen der Gallensteinkrankheit und Zuständen mit erhöhten Cholesterinwerten im Blut war schon immer aufgefallen. Vielleicht ergeben sich hier gewisse Möglichkeiten, die Galleinsteinbildung auf dem Wege über den Cholesterinstoffwechsel günstig zu beeinflussen. Vorerst sind dies allerdings nur Möglichkeiten, für die ein exakter Beweis noch aussteht. Jedenfalls scheint die Artischocke eben doch eine ganz besonders günstige Wirkung auf Gallenleiden zu besitzen, die komplexer ist, als bisher angenommen wurde. Je tiefer man in die biologischen Zusammenhänge eindringt, um so komplizierter stellen sie sich heraus, jedoch gleichzeitig mit vielfachen Hinweisen, daß das lebendige Geschehen im Körper umfassender ist, als man aus einzelnen Experimenten abzulesen vermag.

Noch neueren Datums sind die Forschungen über die *Pestwurz* (Petasites officinalis; nach der neuen botanischen Nomenklatur Petasites hybridus). Die Pestwurz ist eine gar nicht seltene Pflanze unserer Heimat, die in großen Mengen an den Ufern der Flüsse und an anderen feuchten Stellen wächst. Im Frühjahr erscheinen die rötlichen Blüten, und erst wenn diese gefruchtet haben und bereits wieder verschwunden sind, treibt der Wurzelstock die großen Blätter aus. Die erreichen eine erhebliche Größe und bedecken an manchen Orten weithin den ganzen Boden. Wahrscheinlich hat dieses massenhafte Vorkommen der Pflanze den eigenartigen Namen „Pestwurz" gegeben. Oder ob man sie früher gegen die Pest gebraucht hat? Eine andere Version leitet den Namen ab von dem griechischen Wort petasos für einen großen Hut mit breitem Rand.

Pestwurz

Die Pestwurz gehört zur Familie der Korbblütler und steht botanisch dem Huflattich sehr nahe. Auch dieser treibt ja im allerersten Frühjahr seine schönen gelben Blüten, und erst danach kommen auch bei ihm die großen Blätter, die auf der Unterseite weißbläulich und filzhaarig sind. Die Huflattichblätter werden ebenfalls recht groß, aber von der Pestwurz werden sie doch noch weit übertroffen.

Die Pestwurz ist eine alte Heilpflanze. Gebraucht werden die dicke Wurzel (Radix Petasitidis) und die Blätter (Folia Petasitidis). Früher galt die Pestwurz hauptsächlich als ein mildes Hustenmittel. Da aber in dieser Beziehung der Huflattich besser wirkt, kam sie weitgehend in Vergessenheit. Man kannte als Inhaltstoffe von ihr in erster Linie Schleim und einen Bitterstoff, wie sie auch der Huflattich besitzt.

Neue Untersuchungen haben nun jedoch der Pestwurz einen ganz anderen medizinischen Aspekt gegeben. Italienische und französische Autoren wiesen zuerst darauf hin, daß die Pestwurz deutlich *krampfstillend* wirke, und zwar bevorzugt bei nervösen Krampfzuständen in den Lungen, am Magen und an den Gallenwegen. Das wurde durch Untersuchungen von Prof. Hörhammer und Prof. Wagner von der Universität München bestätigt. Als die krampfstillend (spasmolytisch) wirksamen Verbindungen wurden dabei die Sesquiterpene Petasin, Isopetasin und S-Petasin sowie schwefelhaltige Petasol-Ester festgestellt.

Die Pestwurz ist also in erster Linie ein *krampfstillendes* Mittel, und darüber hinaus wirkt sie noch *vegetativ-beruhigend* und ausgleichend (Spasmo-Sedativum). Daraus ergeben sich zwei hauptsächlichste Anwendungsgebiete. Zunächst ist es *Krampfhusten* verschiedener Art, von einem solchen bei der einfachen Bronchitis bis zum ausgesprochenen Bronchialasthma und beim Lungenemphysem (Lungenerweiterung). Dazu kommt noch als ein Sondergebiet der *Keuchhusten* der Kinder, der ja ebenfalls ein Krampfhusten eigener Art ist. So haben wir eine Erklärung dafür, weshalb die Pestwurz schon immer seit dem Altertum und Mittelalter bei Lungenleiden und Husten Verwendung fand, und wir erkennen auch gleichzeitig den Unterschied zum Huflattich. Bei diesem beruht die Wirkung hauptsächlich auf Schleimstoffen, die sich wie eine Schutzschicht über die Schleimhäute des Rachens legen und dadurch den Hustenreiz vermindern.

Das zweite Anwendungsgebiet der Pestwurz sind *Krampfzustände des Magens und der Gallenwege*, und zwar auch wiederum vorzugsweise solche, die *funktionell-nervös* bedingt sind. Wir sprechen in solchen Fällen von einer funktionellen *Dyspepsie* und verstehen darunter Schmerz- und Krampfzustände im Oberbauch ohne wesentliche organische Grundlage. Sie sind sehr häufig und gehören in das große Gebiet der psycho-somatischen Erkrankungen. Freilich gibt es dabei auch vielfach Übergänge zu organischen Erkrankungen wie dem Gallensteinleiden und einer Pankreatitis. Aber gerade diese werden vielfach von solchen funktionellen dyspeptischen Zuständen *überlagert* oder verbinden sich mit ihnen. Für die eigentliche Gallenkolik aber kommt die Pestwurz nicht in Betracht.

Die chemische Konstitution von Petasin und Isopetasin ist aufgeklärt. Mit

Hilfe der Chromographie lassen sich genaue Wertbestimmungen der Extrakte durchführen. Dabei ergab sich, daß ein Extrakt aus *Frischpflanzen,* die im Frühjahr in großen, wildwachsenden, noch ganz ursprünglichen Beständen in den Vogesen geerntet wurden, ganz erheblich reicher an Petasin und Isopetasin war als ein Dekokt aus den gewöhnlich gebrauchten Petasitesblättern. Der untersuchte Frischsaft-Extrakt wurde aus der ganzen Pflanze gewonnen, aus Wurzeln, Stengeln, Blüten, Knospen und Blättern. Der Gehalt an Wirkstoffen ist bei den Wurzeln im Frühjahr am höchsten. Ein solcher Frischpflanzenextrakt aus den Vogesen wird von der Firma Vogel & Weber (8084 Inning-Ammersee) hergestellt und ist unter dem Namen *Petaforce* im Handel. Man gibt davon 3mal täglich 1 Kapsel, zweckmäßig gleichzeitig mit einem warmen Hustentee; bei dyspeptischen Beschwerden mit Pfefferminz- oder Fencheltee. Man muß schon deshalb zu diesem Fertigpräparat greifen, weil die Droge üblicherweise nicht im Handel zu bekommen ist.

Es lag nun nahe, diese neu erkannten krampfstillenden Eigenschaften der Pestwurz auf Magen und Gallenwege mit den besonderen Wirkungen der Artischocke auf Galle und Leber zu verbinden. Ein solches Präparat, noch verstärkt durch Zusätze von Kamille, Wermut, Pfefferminze und der beruhigend wirkenden Melisse, ist unter dem Namen *Neurochol* der Arzneimittelfabrik Brenner in Alpirsbach/Schwarzwald im Handel, in Form von Dragées, von denen anfangs 3mal 2, später 2mal 2, am besten morgens und abends kurmäßig genommen werden. Außerdem gibt es Neurochol-*Tropfen,* die man in gleicher Weise kurmäßig verabfolgt, morgens, mittags und abends je 20 Tropfen in etwas Wasser oder Tee. Diese Tropfen sind ganz besonders geeignet, um *anfallsweise* Beschwerden im Oberbauch oder in der Leber-Gallen-Gegend schnell und sicher zu beseitigen. Man nimmt dann 20–40 Tropfen auf ein Stückchen Zucker oder in einer Tasse warmen Pfefferminztee und kann dies nach 1–2 Stunden nochmals wiederholen. Sie beheben gleichzeitig den sehr unangenehmen Hochstand des Zwerchfells, der durch die Gasauftreibung auftritt und das Herz vielfach derart bedrängt, daß die Kranken glauben, einen Herzanfall zu haben, während es sich doch nur um den ungleich harmloseren Magen- und Gallenzustand handelt. Nach dem Sanatoriumsarzt Roemheld, der um die Jahrhundertwende eine bekannte Heilanstalt am Neckar begründet hatte, spricht man in solchen Fällen von einem Roemheldschen Symptomenkomplex. Nervöse und Gallenstörungen kombinieren sich dabei in inniger Weise, und so ist es verständlich, daß ein pflanzliches Nerven- und Gallenmittel wie das *Neurochol* hier so gut und schnell helfen kann. Es ist geradezu das Mittel der Wahl für die *nervöse* Galle.

Zufällige Beobachtungen bei Ärzten in der Praxis führten zu zwei weiteren Anwendungsgebieten des Neurochol, die nur auf den ersten Blick sehr verschieden zu sein scheinen: *Nabelkoliken* der Kinder und Übelkeit und Brechreiz im

Beginn einer *Schwangerschaft.* Bei beiden Krankheitserscheinungen liegen funktionelle und stark psychisch-vegetativ mitbestimmte Störungen im Bereich des Oberbauches vor, vor allem in der Magengegend. Die *Nabelkoliken* der Kleinkinder sind überaus häufig und vielfach recht schwer zu beeinflussen. Zuerst müssen, wie bei allen funktionellen Zuständen, ernstere Erkrankungen ausgeschlossen werden, die dahinter stecken könnten. Ihre Zahl ist sehr groß und reicht vom Magengeschwür bis zur chronischen Blinddarmentzündung und zu Erkrankungen der Harnwege. Jedoch bleiben selbst bei sorgfältigem Suchen nach anderen Krankheitsursachen noch viele Fälle übrig, die wir dann als Nabelkoliken im eigentlichen oder engeren Sinne bezeichnen. Hierbei verflechten sich dyspeptische Veränderungen mit Sekretions- und Motilitätsstörungen eng mit psychogenen Einflüssen der verschiedensten Art und Intensität. Gar nicht selten reagieren zumal neuropathische und vegetativ-labile Kinder ihre bewußten oder unbewußten *Konflikte* in Form derartiger Nabelkoliken ab. Dann kommt man mit sehr einfachen Maßnahmen aus. Man gibt den Kindern nicht mehr als 5–10 Tropfen Neurochol in ein Likörglas voll Wasser oder auf ein Stück Würfelzucker, nötigenfalls nach jeweils 10–15 Minuten noch 1–2mal. Überraschend schnell klingen dann vielfach die Nabelkoliken ab. Wiederholen sie sich in kürzeren oder längeren Zwischenräumen, so gibt man erneut Neurochol, bis sie endlich ganz zum Verschwinden kommen. Ein Versuch lohnt sich jedenfalls, zumal irgendwelche unangenehmen Nebenwirkungen nicht zu befürchten sind.

Gleiches gilt vom *Erbrechen in der Frühschwangerschaft* (Hyperemesis gravidarum). Auch hierbei verflechten sich dyspeptische und psychogene Einflüsse mit neurogen-vegetativen Regulationsstörungen in enger Weise. Es ist bekannt, daß viele Frauen nur wenig darunter leiden und diese Beschwerden als fast normalerweise zur Schwangerschaft gehörig hinnehmen. Man kann dann ebenfalls durch einige Tropfen Neurochol, auf Zucker oder in etwas Wasser oder zusammen mit einer Tasse Pfefferminztee genommen, recht schnell und gut helfen, so daß die Frauen diese Wochen leichter überstehen. Sie sind für eine derartige harmlose, aber doch wirksame Hilfe sehr dankbar.

Dabei ist noch etwas erwähnenswert. Ausgehend von Untersuchungen, die bereits vor dem Kriege von einem deutschen Apotheker ausgeführt wurden, hatte man das *Schöllkraut* (Chelidonium majus) in die Therapie eingeführt. Es gehört zur Familie der Mohngewächse und besitzt schöne, gelbe Blüten und eigenartig gefiederte Blätter. Dürer, dem wir so viele schöne Pflanzenbilder wie die „Akalei“ und das „Große Rasenstück“ verdanken, hat auch ein wundervolles Bild des Schöllkrautes geschaffen, das uns dessen Eigenarten besser zeigt als so manche moderne Fotografie. Die Mohngewächse besitzen alle einen Milchsaft, der echte Mohn bekanntlich einen weißen. Beim Schöllkraut ist dieser Milchsaft gelb. Nun hatte man gefunden, daß im Schöllkraut ein Alkaloid vorkommt, das dem Papaverin aus dem Schlafmohn recht ähnlich ist und wie dieses krampflösend auf die glatte Muskulatur zu wirken vermag. Besonders erstreckt sich dieser krampflösende Einfluß auf die Gallenwege.

Neue Untersuchungen zeigten darüber hinaus, daß dem Schöllkraut noch ein zweiter heilsamer Einfluß auf die Gallenwege zukommt, nämlich ein *gallentreibender* (cholagoger) Effekt. Das bedeutet, daß die in der Leber produzierte und in der Gallenblase bis zum Verbrauch aufgespeicherte Galle leichter abfließen kann, reichlicher in den Darm gelangt und dort die Verdauung der Nahrungsbestandteile bessert. Und ebenso wird auch die Sekretion des Pancreassaftes verstärkt. Das ließ sich statistisch eindeutig durch Bestimmung der beiden hauptsächlichsten Pancreasenzyme, der Alpha-Amylase und der Lipase, nachweisen. Wahrscheinlich beruht diese cholagoge Wirkung des Schöllkrautes auf dem Nebenalkaloid Chelidoxanthin, das dem Berberin aus der Berberitze entspricht. Demnach setzt sich die günstigste Wirkung bei Gallenleiden aus den beiden Komponenten der Krampflösung und der Anregung des Gallenflusses bei gleichzeitig gesteigerter Pancreassekretion zusammen. Alle Untersucher betonen jedoch immer wieder, daß der Gehalt an diesen Alkaloiden und auch an den anderen Inhaltsstoffen des Schöllkrautes sehr schwankend sei und daß dies die Beurteilung eines therapeutischen Effektes erheblich erschwere. Man sucht daher nach Methoden für eine Standardisierung, aber bisher ist dieses Problem noch nicht gelöst. Insgesamt kann man demgemäß sagen, das Schöllkraut ist eine interessante, aber schwer zu bearbeitende und daher nur unsicher zu beurteilende Heilpflanze.

Das Schöllkraut ist heute in sehr vielen Gallenmitteln und Gallentees enthalten, z. B. im *Aristochol* (Tropfen und Kapseln, Fa. Steiner, Berlin). Dabei bemühen sich die Hersteller, nur gute und frische Drogen zu verarbeiten. Die krampflösende Wirkung des Schöllkrautes wird auch für Bronchialerkrankungen ausgenutzt, zumal wenn diese mit einem Krampfhusten einhergehen. Daher ist das Schöllkraut auch ein häufiger Bestandteil vieler Hustentees.

Übrigens hat der gelbe Milchsaft des Schöllkrautes noch eine andere Wirkung: tropft man ihn auf *Warzen* auf und läßt ihn antrocknen, so kommt es nicht selten zu einem Verschwinden der Warzen ohne jede Reizwirkung und ohne Hinterlassung einer Narbe. Das muß täglich erfolgen, noch besser 2mal täglich, mindestens 8–14 Tage hintereinander. Wesentlich ist es, hierfür den *frischen* Saft aus der soeben gepflückten Pflanze zu nehmen. Wirksam scheinen hierbei vor allem die Alkaloide des Schöllkrautes zu sein, vielleicht noch unterstützt durch Enzyme und durch den gelben Farbstoff. Warzen sind ein Virusinfekt der Haut und bekanntermaßen recht schwer zu beeinflussen. Ätzungen oder gar Ausschneidungen einzelner größerer Warzen sollte man möglichst vermeiden, denn es verbleiben dann oft recht unangenehme Narben, und vor Rückfällen ist man niemals sicher. Zumindest sollte man vorher eine so einfache

pflanzliche Behandlung versuchen, die allerdings sorgfältig und konsequent durchgeführt werden muß.
Dagegen hat der weiße Milchsaft unserer heimischen *Wolfsmilch*, Euphorbia cyparissias, keine derartige Wirkung auf die Warzen, wahrscheinlich deshalb, weil ihm die wirksamen Alkaloide des Schöllkrauts fehlen. Interessant ist jedoch, daß die Wolfsmilch, die überall in trockenen Kiefernwäldern vorkommt, doch auch eine enge Beziehung zu *Haut*erkrankungen hat.
Man nimmt sie in Form des Euphorbia-Oligoplexes (Madaus) dreimal täglich 10–15 Tropfen auf einen Eßlöffel Wasser, bei bestimmten Formen des Ekzems sowie bei der unangenehmen und schwer beeinflußbaren Akne des Gesichts und des Rückens, mit besonderem Erfolg dann, wenn den Eiterpusteln sogenannte Mitesser vorausgehen.

Roßkastanien als Heilmittel

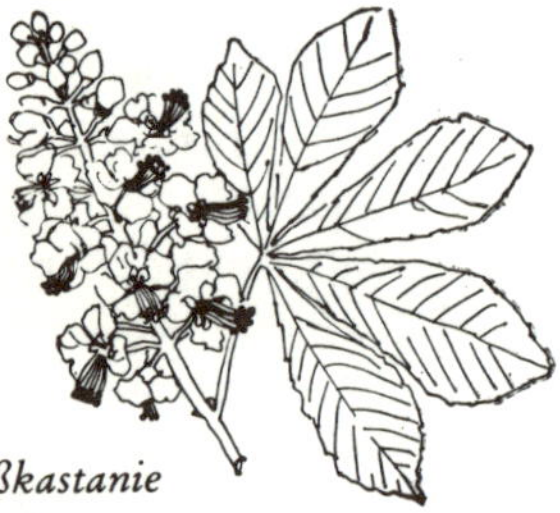
Roßkastanie

Die schönen glatten Kastanien, die wir im Herbst unter den Kastanienbäumen finden, sind die Samen aus den stacheligen Früchten der Roßkastanie (Aesculus hippocastanum). Aus ihnen wird seit einiger Zeit ein sehr wertvolles Heilmittel hergestellt. Um keinen Zweifel aufkommen zu lassen sei darauf hingewiesen, daß es sich dabei nicht um die Früchte der *echten* Kastanie (Castanea vesca) handelt, die man Maronen nennt und die in Italien und auch bei uns in geröstetem Zustand gern gegessen werden. Es wäre naheliegend gewesen, diesen eßbaren Kastanien auch eine Heilwirkung zuzuschreiben. Sie besitzen aber eine solche nicht; wohl aber unsere gewöhnlichen Kastanien, also die Roßkastanie. Gemäß dem lateinischen Namen spricht man demnach von *Aesculus*-Präparaten. Solche Aesculus-Zubereitungen sind heute unter sehr verschiedenen Namen im Handel, vielfach mit anderen Substanzen kombiniert. Man hatte herausgefunden, daß den Aesculus-Wirkstoffen eine besondere Beziehung zum Venensystem innewohnt. Sie vermögen die Erkrankungen der Venen günstig zu beeinflussen. So wurden sie zu einem der beliebtesten und am meisten verwandten Heilmittel bei Krampfadern, die ja nichts anderes als erweiterte und erschlaffte Venen sind; und sie können auch zur Unterstützung bei der Behandlung von Venenentzündungen dienen. Als weitere Anwendungsmöglichkeit werden Hämmorrhoiden genannt, die gleichfalls Verdickungen des Venenrings am After darstellen.
Man läßt die Aesculus-Zubereitungen bei allen diesen Zuständen gleichzeitig

innerlich und äußerlich nehmen, innerlich meistens als Tropfen oder Dragées, äußerlich in Form von Salben. Auch Aesculus-Badeextrakte gibt es für die äußerliche Anwendung. Die Salbe darf nur eingerieben, aber keinesfalls einmassiert werden, denn Massagen sind bekanntermaßen bei allen diesen Zuständen verboten. Die schmerzhaften Venenstränge an den Ober- und Unterschenkeln werden morgens und abends mit der Aesculus-Salbe schonend bedeckt, und dann wird noch eine elastische Binde fest darübergewickelt oder ein guter Gummistrumpf übergezogen.

Viel hat man darüber gestritten, auf welche Weise die Aesculus-Stoffe wirken. Man dachte anfangs an Veränderungen in der Blutzusammensetzung im Sinne der Gerinnungsverzögerung des Blutes. Das aber hat sich nicht bestätigt. Die Wirkung beruht wahrscheinlich auf einer *Tonisierung* der erschlafften Venenwände. Das genügt, um die Beschwerden zu bessern oder sogar ganz zum Verschwinden zu bringen, vor allem das lästige Schweregefühl in den Beinen und die leichte Ermüdbarkeit. Jedenfalls berichten die derart Behandelten immer wieder, daß sie eine solche Erleichterung sehr bald verspüren, wenn sie kurmäßig ein Aesculus-Präparat nehmen. Die Krampfadern selbst bleiben dabei äußerlich unverändert. Das mag manchen Krampfaderleidenden zunächst sehr enttäuschen. Trotzdem ist jedoch schon viel geholfen, wenn durch die leichte, aber nachhaltige Tonisierung der Venenwand die Beschwerden erträglicher werden. Zumal in Verbindung mit der festen Wickelung von den Zehen bis unterhalb der Knie, nötigenfalls auch noch der Oberschenkel, dort aber nicht mit elastischen Binden, die doch bald rutschen würden, sondern mit elastischen Klebebinden. Auf diese einfache Weise vermag man in vielen Fällen schon ausreichend zu helfen und kann eingreifendere Maßnahmen umgehen. Gewickelt wird übrigens nur über Tag; abends wird die Binde abgenommen und morgens gleich beim Aufstehen erneut angelegt. Das muß *fest* geschehen und gelernt sein; die Kranken erlangen darin bald eine besondere Fertigkeit.

Die Aesculus-Forschungen gingen bis in die neueste Zeit hinein weiter. Der Wirkstoff der Kastanie ist ein saures Saponin, das *Aescin.* Als Injektionspräparat hat es inzwischen eine große praktische Bedeutung gewonnen. Es vermag im Gewebe entquellend zu wirken, also Flüssigkeit aus dem Gewebe auszuscheiden und Schwellungen zu beseitigen. Das macht man sich zunutze, wenn nach Unfällen mit Quetschungen und Prellungen, ja sogar bei Knochenbrüchen starke Schwellungen der Gewebe auftreten, die man auf diese Weise rascher beseitigen kann. Beim akuten Schmerzanfall eines *Bandscheidenschadens* führt eine Injektionskur mit Aescin (Reparil) oftmals zu einer schnellen Besserung. Sie beruht darauf, daß die entzündliche ödematöse Schwellung der Bindegewebshüllen der Nerven zurückgeht. Diese vom Rückenmark kommenden Nerven treten durch enge Kanäle der Wirbelsäule in den Körper über, und es genügt eine bereits geringfügige Entquellung im Nervenkanal, um den Druck auf den Nerven aufzuheben und damit zur Schmerzfreiheit zu führen. Es hat sich weiterhin gezeigt, daß Schwellungen im Gehirn bei einem Schlaganfall schneller und besser zurückgehen, wenn man ein derartiges reines Aescin-Präparat injiziert. Ein solches liegt im *Reparil* der Firma Madaus vor. Man spritzt es intravenös ein und ist immer wieder von der guten Wirkung und Verträglichkeit überrascht.

Hier haben nun Mitteilungen, die auch durch die Tagespresse gingen und groß aufgemacht wurden, Aufsehen erregt. Es kam angeblich zu gefährlichen Nierenstörungen nach der intravenösen Injektion von Aescin-Präparaten, die zur Behebung oder Verhütung postoperativer Schwellungen gegeben wurden. Bei näherer Nachprüfung stellte sich jedoch heraus, daß schon von der Grunderkrankung her (schwere Unfälle) mit einem Nierenversagen zu rechnen war und daß die Dosis von i. v. Aescin in allen Fällen überschritten wurde. Außerdem wurde Aescin nie allein gegeben, sondern mit zahlreichen anderen Präparaten, die z. T. ebenfalls überdosiert wurden und bei denen von einigen bekannt war, daß sie Nierenschädigungen hervorrufen können. Ein ursächlicher Zusammenhang von Nierenschädigung und Aescin war nicht nachweisbar. Man muß verständlicherweise auch bei einem solchen Naturstoff wie dem Aescin die Dosierung sorgfältig beachten. Bei sachgemäßer Anwendung des Aescins sind bei solchen Injektionen schädliche Wirkungen nicht zu befürchten.

Ein weiterer Fortschritt besteht darin, daß man das reine Aescin der Roßkastanie auf mechanischem Wege in eine sehr fein verteilte Form überführte, die nun schnell und gut von der Darmschleimhaut aufgenommen wird. Der Fachausdruck hierfür ist, daß man die Reinsubstanz „amorphisiert“. Auf diese Weise entstanden die *Reparil-Dragées,* die sich in leichteren Fällen und zur Nachbehandlung nach Injektionen verwenden lassen. Man gibt anfangs 3mal täglich 2, nach Besserung 3mal täglich 1 Dragée nach den Mahlzeiten mit etwas Flüssigkeit.

Seit einiger Zeit kann Aescin auch äußerlich angewendet werden, und zwar als *Reparil*-Gel, das man z. B. bei Wirbelsäulenerkrankungen, Schwellungen und Venenleiden einreibt.

Die Zahl der Roßkastanienpräparate ist groß und heute kaum noch zu übersehen. Bekannt sind insbesondere *Venoplant* (Schwabe), *Venacton* (F. A. Klein, Zell-Harmersbach), *Venostasin* (Klinge) und *Essaven* (Nattermann), alle in Form von Salben oder Gel, meist kombiniert mit anderen pflanzlichen Substanzen. Man kann die Wirkung aller als gleich gut und zuverlässig bezeichnen. Neue Berichte im wissenschaftlichen Schrifttum sprechen von einer anerkannten Zusatzbehandlung zur sonstigen Krampfadertherapie.

Viele Venenpräparate enthalten außer den Bestandteilen der Roßkastanien noch Flavone und Flavonoide. Als *Flavone* bezeichnet man Pflanzenstoffe, die in der Natur sehr weit verbreitet sind. Der Name kommt her von flavus =

gelb, weil sie die Grundstoffe vieler gelber Pflanzenfarbstoffe sind. Flavonoide sind dem Flavon chemisch nahestehende, in ihrer chemischen Struktur etwas abgewandelte Substanzen. Es gibt davon eine große Zahl, die vielfach je nach den Pflanzen, in denen sie zuerst nachgewiesen wurden, besondere Namen führen, wie das gelbe Rutin aus der Weinraute (Ruta graveolens), das Quercetin aus der Rinde der amerikanischen Färbereiche (Quercus tinctoria) u. a. m. Diese Flavone und Flavonoide greifen in die Oxydations- und Reduktionsprozesse der Zellen ein und wirken in engem Zusammenhang mit dem Enzymsystem. Außer diesen physiologischen Eigenschaften besitzen sie aber noch vielfach echte pharmakologische und biologische Wirkungen. Daraus erklärt sich die Vielfalt ihrer Anwendungsgebiete. Es gibt eine Reihe von Flavon-Drogen, die vor allem an den Gefäßwänden angreifen und die Kapillarresistenz steigern. Das macht sie wertvoll zur Behandlung von Krampfadern und erklärt ihre vielfache Anwendung als Venenmittel. Man bezeichnet sie geradezu als ,,Regulationsfaktoren". Dabei sind sie völlig unschädlich und besitzen keine störende Nebenwirkungen. Man hatte deshalb ihren heilenden Effekt vielfach angezweifelt und sogar ganz geleugnet. Neue Unersuchungen, so vor allem von Prof. Hänsel von der Universität Berlin, konnten jedoch einwandfrei die pharmakologischen Wirkungen aufzeigen.

Honigklee

Bei den Roßkastanien sind wir, wie bereits erwähnt, auf technisch aufbereitete Fertigpräparate angewiesen. Als Tee sind sie nicht möglich. Will man aber bei Krampfaderleiden einen medizinischen *Tee* verordnen, so hat sich dafür eine neue Möglichkeit ergeben. Wir können auf eine alte Heilpflanze zurückgreifen, den *Honigklee* (Melilotus officinalis). Manchmal findet man im Schrifttum hierfür die Bezeichnung „Stein"klee. Das ist nicht richtig. Melilotus kommt hier von mel = Honig und lotos = Klee, also eindeutig „Honig"klee.

Von ihm wird das ganze Kraut gebraucht (Herba Meliloti), von dem man 1–2 Teelöfel auf eine Tasse Tee nimmt, mit heißem Wasser überbrüht und davon morgens und abends eine Tasse voll trinkt. Der Honigklee war bereits völlig außer Gebrauch gekommen, da wir mit ihm nicht mehr viel anzufangen wußten. Der schöne honigartige, süßliche Geruch, welcher der Pflanze den Namen gegeben hat, beruht auf dem Gehalt an

Cumarin, dem gleichen Stoff, den wir auch im Waldmeister (Asperula odorata) und in dem Ruchgras (Anthoxanthum odoratum) finden, das einen Hauptbestandteil der Heublumen bildet. Die anfänglichen Erwartungen einer Prager Forschungsgruppe, daß der Honigklee gerinnungshemmend wirken könne, konnten nicht bestätigt werden. Wohl aber ergaben weitere Untersuchungen und Beobachtungen, daß der Honigklee ebenso wie die Roßkastanie einen tonisierenden Einfluß auf die Venenwände auszuüben vermag. Darüber hinaus fand man auch noch eine Verbesserung der *Lympfströmung*. Sie unterstützt den guten Einfluß des Honigklees auf die chronischen Stauungszustände an den Unterschenkeln, die sich so häufig nach Entzündungen der tiefen Venen einstellen und lebenslang andauern können. Ein nach dem Cumaringehalt standarisiertes Melilochus-Präparat sind die Venalot-Kapseln, 3mal täglich 1–2 Kapseln (Schaper und Brümmer, Ringelheim).
Es gingen Mitteilungen durch die Presse, daß das Cumarin aus dem Waldmeister und aus dem Steinklee in hohen Dosen Leberveränderungen hervorrufen und sogar krebserzeugend zu wirken vermöge. Das hat sich jedoch nicht bestätigt. Es konnte gezeigt werden, daß die in den Pflanzen vorhandenen Cumarinmengen viel zu gering sind, um selbst bei längerer Anwendung schaden zu können. Außerdem stellten zwei Krebsforscher, W. Grote und I.-Weinmann, in Versuchen an Kaninchen fest, daß sogar nach der intravenösen Injektion des 10fachen bis zum 100fachen der therapeutischen Dosis die Mißbildungsraten gegenüber den Kontrollen nicht erhöht waren. Diese Versuchsergebnisse an Kaninchen bestätigen frühere Befunde an Mäusen und Ratten. Man kann also bezüglich des Waldmeisters und des Steinklees unbesorgt sein und braucht sich auch den Genuß seiner Waldmeister-Bowle nicht durch solche übertriebenen Mitteilungen beeinträchtigen zu lassen.

Noch eine weitere Heilpflanze kann man als Tee bei Venenerkrankungen verwenden: die *Goldrute* (Solidago virgaurea). Sie wächst bei uns überall in trokkenen Kiefernwäldern und an sonnigen Hängen. Das Kraut, Herba Solidaginis virgaureae, enthält ebenfalls reichlich Flavonoide. Man gibt den Tee morgens und abends wochenlang, jeweils aus 1–2 Teelöffeln der Droge in üblicher Weise bereitet.
Als eine Venenerkrankung betrachtete man auch die *Hämorrhoiden* am After, und es lag daher nahe, bei ihnen gleichfalls Roßkastanien- oder Melilotus-Präparate zu geben. Hierbei haben sie sich jedoch weit *weniger* bewährt als bei den Krampfadern der Beine.
Wir wissen auch neuerdings den Grund. Es konnte durch neue Untersuchungen gezeigt werden, daß die Hämorrhoiden keineswegs lediglich erweiterte Venen am After sind. Vielmehr handelt es sich bei ihnen um die Mischform einer venösen und einer arteriellen Versorgung, bei der ein *arterieller* Zustrom

Hamamelis

bei dem Gefäßflecht am untersten Darmteil eine wesentliche Rolle spielt. So verstehen wir, daß die Venenmittel wie Aesculus und Melilotus hierbei nicht genügend wirken können.

Noch immer sind bei den Hämorrhoiden die *Hamamelis*-Zubereitungen von größtem Wert, gerade auch für die chronischen Fälle, die einer ständigen sorgfältigen Analpflege bedürfen. Eines der ältesten und bis heute unverändert bestbewährten Hamamelis-Präparate ist die *Hametum*-Salbe von Schwabe. Es ist ein Destillat aus frischen Zweigen und Blättern der virginischen Zaubernuß, Hamamelis virginiana, die auch bei uns als Gartenstrauch sehr geschätzt wird. Sie blüht bereits im allerersten Frühjahr, fast noch am Ausgang des Winters, und erfreut dann durch ihre eigenartig geformten gelben Blüten. Die wirksamen Substanzen der Hamamelis sind in der Hauptsache Gerbstoffe. Wie ihr Name sagt, ist ihre Wirkung auf der Haut eine gerbende oder zusammenziehende (adstringierende), und sie bringen auf diese Weise gereizte Schleimhäute wieder in einen normalen, widerstandsfähigen Zustand. Hämorrhoidalleidende sollten daher etwas Hametum-Salbe nach jedem Stuhlgang einstreichen. Sitzen die Hämorrhoiden höher, so kann man auch die Hametum-Zäpfchen benutzen, zumal wenn *Blutungen* hinzukommen. Stets muß jedoch eine stärkere Hämorrhoidalblutung zur *Vorsicht* mahnen, zumal wenn sie in höherem Alter erstmals auftritt. Es kann ein Dickdarmkrebs dahinterstecken, den wir heute durch die Vorsorgeuntersuchungen rechtzeitig zu erfassen suchen, weil er dann unseren therapeutischen Maßnahmen noch gut zugänglich ist. Ein einfaches Austasten des Afters mit dem Finger durch den Arzt genügt vielfach schon, um den Verdacht auszuschließen, und sollte daher niemals unterlassen werden.

Neues vom Mäusedorn

Eine weitere Pflanze hat neuerdings Eingang in die Behandlung von Krampfadern und Hämorrhoiden gefunden. Es ist der *Stechende Mäusedorn, Ruscus aculeatus,* ein Liliengewächs aus den Mittelmeerländern. Es ist ein kleiner, stark verzweigter, bis zu 1 m hoher, immergrüner Halbstrauch mit zweizeilig angeordneten, starren, ovalen, blattartig verbreiteten Zweigen, die in eine stechende Spitze auslaufen. Die Blüten sind grünlich-weiß und unscheinbar, dagegen später die glänzend roten Beeren sehr auffallend.

Mäusedorn

Der Mäusedorn wächst auf den trockenen, sonnigen Felsenheiden oder Macchien im gesamten Mittelmeergebiet, auf denen viele unserer bekannten Heilpflanzen wie der Rosmarin, der echte Thymian und die Salbei zu Hause sind. Französischen Autoren gelang es in letzter Zeit, aus dem Wurzelstock des Mäusedorns zwei Sapogenine zu isolieren, das Ruscogenin und das Neo-Ruscogenin. Von beiden konnte eine deutliche *venentonisierende* Wirkung experimentell nachgewiesen werden. Somit ergab sich eine gleiche Anwendungsmöglichkeit wie bei den Roßkastanien-Extrakten und der Hamamelis. Ganz besonders loben die französischen Autoren die Verwendung der Ruscus-Sapogenine in Form von Stuhlzäpfchen bei *Hämmorrhoiden.* Sie lindern dabei rasch die Schmerzen, bringen Blutungen zum stehen und ödematöse Schwellungen zum Rückgang. Dabei werden sie allgemein und lokal gut vertragen. Ein derartiges Präparat ist jetzt auch bei uns als *Ruscorectal* im Handel (Endopharm, Sprendlingen), als Hämorrhoidalzäpfchen und als -salbe. Die Salbe wird mehrmals täglich aufgetragen, vor und nach dem Stuhlgang. Von den Suppositorien gibt man in akuten Fällen am ersten Tag 2–5, dann noch mehrere Tage lang 1–2 täglich.

Heidelbeeren frisch und getrocknet

Heidelbeere

Im Spätsommer werden die Heidelbeeren gesammelt. Die Blüten der Heidelbeere, Vaccinium myrtillus, sind klein und unscheinbar, rötlichweiß. Um so auffallender sind dann die schwarzblauen Früchte, die Heidelbeeren. Frisch verzehrt, in der beliebten Weise mit Milch und Zukker, können sie Durchfall hervorrufen, wenn man größere Mengen davon zu sich nimmt. Dieser Durchfall beruht teils auf dem Gehalt der frischen Heidelbeeren an Fruchtsäuren, die bekanntlich eine milde Abführwirkung besitzen; teils aber auch auf den harten Schalen der Früchte, die durch ihre grobe Zellulose einen Gärungskatarrh auslösen. Dazu kommt, daß auch die kleinen harten Samen zusätzlich einen Reiz auf die Darmschleimhaut bewirken. Schlimm sind diese

Durchfälle nach frischen Heidelbeeren nicht. Sie gehen schnell vorüber, wenn man die Heidelbeeren fortläßt und ein bis zwei Tage sonstige Nahrungsmittel mit gröberer Zellulose vermeidet, vor allem Gemüse, Salate und Kartoffeln. Vielfach lassen sich derartige Durchfälle schon dadurch verhüten, daß man die frischen Heidelbeeren nicht mit Milch, sondern mit Quark vermischt.
Ganz anders ist die Wirkung der Heidelbeere als Droge, also im *getrockneten* Zustand. Diese getrockneten Heidelbeeren, Fructus Myrtilli, enthalten reichlich Gerbstoff und dazu den blau-schwarzen Farbstoff. Gerbstoffe benutzt man gern als Stopfmittel bei Durchfällen. Sie gerben die entzündete Darmschleimhaut in milder Weise, d. h. sie bringen sie zum Zusammenziehen, festigen sie und schränken die Schleimsekretion ein. Von dem Farbstoff der Heidelbeeren wissen wir, daß er alle Schleimhäute des Mundes intensiv färbt. Gleiches geschieht auch auf der Darmschleimhaut. Diese Färbung zeigt uns, daß sich der Farbstoff sehr innig mit der Oberfläche der Schleimhaut verbindet. Auf diese Weise übt er noch eine besondere Wirkung aus. Er hemmt nämlich das Wachstum von Krankheitserregern, ähnlich, wie wir das auch von anderen Farbstoffen kennen, die wir beispielsweise zu Pinselungen bei Hauterkrankungen verwenden. Diese beiden Wirkungen zusammen machen die getrockneten Heidelbeeren zu einem guten Heilmittel bei Durchfallserkrankungen der verschiedensten Art. Nur muß man sie richtig anzuwenden verstehen. Die Fruchtsäuren der frischen Heidelbeeren sind in der Droge nicht mehr vorhanden. Sie gehen beim Trocknen verloren. Vor allem aber verwenden wir für diese Durchfallszustände nicht die ganzen Heidelbeeren, sonden den Heidelbeer*saft.* Man kann sich auch aus den getrockneten Beeren eine *Tee*abkochung herstellen, weil dann ebenfalls die ganzen Früchte mit ihren harten Schalen und Kernen auf dem Sieb zurückbleiben. Noch besser ist ein Heidelbeer-*Muttersaft,* wie man ihn in den Reformhäusern erhält. Wesentlich ist nämlich, daß ein solcher Heidelbeersaft keinen gewöhnlichen Zucker enthält. Daher können wir den Saft von den eingemachten Heidelbeeren in der Regel nicht für die Durchfallsbekämpfung verwenden. Dagegen ist der dicke, blauschwarze Muttersaft frei von Zucker und enthält nur die wirklich heilenden Wirkstoffe der Heidelbeere. Wir verwenden ihn am besten mit *Quark* vermengt. Er ist dann gleichsam die Tunke für den Quarkbrei. Der Quark enthält hauptsächlich die leicht ausnutzbaren Eiweißstoffe der Milch und ist dadurch für sich allein schon ein gutes und bewährtes Mittel gegen alle Gärungszustände im Darm. Fügen wir nun noch den Heidelbeersaft hinzu, so ergänzen sich beide in ausgezeichneter Weise. Der *Quark-Heidelbeerbrei* ist somit eines der vorzüglichsten und am schnellsten wirksamen Stopfmittel bei Durchfällen der verschiedensten Art, ganz besonders bei einem akuten Gärungskatarrh. Man muß dann allerdings ein bis zwei Tage nichts anderes nehmen als eine solche Heidelbeer-Quarkspeise und darf dazu noch ungesüßten Heidelbeertee oder auch ungesüßten

schwarzen Tee trinken. Immer wieder wird man erstaunt sein, wie schnell dann der Durchfall aufhört. Vom dritten Tag an kann man schon Reis, Grießsuppen, Eier und mageres Fleisch zulegen und dann die Kost bald weiter aufbauen. In gleicher Weise behandeln wir die so häufigen *Sommerdiarrhoen*, die auf einem Virus-Infekt beruhen. Sie werden nicht durch verdorbene oder infizierte Nahrungsmittel ausgelöst, wie oft fälschlich angenommen wird. Das Virus verbreitet sich vielmehr in der Wärme, besonders bei einem plötzlichen Witterungswechsel, überall in der Luft und wird auf diese Weise aufgenommen. Wenn dann noch eine Körperschwächung hinzukommt, vielleicht durch einen zu anstrengenden Spaziergang oder durch zu langes Baden, begünstigt durch kalte Getränke, so wirkt das Virus als Krankheitserreger und löst den Durchfall aus, der in sehr typischer Weise stets mit einer großen allgemeinen Körperschwäche einhergeht. Mit Bettruhe und ein bis zwei Tagen Heidelbeer-Quark Diät beherrschen wir diesen Zustand schnell und mit großer Zuverlässigkeit. Die früher so beliebte Kohle oder das Bolus-Pulver geben wir heute nicht mehr. Auch alle weiteren Medikamente erübrigen sich.
Gleichartig ist die Situation bei den *Reisediarrhoen*, die heute so häufig bei Reisen in warme Länder auftreten, auch schon in den Mittelmeergebieten. Es hat sich dafür geradezu der Ausdruck „Touristika" eingeführt. Sie stellen sich vielfach schon wenige Tage nach dem Aufenthalt im Reiseziel ein, können sehr heftig sein und das Allgemeinbefinden erheblich beeinträchtigen, so daß man zunächst eine schwere Erkrankung vermutet. Aber es erwies sich, daß es auch hierbei in aller Regel lediglich eine Anpassungsstörung des Darmes an die neue Ernährung und das Klima ist, keineswegs oder nur in Ausnahmefällen eine echte Infektion mit einem Bakterium der Salmonellen-Reihe oder des Paratyphus. Daher braucht man auch keine Darmdesinfektionsmittel, höchstens erst dann, wenn sich die einfache Behandlung mit Bettruhe, Kamillen- oder Fencheltee und Quark mit Heidelbeersaft einmal als nicht ausreichend erweist. Meistens ist der Durchfall nach 2–3 Tagen überwunden. Gewarnt wird ausdrücklich im wissenschaftlichen Schrifttum vor dem Gebrauch solcher Darmdesinfektionsmittel, die Oxychinoline enthalten, da sie schwere Nervenstörungen zu erzeugen vermögen (Mexaform, Entero-Vioform, Intestopan u.a.).
Noch eine gute Anwendungsmöglichkeit bei Heidelbeeren sei genannt: Bei schmerzhafter Entzündung der Mundschleimhaut, zumal wenn viele kleine Geschwüre aufgetreten sind, kann man schnell helfen durch langdauernde *Mundbäder* mit einem warmen Heidelbeertee, den man durch eine Abkochung der getrockneten Heidelbeeren herstellt. Man kocht ein bis zwei Eßlöffel 5–10 Minuten lang mit einem halben Liter Wasser und führt damit die Mundbäder mehrmals täglich aus.
Durchfälle bei *Kindern* lassen sich ebenfalls durch Heidelbeeren rasch bekämpfen. Anstelle der Apfel- oder Karottendiät kann man den Säuglingen einen Hei-

delbeer-Muttersaft geben. Aus einer Kinder-Klinik wurde empfohlen, die ganzen getrockneten Heidelbeeren zu einem feinen Pulver zu zermahlen und den Säuglingen teelöffelweise zu verabfolgen. Kurze Zeit danach werden die Stühle der Säuglinge blau-schwarz, und damit hört der Durchfall auf. Ein weiterer günstiger Effekt besteht darin, daß durch die gerbende Wirkung der mit dem Stuhl ausgeschiedenen Heidelbeeren gleichzeitig das unangenehme und schmerzhaft nässende Ekzem am After der durchfallerkrankten Säuglinge behoben wird. Finnische Kinderärzte berichten, daß durch Heidelbeersäfte auch Wurmerkrankungen der Kinder beeinflußt werden, vor allem der massenhafte Befall mit den kleinen weißen Madenwürmern. Die Heidelbeeren sind also eine wertvolle und praktisch sehr brauchbare Droge, die gerade bei harmlosen, aber recht lästigen Erkrankungen gute Dienste zu leisten vermag.

Rosmarin, die Lieblingspflanze von Pfarrer Kneipp

Rosmarin

Der Rosmarin war eine Lieblings-Heilpflanze von Pfarrer Kneipp. Er hat ihn in seiner schwäbischen Heimat kennengelernt. Zwar stammt der Rosmarin aus den Mittelmeerländern, aber schon in frühen Zeiten war er von dort über die Alpen gebracht worden. In diesem rauheren Klima kann er nur im Sommer im Garten gedeihen. Im Winter stellen ihn die Bauern an die Fenster der warmen Stuben. Da wächst und blüht er dann reichlich. Viele Volksbräuche ranken sich um den Rosmarin, da er wegen seiner immergrünen Blätter – ähnlich wie die Myrte – als Zeichen der Unvergänglichkeit gilt, und sein schöner aromatischer Geruch machte ihn noch sympathischer.

Überall an den Küsten des Mittelmeeres wächst der Rosmarin wild. Man findet ihn auf den trockenen Hängen, wo der kalkhaltige, fruchtbare Boden eine verschwenderische Fülle von Pflanzen hervorbringt, unter denen sich auch viele Heilpflanzen befinden, wie der Thymian, die echte Salbei, der Lavendel und viele andere. Der Rosmarin ist ein immergrüner Strauch, der eine Höhe von ein bis zwei Metern erreicht. Die Blüten sind hell-violett, die Blätter klein, linealnadelförmig, am Rande nach unten gerollt. Diese Blätter (Folia Rosmarini) werden hauptsächlich als Heilmittel gebraucht, weniger die Blüten. Der intensive Geruch der Blätter rührt her von dem ätherischen Rosmarinöl (Oleum

Rosmarini), das man durch Auspressen der frischen Pflanze gewinnt. Es ist der eigentliche Heilstoff des Rosmarin. Wir kennen heute die chemische Zusammensetzung und die Wirkungsweise des Rosmarinöles sehr genau. Es enthält kampferartige Substanzen, für die sich allgemein die Bezeichnung *Rosmarin-Kampfer* eingeführt hat. Chemisch und in der Wirkung entspricht der Rosmarin-Kampfer durchaus dem echten Kampfer aus dem großen Kampferbaum, der in Ostasien, vor allem auf Formosa, vorkommt und der Hauptlieferant des echten Kampferöles ist. In großem Maße wird der Kampfer heute auch synthetisch hergestellt.

Kampfer ist ein Anregungsmittel für den Kreislauf und die Nerven. Das gilt auch für den Rosmarin-Kampfer und somit für die gesamte Rosmarin-Droge. Unmittelbar auf das Herz wirkt der Kampfer nicht. Sein Angriffspunkt ist vielmehr das Zentralnervensystem, wo sich in dem verlängerten Mark die Zentren für die Regulation der Blutgefäße und der peripheren Nerven befinden. Hier setzt der Kampfer an. Er *tonisiert* die Blutgefäße und die Nerven, gibt ihnen also einen besseren Spannungszustand, so daß sie ihre Arbeit leichter vollbringen können. Das sind sehr wertvolle Eigenschaften, die sich in mannigfacher Weise ausnützen lassen. Das Anwendungsgebiet des Rosmarin ist daher ein recht großes. Wir geben ihn gern bei *Erschöpfungszuständen,* bei denen die Nerven in ihrer Tätigkeit nachlassen und auch der Blutdruck absinkt. Er bessert dann die Müdigkeit und das Leistungsvermögen. Auch sonst ist der Rosmarin beim *niedrigen Blutdruck* angebracht, wenn die Erschlaffung des Gefäßsystems zu Beschwerden führt. Er wirkt dann zwar nur mild, aber anhaltend, und man kann vor allem damit niemals schaden. Das ist für Zustände, die ihrem Wesen nach eine längerdauernde Behandlung erfordern, sehr wichtig.

Wenn nach einer Grippe oder einer anderen Infektionskrankheit, auch nach einer Lungenentzündung oder einer Operation, der Kreislauf zunächst noch einer Stützung bedarf und das Nervensystem einer Anregung, so ist ebenfalls der Rosmarin das bevorzugte Mittel.

Ein ganz besonderes Anwendungsgebiet des Rosmarin ist das Nachlassen der Spannkraft im höheren Alter. Wir sprechen oft von einem Altersherzen und meinen damit, daß es ein nicht mehr so voll leistungsfähiges, aber noch nicht eigentlich krankes Herz sei. Wie gut oft gerade solche Altersherzen auf den Rosmarin ansprechen, wußte schon Kneipp. Er verordnete ihn allen seinen älteren Patienten zusätzlich zu den übrigen Anwendungen der Kur. Gern gab er ihn in Form des *Rosmarin-Weines.* Ein Gläschen Rosmarinwein zum Mittag- und Abendessen sei eine Labsal für den älteren Menschen, sagt uns Kneipp.

Sehr eingeführt und bewährt haben sich neuerdings die Rosmarin-Tropfen in Form des *Cardalept* der Fa. Keimdiät, Augsburg, die außer dem Rosmarin noch einige andere Heilpflanzen-Extrakte enthalten. Bei jüngeren Menschen mit Kreislaufstörungen gibt man davon zwei- bis dreimal täglich 20 Tropfen.

Ältere Menschen kommen schon mit viel geringeren Mengen aus. Es genügt bei ihnen vielfach, wenn sie morgens früh 10 Tropfen und abends vor dem Schlafengehen nicht mehr als 5 Tropfen einnehmen. Gleiches gilt für Menschen mit einem sehr empfindlichen Gefäß-Nerven-System. Bei ihnen genügen ebenfalls 5 Tropfen, zwei- bis dreimal täglich, schon vollkommen. Man nimmt diese kleine Menge am besten derart, daß man sie auf ein Stückchen Zucker aufträufelt, das man auf einen Teelöffel legt. Das Cardalept durchzieht den Zucker und wirkt auf diese Weise besonders rasch, da der Zucker die Aufsaugung im Magen fördert. Aber man kann ebensogut die Tropfen in etwas Wasser geben und die damit einnehmen oder, noch besser und schneller wirkend, auf der Mundschleimhaut zergehen lassen.

Zwei bewährte Anwendungsgebiete haben hier Cardalept-Tropfen. Bei jüngeren Menschen mit *niedrigem* Blutdruck und Kreislaufstörungen gibt man sie immer dann, wenn das Allgemeinbefinden nachläßt und Arbeitslust und Schaffenskraft absinken. Dann sind die größeren Dosen notwendig, morgens 20 und mittags und abend je 10 Tropfen, immer einige Wochen hindurch regelmäßig als richtige Kur. Die zweite Indikation ist das Altersherz, überhaupt ein Nachlassen der Herz- und Kreislauffunktion mit zunehmenden Lebensjahren. In diesen Fällen kommt man meistens mit den angegebenen kleinen Dosen schon aus, also morgens und mittags je 10 und abends nochmals 5 Tropfen. Nur bei nächtlicher Unruhe muß man abends mehr geben, sogar 20 Tropfen. Die dadurch angeregte Herztätigkeit fördert die Durchblutung des Gehirns, und Rosmarin-Kampfer wirkt noch direkt stimulierend auf die Hirntätigkeit. So reguliert sich die Durchblutung der Hirngefäße. Diese nächtlichen Unruhezustände der älteren und alten Leute entstehen durch eine Minderdurchblutung des Gehirns, weil im Schlaf der Blutdruck absinkt und dann den erforderlichen Druck in den Hirngefäßen nicht mehr aufrechterhalten kann. Erfahrungsgemäß wirkt bei diesen Zuständen ein leichtes Herz-Kreislaufmittel weit besser und sicherer als etwa ein Schlafmittel, das sogar eher noch verschlimmert.

Für die äußerliche Anwendung haben sich die *Rosmarin-Bäder* bewährt. Da sie tonisierend, also anregend wirken, soll man sie nur morgens bzw. vormittags nehmen, aber nicht abends, da sie den Schlaf stören könnten. Sehr zweckmäßig ist es, bei Kreislauf- und Nervenstörungen mit niedrigem Blutdruck die Rosmarin-Bäder als Wochenend-Kur zu gebrauchen. Man gibt dann an jedem Sonnabend und Sonntag ein Rosmarin-Bad gleich früh zum Aufstehen, nicht zu lange, höchstens 8–10 Minuten, und auch nicht zu warm, etwa 37 °, höchstens 38 ° C; anschließend die übliche kühle Waschung. Dann aber muß unbedingt noch etwa eine halbe Stunde Bettruhe eingehalten werden, damit die Wirkung langsam ausklingen kann.

Zu Einreibungen bei Neuralgien und rheumatischen Schmerzen in den Gliedern wird gern der Rosmarin-Spiritus benutzt. Bei Schmerzen in der Herzgegend wird mit *Rosmarin-Salbe* eingerieben (Ungt. Rosmarini comp.). Auf gleicher Rosmarin-Grundlage beruht die *Kneipp-Herzsalbe* (Ungt. cardiacum) des Kneipp-Heilmittelwerks in Würzburg, das auch den Rosmarin-Wein nach Kneipps Originalrezept herstellt. So findet der Rosmarin mannigfache und heute gut begründete Anwendung. Kneipp hat mit seiner Empfehlung also recht gehabt!

Pflanzliche Nervenmittel – heute

Baldrian

Ein Kennzeichen für die heutige Zeit ist die Übererregbarkeit der Nerven. Das hastige Leben mit seiner Überforderung und der übergroßen Mannigfaltigkeit und Stärke an Reizen aller Art geht uns – im wahrsten Sinne des Wortes – „auf die Nerven". Dabei ist es aber nicht nur eine einfache Überregbarkeit, sondern es sind vielmehr Zustände von Angst, Spannung und innerer Unruhe, die den Menschen der heutigen Zeit das Leben so schwer machen. Es hat sich dafür ein Wort bei uns eingeführt, das aus dem Amerikanischen stammt und auch dort eine Neuprägung ist. Wir sprechen vom „*Stress*", ein Ausdruck, der sich nicht völlig übersetzen läßt. Es ist die Summe von Einflüssen schädigender Art auf ein Organsystem; und wenn es das Nervensystem ist, so nennt man das einen psychischen Stress.
Diese Konzeption des *Stress* von Hans *Selye* hat sich als außerordentlich fruchtbar erwiesen, sowohl zum Verständnis vieler Situationen des täglichen Lebens als auch in therapeutischer Hinsicht. Bei den Menschen der Frühzeit war die Alternative bei bedrängenden Lebensumständen: fliehen oder kämpfen? (to go or to fight). In beiden Fällen kommt es zu einem plötzlichen Anstieg der Herzfrequenz, das Herz muß mehr Blut in den Körper hineinpumpen, und der Blutdruck steigt an, das Nervensystem gerät in einen Erregungszustand (sympathikotone Reaktion), bei der vor allem das Herz-Kreislaufsystem mehr zu leisten hat.
Beim heutigen Menschen liegen die Verhältnisse jedoch nicht mehr so klar. Die geänderte soziale Situation zwingt zu einem anderen Verhalten. Schnelle Entschlüsse, wie fliehen oder kämpfen, sind in der Regel nicht mehr möglich. Der Stress-Effekt verteilt sich vielmehr auf eine längere Zeit, er ist chronisch gewor-

den. Hält er längere Zeit an, so führt er zu sekundären Reaktionen am Herzen, zu einem Ansteigen des Blutdrucks und der Pulsfrequenz, oft mit Unregelmäßigkeiten des Herzschlages. Ob auf diese Weise Krankheiten hervorgerufen oder verschlimmert werden, hängt von der relativen Widerstandskraft des Individuums ab.

Der Stress des 20. Jahrhunderts ist ein unsichtbares Geschehen geworden. Amerikanische Forscher bezeichnen ihn als einen Zustand, bei dem das Individuum gleichsam in eine Ecke geboxt wird und fühlt, daß es keinen Ausweg habe und keine Möglichkeit, eine persönlich akzeptable Position einzunehmen. Beispielsweise fühlt ein solcher Mensch, daß für ihn keine Aussicht bestehe, auf der sozialen, wirtschaftlichen oder beruflichen Leiter aufzusteigen. Das Ergebnis ist ein Gefühl von Hoffnungslosigkeit und Hilflosigkeit. Die Folgen zeigen sich dann in den verschiedensten „nervösen" Beschwerden und können bis zu organischen Krankheiten weiterschreiten. So wird heute vor allem die Zunahme der Kreislauferkrankungen bis hin zum Herzinfarkt zu einem wesentlichen Teil als eine Stressfolge angesehen, zumal wenn sich damit noch andere schädigende Faktoren kombinieren, wie ein Übermaß an Zigaretten und Alkohol.

Die Nerven zu beruhigen und damit auch dem Stress entgegen zu wirken, ist seit alter Zeit eine wesentliche medizinische Aufgabe, die heute besondere Aktualität erlangt hat. Es lag nahe, hierfür auch Pflanzen heranzuziehen. Wir kennen eine ganze Reihe solcher Pflanzen, die beruhigend auf das Nervensystem wirken. Es sind jedoch von den vielen Heilpflanzen, die hierfür angegeben wurden, nur wenige übrig geblieben, die auch heute noch Berechtigung verdienen. Das sind in erster Linie Baldrian und Hopfen. Beide besitzen eine durchaus deutliche und für viele Fälle ausreichende dämpfende (sedierende oder sedative) Wirkung auf übererregte Nerven.

Der *Baldrian* kam zu Unrecht längere Zeit in den Ruf, viel zu schwach und fast nur suggestiv wirksam zu sein. Freilich genügen einige Tropfen Baldriantinktur meistens nicht. Nimmt man aber eine wirklich ausreichende Menge, etwa einen ganzen Teelöffel der gewöhnlichen Baldriantropfen, so ist die Wirkung eine rasche und deutliche. Gleiches gilt für den Baldriantee. Auch hier brauchen wir eine größere Menge. Man muß auf eine Tasse mindestens zwei Teelöffel Baldrian-Wurzeln nehmen. Da sich die Wirkstoffe aus den Wurzeln nur langsam herauslösen, hat es sich bewährt, den Tee lange „ziehen" (mazerieren) zu lassen. Man stellt also einen Baldriantee nicht in der gleichen Weise her wie etwa einen Kamillentee durch Aufbrühen mit heißem Wasser; sondern man muß die Baldrianwurzeln mit dem Wasser, gleichgültig ob man heiß oder kalt aufgegossen hat, einige Stunden ziehen lassen. Dann erst kommen die Wirkstoffe aus den zerkleinerten Wurzeln in genügender Menge heraus. Zweckmäßig geht man so vor, daß man sich den Baldriantee, den man abends vor dem Schlafengehen trinken will, schon am Morgen zubereitet und dann bedeckt bis zum Abend stehen läßt. Eine Tasse Baldriantee wird nach dem Abendessen und eine zweite vor dem Schlafengehen getrunken. Das beruhigt in vielen Fällen die Nerven so gut, daß nunmehr das Einschlafen leichter vor sich geht.

Der *Baldrian, Valeriana officinalis,* ist eine heimische Pflanze von etwa 1 m Höhe mit gegenständigen, gefiederten Blättern und kleinen, rötlich-weißen Blüten, die zu einem doldenartigen Blütenstand zusammenstehen. Medizinisch verwendet man die *Wurzel* (Radix Valerianae), die in zerkleinerter Form als Droge für den Baldriantee gebraucht wird und aus der auch die bekannte *Baldriantinktur* (Tinctura Valerianae) hergestellt wird. Erst beim Trocknen der Wurzel entwickelt sich der typische Baldriangeruch, der bei längerem Lagern noch zunimmt. Die Droge stammt heute ausschließlich aus der Kultur.

Der Baldrian hat in den letzten Jahren eine eingehende phytochemische und pharmakologische Bearbeitung erfahren, die zur Entdeckung neuer Wirkstoffe und ihrer Anwendung führte. Dadurch wurde die alte Erfahrung, daß der Baldrian eine wertvolle Arzneipflanze mit objektiv feststellbaren Wirkungen ist, bestätigt und in ein neues Licht gerückt.

Die frische Baldrianwurzel enthält als Hauptwirkstoff ein ätherisches Öl. Die Wirkung ist in der Hauptsache eine allgemein *beruhigende* (sedative) und beruht in erster Linie auf dem Gehalt an freien und gebundenen Baldriansäuren (Valerian- und Isovaleriansäure), die auch den typischen Baldriangeruch bedingen. Neuerdings wurden nun außerdem noch in der Baldrianwurzel andere Inhaltsstoffe gefunden, die man *Valepotriate* genannt hat. Sie sind nicht in der frischen Baldrianwurzel und damit auch nicht in der daraus hergestellten Baldriantinktur, dem Baldriantee oder dem Baldrianextrakt enthalten, sondern entstehen erst bei der Aufbereitung der Droge. Man konnte eine ganze Reihe solcher Valepotriate isolieren, deren Wirkung sich als verschieden und sogar gegensätzlich herausstellten. Sie wirken nicht sedativ wie die Droge, sondern in erster Linie *ausgleichend, regulierend auf das vegetative Nervensystem.* Dabei zeigte sich bei der einen Fraktion ein mehr dämpfender, bei einer anderen ein mehr anregender Effekt, so daß das Zusammenwirken insgesamt vegetativ-ausgleichend ist und daher als „amphoter" bezeichnet wurde. Es gibt einige ausländische Valeriana-Arten, die einen besonders hohen Gehalt an derartigen Valepotriaten besitzen, wie z.B. eine in Mexiko reichlich wild vorkommende Baldrianart (Valeriana mexicana), die heute als Ausgangspunkt für die Herstellung derartiger, an Valepotriaten besonders reicher Präparate viel benutzt wird.

Die anfängliche Erwartung, in den Valepotriaten nunmehr den eigentlichen

Wirkstoff des Baldrians gefunden zu haben, bestätigte sich nicht. Es zeigte sich vielmehr, daß der Baldrian *zwei* recht verschiedene Wirkungen besitzt: einesteils die allgemein beruhigende (sedative) Wirkung, die wir schon immer kannten und ausnutzten und die auf dem ätherischen Öl und den Baldriansäuren beruht. Deren Angriffspunkt ist in der Hauptsache die Großhirnrinde. Dazu kommt *zweitens* der neuerdings gefundene vegetativ-ausgleichende und psychisch regulierende Effekt, der auf den Valepotriaten beruht. Ihr Angriffspunkt liegt in einer anderen Stelle des Gehirns, nämlich vorzugsweise in den tieferen Hirnschichten, die man als Zwischenhirn bezeichnet, weil dort die Bahnen für Erregung einerseits und Dämpfung andererseits der inneren Organe zusammenkommen und gesteuert werden, je nach den Erfordernissen teils gedämpft, teils angeregt. Diese Zentren in den älteren Hirnschichten haben die Aufgabe, die Funktionen der inneren Organe über die beiden von diesem Zentrum in die Peripherie laufenden Nervengeflechte des Sympathikus und Vagus zu steuern. Hier ist auch das Zentrum für die *Stress-Regulation*. Da die Valepotriate hier ihren Angriffspunkt haben, vermögen sie als echte *pflanzliche Anti-Streßmittel* zu wirken.

Damit hat sich eine ganz *neue* Wirkungsmöglichkeit des Baldrians ergeben. Wir müssen unterscheiden lernen, welchen Zweck wir in erster Linie anstreben. Wollen wir die allgemein *sedative* Wirkung haben, so werden wir nach wie vor die einfachen Zubereitungen aus der frischen Baldriandroge wählen, also den Baldriantee oder die Baldriantinktur, auch Baldrianfrischsäfte, wie den „Baldrian-Pflanzensaft Kneipp“ von den Kneipp-Werken in Würzburg u.a. Oder die bekannten und nach wie vor beliebten Baldriantabletten und Kapseln wie Baldrian-Dispert (Valdispert) u.a. Nur müssen wir darauf achten, daß von allen diesen Zubereitungsformen – wie bereits ausgeführt wurde – auch ausreichend große Mengen genommen werden.

Ganz anders ist es jedoch, wenn wir den Baldrian als ein vegetativ-ausgleichendes und *psychosomatisch-regulierendes* Mittel verabfolgen wollen. Dann werden wir Baldrian-Zubereitungen nehmen, die einen hohen Gehalt an Valepotriaten besitzen. In einer groß angelegten Praxisstudie hat sich hierfür das *Nervipan* (Medopharm, Deutsche Chepharo Pharma, 4670 Lünen), aus dem mexikanischen Baldrian als bestens geeignet erwiesen. Man nimmt davon im Anfang zwei- bis dreimal täglich 2 Kapseln, kurmäßig für etwa drei Wochen. Dann kann man auf eine geringere Dosierung zurückgehen, die man je nach den Erfordernissen verschieden gestaltet. Will man während des Tages nervöse Herz- oder Magenbeschwerden zum Rückgang bringen und vor allem eine *Anti-Streß-Wirkung* im Beruf erreichen, so wird man morgens zum Frühstück 2 Kps. Nervipan nehmen, nötigenfalls noch eine weitere im Verlaufe des Tages, wenn besondere Anforderungen herantreten. Steht dagegen ein schlaffördernder Effekt im Vordergrund, um die Streß-Anregungen während der

Tagesarbeit auszuschalten, nimmt man abends vor dem Schlafengehen 2 Kps. Nervipan. Ganz besonders geeignet ist Nervipan zur Dämpfung der Streß-Einwirkungen während eines längeren Autofahrens. Es hat dabei den großen Vorteil, nicht müde zu machen, wie so viele andere der zu dem gleichen Zweck gebrauchten Mittel wie etwa die modernen Tranquilizer, von denen noch zu reden sein wird.
Es ist erstaunlich, wie durch diese neuen Forschungen über die Inhaltsstoffe und ihre Wirkungsweise der Baldrian geradezu einen *neuen medizinischen Aspekt* gewonnen hat. Er ist ein Paradebeispiel dafür, was sich aus dem Zusammenwirken neuer phyto-chemischer Forschungen und praktischer ärztlicher Erfahrung an neuen Ergebnissen herausstellt. Es lohnt sich also, auch vom rein wissenschaftlichen Standpunkt, sich mit den Heilpflanzen zu beschäftigen, und es ist immer wieder beeindruckend, wie sich uralte Erfahrungen nach neuen phytotherapeutischen Gesichtspunkten *bestätigen* lassen. Sie zeigen uns, wie sehr die Heilpflanzen auch und gerade wieder in der neuzeitlichen Medizin ihren Platz haben, wenn man Näheres von ihnen weiß und sie richtig anwendet. Dazu gehören allerdings auch phytotherapeutische Kenntnisse.

Das zweite pflanzliche Sedativum für den allgemeinen Gebrauch ist der *Hopfen*. Er steht in der Intensität seiner Wirkung dem Baldrian nicht nach, hat aber noch einige Besonderheiten. Die wirksame Substanz des Hopfens ist das Lupulin, ein gelbliches Pulver, das aus kleinen Drüsen am Grunde eines jeden Blättchens eines Hopfenzapfens stammt. Als Tee eignen sich die Hopfenzapfen schlecht, da vielfach schon das Lupulin herausgefallen ist. Daher verwendet man den Hopfen besser in Form von Fertigpräparaten, gern in Kombination mit dem Baldrian oder mit anderen auf das Nervensystem wirkenden Heilpflanzen.
Bekannte und beliebte Kombinationen von Hopfen mit Baldrian sind die Hovaletten (Fa. Zyma) und die Seda-Kneipp-Dragees, (Kneipp-Heilmittelwerk Würzburg). Über die zuverlässige und deutlich objektivierbare Wirkung von Seda-Kneipp liegen schöne neue Untersuchungen von Prof. Müller-Limmroth von der Universität München vor.
Man sagt dem Hopfen und besonders dem reinen Lupulin eine besondere Wirkung auf die übererregte Sexualsphäre nach. Wirklich bewiesen ist sie jedoch nicht, und wahrscheinlich ist es auch hierbei nichts anderes als ein beruhigender und ausgleichender Effekt. Wohl aber kennt man vom Hopfen eine Wirkung auf die Tätigkeit der Eierstöcke. Die Ursache sind hormonartige Substanzen, die den Oestrogenen, den Eierstockshormonen, entsprechen. Daher scheint der Hopfen zumal im Klimakterium bei Unruhe und Erregungszustän-

den angezeigt zu sein. Auch Bitterstoffe (Hopfenbitter) sind im Hopfen enthalten und führten zu der bekannten Verwendung in der Bierbrauerei. Bitterstoffe (Amara) haben einen tonisierenden, allgemein anregenden Effekt, und so ist es beim Hopfen ähnlich wie beim Baldrian: zwei anscheinend entegengesetzte Wirkungen kombinieren sich zu einem psychisch ausgleichenden Mittel – ausgleichend besonders bei Angstzuständen und innerer Spannung. Wissenschaftlich spricht man dabei von einem psychischen „Aequilans".

Ein mildes nervenberuhigendes Mittel ist die *Melisse,* milder als Baldrian und Hopfen. Aber ein Melissentee genügt gleichfalls bei vielen Menschen bereits, um eine Schlafbereitschaft herbeizuführen. Man sagt der Melisse außerdem eine besondere beruhigende Wirkung bei nervösen Magen- und Herzleiden nach. Dabei hat die Melisse den Vorteil eines guten Geschmackes, der sich durch Zusatz von einem Teelöffel Honig zu dem Tee noch steigern läßt.
Auch für die Melisse gilt die Regel, daß die Dosis nicht zu klein sein darf, 2 Teelöffel der Droge auf 1 Tasse Wasser, gut warm und langsam schluckweise nach dem Abendessen oder vor dem Schlafengehen genommen. Wird gleichzeitig über Magenbeschwerden geklagt, so tut eine Mischung von gleichen Teilen Pfefferminz- und Melissenblättern besonders gut. Da es sich bei der Melisse um ein ätherisches Öl handelt, gilt bei der Zubereitung des Tees die übliche Vorschrift, daß das Wasser nur heiß sein darf, aber nicht kochend.
Über die Wirkungsweise der Melisse haben uns eine ganze Reihe neuer Untersuchungen höchst bemerkenswerte Aufschlüsse gegeben. Ausgangspunkt war der bekannte *Klosterfrau-Melissengeist,* der seit nunmehr 150 Jahren nach dem Originalrezept der Klosterapothekerin Maria Clementine Martin von dem berühmten Orden der Karmeliterinnen hergestellt wird. Die Hauptinhaltsstoffe des ätherischen Melissenöles sind Terpene, deren Name sich vom Terpentin ableitet. Man konnte mit der modernen Methode der Gaschromatographie eine ganze Reihe von Einzel-Terpenen isolieren und getrennt nachweisen, so daß heute die Kontrolle einer gleichbleibenden Zusammensetzung (Standardisierung) des Mittels gewährleistet ist. Außerdem zeigte es sich in pharmakologischen Untersuchungen von Prof. Wagner und seinen Mitarbeitern im Institut für pharmazeutische Arzneimittellehre der Universität München, daß die Melisse in der Tat beruhigend (sedativ) und krampflösend (spasmolytisch) wirkt und zwar am stärksten in kleinen Dosen. Mit der Erhöhung der Dosis steigt die Wirkungsintensität keineswegs an. Und ferner konnte gezeigt werden, daß die Wirkung des Melissengeistes nicht etwa auf den Alkoholgehalt desselben bezogen werden kann. Dieser dient vielmehr lediglich zur Stabilisierung des Kräuterdestillates. Wörtlich sagt der Autor hierzu: „Dieses Ergebnis wiederlegt die oft kritisch geäußerte Annahme, daß die zentrale Wirkung des Melissengeistes

auf seinen hohen Alkoholgehalt zurückzuführen sei." Sie ist vielmehr eine echte Wirkung der Melisse selbst. Und weiterhin geht aus den Untersuchungen hervor, daß die Gesamtheit der Wirkstoffe des Pflanzendestillates den Effekten der Einzelbestandteile deutlich überlegen ist – also eine erneute Bestätigung so vieler phytotherapeutischer Erfahrungen.

Elektrophysiologische Tierversuche an Katzengehirnen von der Arbeitsgruppe Prof. E. Holm, I. Med. Klinik Mannheim der Universität Heidelberg, konnten den Nachweis erbringen, daß die im Klosterfrau-Melissengeist enthaltenen ätherischen Öle ihren Angriffspunkt im Gehirn haben und zwar im Gebiet des limbischen Systems, das für die Abschirmung allzu starker Reize aus der Peripherie des Körpers auf die Großhirnrinde zuständig ist. Man nennt das einen tranquilisierenden Effekt, auf den wir noch näher zurückkommen müssen. Mit Hilfe der Elektro-Enzephalographie, die schwache Hirnströme zu messen gestattet, konnten von anderen Autoren diese Ergebnisse am Menschen bestätigt werden.

In diesem Zusammenhang und auf Grundlage dieser neuen Erkenntnisse weist Dr. Deininger vom Hause Klosterfrau in Köln sehr richtig darauf hin, daß der uralte Gebrauch von ätherischen Ölen wie der Melisse, des Weihrauchs (Boswellia-Arten) und anderen nicht nur des guten Geruchs wegen erfolgt, sondern daß die Einatmung dieser flüchtigen Substanzen auch psycho-pharmakologische Wirkungen auszulösen vermöge, im Sinne eines Stimmungswandels zur inneren Einkehr und Besinnlichkeit. Hinzugefügt sei, daß auch ein Kräuterkissen, zur Einschlafförderung unter den Kopf gelegt, ganz ähnliche Effekte hervorrufen kann und keineswegs etwa nur ein Suggestivmittel ist.

Es liegt nahe, die Melisse mit dem Baldrian zu kombinieren, um die Wirkung zu verstärken und in gewisser Weise zu ergänzen, ähnlich wie es so zahlreiche Kombinationen des Hopfens mit dem Baldrian gibt. Das ist jedoch bei der Melisse ebenso wie beim Hopfen nicht dadurch möglich, daß man etwa einem Baldriantee noch Melisse hinzufügt. Vom Baldrian wird die Wurzel gebraucht (Radix Valerianae). Bei einer solchen Wurzel lösen sich die Inhaltsstoffe nur schwer. Es muß daher ein Tee in Form eines Mazerats bereitet werden, d. h. man übergießt die zerkleinerte Wurzel mit kaltem oder warmem Wasser und läßt längere Zeit stehen („mazerieren"), sogar einige Stunden und am besten über Tag, wenn man abends einen Baldriantee nehmen will. Von der Melisse dagegen werden die Blätter gebraucht (Folia Melissae), die ein leicht lösliches ätherisches Öl enthalten. Daher wird ein Melissentee frisch aufgebrüht, mit heißem Wasser übergossen und kurze Zeit stehengelassen, – dagegen nicht gekocht, weil sonst die ätherischen Öle schnell verdampfen würden. Hat man nun eine Mischung von Baldrianwurzeln und Melissenblättern, so widerstreiten sich die beiden Zubereitungsarten. Man wird daher auf ein entsprechendes Fertigpräparat zurückgreifen müssen. Ein solches aus Melisse und Baldrian liegt neuerdings vor im *Echtronervin* in Form von Tropfen (Vogel & Weber, 8084 Inning/Ammersee). Man gibt davon 2- bis 3mal täglich 30 Tropfen kurmäßig für einige Wochen. Dies ist vor allem zweckmäßig zur Stress-Abschirmung bei besonderen Belastungen, etwa im Berufsleben, oder bei längeren anstrengenden Autofahrten, bei Konflikten der verschiedensten Art und auch zur Förderung des Einschlafens.

Nicht zu verwechseln mit der echten Melisse (Melissa officinalis), die wegen des zitronenartigen Geruchs der frisch zerriebenen Blätter auch Zitronenmelisse genannt wird, ist die *Goldmelisse,* Monarda didyma. Sie führt auch den Namen Pferdeminze (American Horsemint), stammt aus Nordamerika und sieht ganz anders aus als die echte Melisse. Ihre Blüten sind groß, leuchtend rot und stehen am Ende des Stengels in einem auffallenden Blütenstand zusammen. Daher wird die Pflanze auch bei uns gern in Gärten als Zierpflanze gezogen. Das Kraut, Herba Monardae, enthält ätherische Öle und Bitterstoffe. Man verwendet die Goldmelisse wohl auch als ein leichtes Sedativum, mehr noch als ein aromatisches Mittel für Haustees, und die roten Blüten dienen als Beimengung für Teegemische, um sie interessanter zu gestalten, zu „schönen", wie der Fachausdruck lautet.

Gegenüber den genannten haben die übrigen pflanzlichen Nervenberuhigungsmittel heute kaum noch eine Berechtigung. Es gehören dazu die schöne Passionsblume (Passiflora), die Pomeranzenschalen und auch Avena, der unreife Hafer. Bei diesen allen sind die Wirkungen so gering, daß ihre Anwendung kaum lohnt. Sie sind überflüssig geworden. Dann aber macht das Wirkungsspektrum der Heilpflanzen für die Nervenleiden einen großen Sprung. Während auf der einen Seite die genannten relativ *schwach* wirksamen, dafür aber völlig unschädlichen Pflanzen wie der Baldrian und der Hopfen stehen, finden wir auf der anderen Seite der pflanzlichen Wirkstoffskala *stark* wirksame, aber gleichzeitig gefährliche Pflanzen. Die erste Stelle nimmt hier der *Schlafmohn* (Papaver somniferum) ein, der im Orient feldmäßig angebaut wird. Morgens in aller Frühe werden die noch unreifen Mohnkapseln geritzt. Es tritt dann der weißliche Mohnsaft aus, der am nächsten Tag abgekratzt und eingesammelt wird. Er wird eingetrocknet und bildet nun das *Opium.* Das Opium enthält eine ganze Reihe von Alkaloiden, die zu den am stärksten wirksamen Heilmitteln gehören. Das bekannteste von ihnen ist das Morphium, wissenschaftlich Morphin genannt. Es ist das beste schmerzstillende Mittel, über das wir verfügen, das aber nur für wirklich *große* Schmerzzustände in Betracht kommt, dann meistens in Form einer Einspritzung. Bei Gallenkoliken, Nierenkoliken, nach Unfallverletzungen, vor oder nach Operationen können wir das Morphium und seine Abkömmlinge nicht entbehren. Aber für die allgemeine Anwendung als Nervenberuhigungsmittel kommen Opium und Morphium nicht in Betracht. Sie haben überdies den großen Nachteil, daß eine Gewöhnung und eine Zerrüttung des Nervensystems eintritt, die man Morphinismus nennt. Man denke nur an die Opiumraucher in den orientalischen Ländern. Ein ähnliches und wegen der Suchtgefahr schädliches Nervenmittel ist das Haschisch aus dem indischen Hanf.

Zwischen diesen beiden Gruppen der schwach und der ganz stark wirksamen Nervenberuhigungsmittel klafft im Pflanzenreich eine *Lücke.* Es fehlen also pflanzliche Schlafmittel von der Stärke etwa des Luminal oder des Veronal oder der vielen ähnlichen synthetischen Präparate. Wir müssen diese Tatsache klar erkennen, damit wir an unsere milden pflanzlichen Nervenmittel keine zu großen Anforderungen stellen, uns aber andererseits vor der Verwendung der stark wirksamen hüten, wenn sie nicht aus ärztlichen Gründen angebracht und dann dem Arzt vorbehalten sind.

Aber in einer ganz anderen Weise scheint diese Lücke überbrückbar zu sein. Es wurde schon eingangs darauf hingewiesen, daß in der heutigen Zeit nicht so sehr die Dämpfung erregter Nerven, sondern die Lösung von *Angst,* Unruhe und innerer Spannung im Vordergrund stehen. Das sind Zustände, die vielfach noch zwischen physiologischer Überbeanspruchung und eigentlicher Krankheit liegen. Hierfür hat sich eine völlig neuartige Gruppe von Medikamenten eingeführt, hauptsächlich solche synthetischer Art, die in den USA bereits eine ganz ungeahnte Verbreitung gefunden haben. Sie sollen einen Zustand der inneren Ruhe und der Gleichgültigkeit herstellen, den man als *Ataraxie* bezeichnet. Dieser Name kommt her von einem griechischen Wort und läßt sich am besten übersetzen mit seelischer Ruhe und Ausgeglichenheit – ein Zustand, den die alten griechischen Philosophen durch lebenslange Beschäftigung mit den Problemen der Endlichkeit alles Lebenden und der Unsicherheit des Schicksals zu erreichen suchten. Heute will man nun das gleiche Ziel möglichst schnell mit einer Tablette herbeiführen! Man hat hierfür die Bezeichnung *Ataraktika* geprägt. Die Zahl derartiger Mittel, welche die Industrie hervorgebracht hat, ist außerordentlich groß und kaum noch zu übersehen.

Von den USA kommend hat sich für diese Arzneien noch ein anderer Name eingeführt: *Tranquilizer,* wobei das zweite „i" wie ein „ei" ausgesprochen

Phyto-Tranquilizer
(Rauwolfia, Hypericum, Petasites)

Sedativa ◄——————► Narcotica
(Baldrian, Melisse) Barbiturate (Opium, Morphin)

Die phytotherapeutische Lücke bei den Beruhigungs- und Schlafmitteln

wird. Der Name kommt her von „tranquillitas" (mit zwei „ll" geschrieben; während bei den Tranquilizern sich die Schreibweise mit einem „l" durchgesetzt hat). Es bedeutet die Ruhe in der Natur, etwa die Ruhe auf dem Meere oder die Ruhe nach einem Sturm. Ein Tranquilizer soll also bei einem Menschen ebenso dieses Gefühl der inneren Ruhe und Gelassenheit herbeizaubern, möglichst ganz einfach und schnell mit einer Tablette. Das Eigenartige ist nun, daß dies mit einigen dieser Mittel in der Tat weitgehend möglich zu sein scheint. Aber es ist nur ein Übertönen; die Konflikte werden dadurch nicht gelöst und brechen nachher mit um so größerer Stärke wieder hervor. Man betäubt sich also nur kurzfristig und täuscht sich selbst etwas vor, was innerlich nicht erreicht ist. Für kurze Perioden, um vielleicht einmal über einen Zustand großer Erregung hinwegzukommen, mag dies erlaubt sein. Aber eine wirkliche Behandlung derartiger Zustände ist es nicht.

Nun ist es eigenartig, daß man auch unter den pflanzlichen Heilmitteln einige gefunden hat, denen eine gleichartige tranquilisierende Wirkung zukommt. Allerdings mit einem wesentlichen Unterschied. Der beruhigende und seelisch ausgleichende Effekt tritt bei ihnen nicht sofort ein, sondern erst nach einiger Zeit. Sie eignen sich also nicht für akute Erregungszustände, dagegen mehr für eine länger dauernde kurmäßige Anwendung bei Angstzuständen mit Verstimmung und einer Hemmung der gesamten Körper- und Geistesfunktionen. Man spricht von einer ängstlichen Depression, die als Reaktion auf länger dauernde äußere Einflüsse, vielfach berufliche und persönliche Konflikte, auftritt, also nach einem psychischen Stress. Zwei Heilpflanzen haben sich hierfür als *pflanzliche Tranquilizer* (Phyto-Tranquilizer) eingeführt, eine heimische und eine ausländische. Dazu kommt nach den modernen Erkenntnissen als dritte noch die aus den Mittelmeerländern stammende Melisse, auf die bereits hingewiesen wurde.

Die heimische Heilpflanze ist das *Johanniskraut* (Hypericum perforatum). Der Name Johanniskraut kommt daher, daß die Pflanze mit ihren schönen goldgelben Blüten zu Johanni blüht, also zur Zeit der Sommersonnenwende. Sie ist bei uns auf sonnigen Hängen, in Kiefernwäldern usw. recht häufig. Der zweite Name „perforatum" soll andeuten, daß die ovalen Blätter kleine Öldrüsen besitzen, die durchscheinend wirken, wenn man die Blätter gegen das Licht hält, als seien sie „perforiert", also „durchlöchert". Man verwendet das ganze Kraut als Tee, als Frischsaft oder in besonderen Zubereitungen mit anderen nervenwirksamen Pflanzen.

Es ist falsch, wenn man von dem Johanniskraut eine sofortige Wirkung erwartet wie etwa vom Baldrian oder Hopfen, obwohl man dies noch häufig liest. Der seelisch ausgleichende, „tranquilisierende" Effekt tritt vielmehr erst nach frühestens acht bis zehn Tagen ein. Man muß also, wenn man das Johanniskraut verordnet, von vornherein darauf aufmerksam machen, daß nur

Johanniskraut

der längere, kurmäßige Gebrauch nützlich sein kann. Dann aber ist er es wirklich. Es tritt eine Aufhellung der Stimmung und ein Nachlassen der inneren Spannung ein. Meistens nicht so stark wie bei den synthetischen Tranquilizern, aber doch deutlich und ausreichend. Nun muß man die Einnahme für weitere 2–3 Wochen fortsetzen, manchmal noch länger. Die Wirkung des Johanniskrautes ist also eine milde, gleichmäßige, dafür aber anhaltende. Dabei hat das Johanniskraut einen großen Vorteil: es besitzt keine schädlichen Nebenwirkungen. Von den synthetischen Tranquilizern wissen wir heute, daß sie vielfach erheblich müde machen und dadurch auch die Aufmerksamkeit beeinträchtigen. Das ist eine wesentliche neue Erkenntnis, die erhebliche praktische Konsequenzen hat. Man konnte nämlich bei Autofahrern feststellen, daß sie nach der Einnahme eines Tranquilizers ein Verhalten zeigen, als ob sie unter Alkohol standen. Aber sie hatten keinen Alkohol getrunken und wiesen daher auch keine Erhöhung des Alkohol-Blutspiegels auf. Erst dadurch kam man darauf, daß diese Menschen einen Tranquilizer genommen hatten, ohne sich etwas dabei zu denken. Ein solcher wirkt in gleichem Maße enthemmend, wie wir es vom Alkohol wissen. Daher gilt heute die Regel, derartige Substanzen nicht vor dem Autofahren zu nehmen.

Beim Johanniskraut ist solches nicht zu befürchten. Nur auf etwas müssen wir beim längerdauernden Gebrauch des Johanniskrautes hinweisen: auf eine *vermehrte Lichtempfindlichkeit*. Man hatte schon mehrfach beobachtet, daß Kühe, die auf der Weide reichlich Johanniskraut gefressen hatten und sich nachher zur Verdauung in die Sonne legten, sehr bald eine Hautentzündung bekamen, einen richtigen starken Sonnenbrand. Das Johanniskraut besitzt nämlich eine Substanz, welche die Empfindlichkeit für Sonnenbestrahlung erhöht. Sie wirkt, wie der Fachausdruck lautet, fotosensibilisierend. Das ist bei einer Johanniskrautkur zu beachten. Wer sie macht, soll sich während dieser Zeit nicht einer intensiven Sonnenbestrahlung aussetzen, also nicht längere Spaziergänge in der Sonne machen oder gar Sonnenbäder nehmen. Aber eine übertriebene Angst braucht man dabei nicht zu haben. Nur bei größeren Mengen und bei längerer Dauer der Anwendung könnte es einmal zu einer solchen lichtbedingten Hautreizung kommen, wahrscheinlich auch nur bei besonders dafür empfindlichen Menschen. Der übliche Gebrauch ist ohne Gefahr.

Rauwolfia

Die *zweite* Heilpflanze, die als pflanzlicher Tranquilizer in der Medizin eine große Rolle spielt, ist die *Rauwolfia*, auch Schlangenwurz genannt (Rauwolfia serpentina). Sie wächst wild an den Hängen des Himalaya und ist eine uralte indische Heilpflanze. Bereits in den Veden und Upanischaden wird sie genannt. Sie galt in Indien schon immer als ein Heilmittel bei den verschiedensten Krankheiten, vor allem solchen des Nervensystems. Es wird uns berichtet, daß der große Ghandi, wenn er müde, aber noch innerlich erregt, von einer Reise oder einem Vortrag zurückkehrte, abends eine Tasse Rauwolfiatee trank, ähnlich wie man bei uns einen Baldriantee trinken würde.

Die Rauwolfia gehört zu den *stark* wirkenden Pflanzen, denn sie enthält Alkaloide. In großen Dosen kann sie eigenartige Nebenerscheinungen durch zu starke Erregung gewisser Hirnzentren hervorrufen (Parkinsonismus). Diese erheblichen Mengen braucht man aber nur bei sehr schweren psychischen Erkrankungen wie der Schizophrenie. Sie sind um das Zehnfache und mehr größer als die sonst üblichen Dosen, weil anders diese Psychosen nicht beeinflußbar sind. Man verwendet dazu auch nicht den Extrakt aus der ganzen Pflanze, sondern das reine Alkoloid Reserpin.

Eine einfache und völlig harmlose Nebenwirkung der Rauwolfia, die schon bei geringen Dosen auftreten kann, ist ein eigenartiges Gefühl von Verstopftsein der Nase. Es verschwindet schnell, wenn man das Mittel ausläßt, oft auch bereits bei einer Verringerung der Dosis. Aber längst nicht alle Menschen, die Rauwolfia nehmen, brauchen dies zu befürchten. Nur solche, die über eine ganz bestimmte Disposition verfügen, werden davon betroffen. Wichtig ist nur, daß man davon weiß und sich dann nicht beirren läßt.

In der führenden englischen medizinischen Zeitschrift „The Lancet“ vom 21. September 1974 erschienen drei ausführliche Artikel über einen möglichen Zusammenhang zwischen dem Gebrauch von Rauwolfia-Alkaloiden und *Brustkrebs* bei Frauen im und nach dem Klimakterium. Das hat weltweites beträchtliches Aufsehen erregt. Zumal in der Tagespresse wurden Warnungen groß herausgestellt. So schaltete sich auch die Weltgesundheitsorganisation und die Arzneimittelkommission der Deutschen Ärzteschaft ein. Beide erhoben erhebliche Zweifel an der Aussagekraft dieser Studien. Vor allem wurde darauf hingewiesen, daß auch die englischen Autoren nicht etwa behaupten, daß ein Brustkrebs durch langdauernden Gebrauch von Rauwolfia-Alkaloiden verursacht werden könne, sondern lediglich, daß ein schon bestehendes Krebsleiden aktiviert werde. Auch betreffen die Fälle lediglich ältere Frauen in der Menopause, während bei jüngeren Frauen kein solcher Zusammenhang behauptet wird. Nach reichlicher Abwägung aller Einwände zieht die ,,Arzneimittelkommission der Deutschen Ärzteschaft" den Schluß: ,,Zum gegenwärtigen Zeitpunkt besteht keine Veranlassung, bei hochdruckkranken Frauen auf eine notwendige Behandlung mit Rauwolfia-Alkaloiden zu verzichten." Um nichts zu versäumen und um weitere Erfahrungen zu sammeln, wurden jedoch sämtliche Rauwolfia-Präparate bis auf weiteres unter Rezeptzwang gestellt, d. h. sie dürfen nur auf ärztliches Rezept in der Apotheke abgegeben werden.

Der Vollextrakt aus der Rauwolfia wird wesentlich besser vertragen als das isolierte Alkaloid, wie wir das bei sehr vielen Heilpflanzen feststellen können. Kleine Mengen eines solchen Rauwolfia-Vollextraktes sind heute eines der wertvollsten Mittel geworden, um einen erhöhten Blutdruck (Hypertonie) möglichst schon in den Anfängen zu bekämpfen. Sie wirken blutdrucksenkend, indem sie an derjenigen Stelle im Zentralnervensystem angreifen, von welcher aus der Blutdruck im Körper geregelt wird. Dazu kommt dann noch eine, allerdings schwächere Gefäßerweiterung in der Peripherie. Derartige kleine Mengen kann man längere Zeit hindurch verabfolgen, wie es die Natur eines so chronischen Leidens wie der Blutdruckkrankheit ja auch nötig macht, ohne Schädigungen befürchten zu müssen. Außerdem haben diese kleinen Dosen eines Rauwolfia-Extraktes noch eine ganz ausgesprochen tranquilisierende Wirkung. Sie wirken ausgleichend auf Regulationsstörungen im vegetativen Nervensystem, also auf Zustände, wie man sie heute mit dem Modewort der *vegetativen Dystonie* zu bezeichnen pflegt. Die nervöse Herztätigkeit wird auf diesem Wege deutlich beruhigt, vor allem eine erregte Schlagfolge des Herzens gedämpft. Das alles macht die Rauwolfia zu einem überaus wertvollen Mittel, wenn man sie richtig zu handhaben versteht.

Es lag nahe, solche Pflanzen mit beruhigender und tranquilisierender Wirkung zu kombinieren, da sie alle verschiedene Angriffspunkte haben und demnach von verschiedenen Seiten her auf das erregte und aus dem Gleichgewicht gebrachte Nervensystem einzuwirken vermögen. Eine solche Kombination aus Hopfen, Johanniskraut und Rauwolfia-Vollextrakt liegt im *Seda-Grandelat* vor (Keimdiät, Augsburg). Hier sind die Mengen der Einzelbestandteile so gering, daß sie nicht schaden können, auch wenn man das Mittel längere Zeit nimmt. Zumal bei einer solchen kurmäßigen Verabfolgung zeigt sich der erstrebte Erfolg sehr bald. Es genügt dafür schon eine Dragée morgens und abends; nur im Anfang braucht man täglich dreimal ein Dragée.

Bewährt hat sich das Seda-Grandelat nicht nur bei diesen psycho-vegetativen Zuständen allgemeiner Art und solchen mit einem nervösen Herzen (Herzneurose), sondern auch bei den mannigfaltigen Störungen im *Klimakterium,* bei denen die hormonalen Ausfallerscheinungen so häufig zu einer sehr belästigen-

den Regulationsstörung im vegetativen Nervensystem mit Neigung zu Schweißausbrüchen, Herzklopfen, Unruhe und Schlaflosigkeit führen.
Es wurde bereits darauf hingewiesen, daß man trotz einiger Berichte im englischen medizinischen Schrifttum keine Bedenken gegen die Verordnung der Rauwolfia im Klimakterium zu haben brauche. Von zwei Schweizer Ärzten, Prof. G. A. Hauser von der Frauenklinik im Kantonsspital Luzern und Prof. R. Wenner von der Frauenklinik im Kantonsspital Liestal, wird in einer neuen Arbeit (Therapeut. Umschau, Bern, Nr. 3, 1974) eingehend beschrieben, daß Rauwolfia schon in kleinen Dosen bei 4/5 der Frauen mit klimakterischen Beschwerden so günstig wirkte, daß man ohne die sonst üblichen Hormonpräparate auskomme. Je früher das Klimakterium eintritt, um so besser sprechen die Beschwerden auf Rauwolfia an. Übrigens ist, wie auch diese Autoren betonen, ein normaler Blutdruck kein Grund, auf Rauwolfia zu verzichten. Wohl senkt die Rauwolfia den erhöhten Blutdruck, aber einen normalen Blutdruck läßt sie unverändert. Die Schweizer Ärzte schreiben, daß sie selber überrascht waren, daß Rauwolfia gerade in geringer Dosis so gut und stark auf die Ausfallserscheinungen der klimakterischen Frauen wirkte. Das wurde auch vom *Seda-Grandelat* immer wieder festgestellt.
Ein weiteres großes Indikationsgebiet für Seda-Grandelat ist der *arterielle Hochdruck* (Hypertonie) in seinem Anfangsstadium, wo der Bluthochdruck meist noch erheblich schwankt, bis hin zu den bereits mittelschweren Fällen und bei diesen dann gern zusammen mit einer salzarmen Kost. Vor allem erlaubt das mild wirkende Seda-Grandelat bei allen diesen Zuständen die notwendige Behandlung über viele Monate, beim Hochdruck sogar manchmal über Jahre, da es sich ja darum handelt, einer in der körpereigenen Anlage (Konstitution) gegebenen und mit dem Alter zunehmenden Gefäßstörung ständig entgegenzuwirken und auf diese Weise das Entstehen schwerwiegender Komplikationen am Herzen oder an den Hirngefäßen zu verhüten.
Es ist doch immer wieder bemerkenswert, daß in der Volksheilkunde, in diesem Falle im fernen Indien, aus den vielen fremdartigen Pflanzen, die dort wachsen, schon das beste und richtige Mittel herausgefunden wurde. Wir verdanken die Wiedereinführung der Rauwolfia einem indischen Arzt, Dr. Vakil, der zuerst die blutdrucksenkende Wirkung feststellte. Heute ist die Rauwolfia auf der ganzen Welt zu einem der meistgebrauchten Arzneimittel geworden. Es gilt allenthalben als Regel, bei einem erhöhten Blutdruck zunächst mit der Rauwolfia zu beginnen, ehe man stärker wirkende synthetische Substanzen verabfolgt. Erst später hat man erkannt, daß die Wirkung der Rauwolfia eine weit umfassendere ist und daß sie das gesamte Nervensystem im Sinne eines Tranquilizers günstig zu beeinflussen vermag, einschließlich der so wichtigen vegetativ-nervösen Regulationen.

Die Tranquilizer führen uns zu einem der neuesten und interessantesten Gebiete der medizinischen Forschung: der *psycho-somatischen* Medizin. Psyche heißt Seele und Soma Körper, also die Verbindung von seelischen und körperlichen Einflüssen und Störungen ihres Zusammenspiels. Eigentlich und wahrhaft ist dies eines der ältesten Gebiete der Heilkunde überhaupt. Aber die *Wertung* des psychischen Faktors schwankte im Laufe der Zeiten erheblich. Der große Aufschwung der Naturwissenschaften, der die Medizin der Neuzeit so grundlegend umgestaltete, stellte die physikalisch-chemischen Prozesse in allem Lebendigen ganz in den Vordergrund. Die Seele kam dabei vielfach zu kurz. Man erinnert sich an den Ausspruch, der von einem Pathologen stammem soll und sogar Virchow zugeschrieben wurde: er habe bei seinen vielen Tausenden Sektionen noch nie eine Seele gefunden! Das kann und soll aber doch nur andeuten, daß der psychische Faktor eben etwas ganz anderes ist als der materiell-psychisch greifbare. In den letzten Jahren hat nun die Medizin, und zwar die offizielle der Klinik, gleichsam die Seele wieder gefunden und räumt ihr einen Platz im ganzen Krankheitsgeschehen ein, den man bisher allzusehr vernachlässigt hatte. So will auch Psychosomatik nichts prinzipiell Neues sein, sondern soll lediglich besagen, daß man den Wechselbeziehungen zwischen Psyche und Soma, also Seele und Körper, wieder mehr Beachtung schenkt.
Dabei bleibt es auch heute noch ungeklärt *wie* diese Wechselbeziehung eigentlich vonstatten geht. Man hat nur erkannt, daß es sich nicht um ein mehr oder weniger unabhängiges *Neben*einander, sondern um ein sehr inniges *Mit*einander handelt. Niemals wird man dies im Einzelfall exakt nachweisen können, wie wir etwa morphologische oder biochemische Veränderungen nachzuweisen vermögen, denn Seelisches ist eine *Kraft,* die alle Organe, jeden Teil unseres Körpers durchdringt. Im Gehirn wird sie uns nur empfindungsbewußt. Wir können sie als Kraftwirkung ebensowenig nachweisen, wie wir andere Kräfte, etwa die Schwerkraft oder die Elektrizität, sichtbar machen können. Nur aus ihren *Wirkungen* läßt sich eine Kraft erschließen. Wie stark diese Wirkungen sind, hat sich bei der eingehenden Betrachtung einer ganzen Reihe von Erkrankungen gezeigt, bei denen durchaus organisch sichtbare Veränderungen vorliegen, wie etwa bei einem Magengeschwür oder einem Bronchialasthma. Auch der Hochdruck wird heute von manchen Autoren als eine psychosomatische Erkrankung bezeichnet, weil wir immer mehr die engen Zusammenhänge zwischen Psyche und Gefäßsystem kennengelernt haben.
Dadurch unterscheiden sich die psychosomatischen Erkrankungen grundsätzlich von dem, was man Neurosen nennt. Der *Neurose* liegt eine abnorme Erlebnisreaktion zugrunde, und sie äußert sich im wesentlichen auf rein psychischem Gebiet. Von einer psychosomatischen Erkrankung dagegen sprechen wir dann, wenn seelischen Kraftwirkungen sich auf die Funktion der verschiedenen Organe erstrecken und an diesen pathologisch-anatomisch oder klinisch

faßbare, also nach dem bisherigen Sprachgebrauch als „organisch" bezeichnete Störungen hervorrufen, wie etwa ein Magengeschwür oder blutende Geschwüre im Darm. Neurose und psychosomatische Erkrankung sind daher, trotz vieler Gemeinsamkeiten und Überschneidungen, doch etwas grundsätzlich Verschiedenes.

Wir kennen nun heute schon weitgehend das organische *Substrat* für derartige psychosomatische Wechselwirkungen. Wie bereits gesagt, ist das *Gehirn* der Ort im Körper, in dem uns Seelisches *bewußt* wird. Für diese Wechselwirkungen der verschiedenen und auch an verschiedenen Stellen im Großhirn lokalisierten psychischen Funktionen haben wir einen Gehirnteil kennengelernt, den wir als *limbisches System* bezeichnen, nach einer älteren anatomischen Nomenklatur auch als Rhinenzephalon, weil Riechempfindungen hier wahrgenommen werden. Limbus bedeutet Grenze oder Rand, und es will hier besagen, daß es sich um eine Randzone der älteren Gehirnbezirke am Hirnboden und im Mittelhirn handelt, welche die Grenze zu dem Großhirn darstellen, hauptsächlich zu der grauen Hirnrinde, welche die letzte und höchste Entwicklung des Gehirns repräsentiert (Neoenzephalon).
Hier in diesem limbischen System ist nun auch der Angriffspunkt der Tranquilizer und somit auch des Phyto-Tranquilizers Rauwolfia. So wird uns die eigenartige, seelisch ausgleichende Wirkung dieser Mittel einigermaßen ver-

Schematischer Durchschnitt durch das Gehirn mit den Angriffspunkten der Arzneimittel.

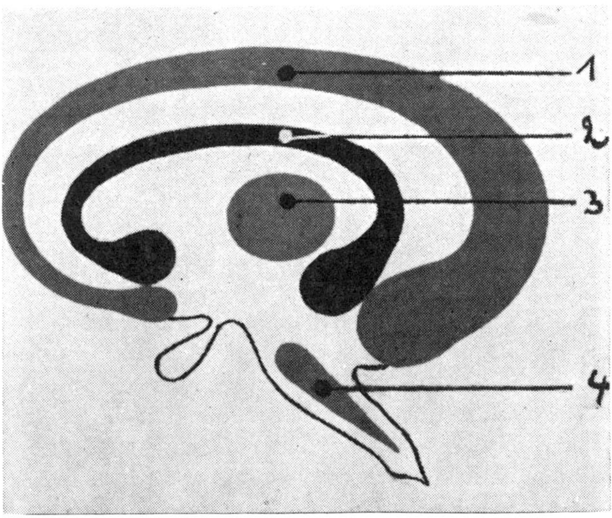

1. Hirnrinde: Angriffspunkt der Beruhigungs- und Schlafmittel.
2. Limbisches System: Angriffspunkt der Tranquilizer (Rauwolfia).
3. Graue Kernmasse des Zwischenhirns (Hypothalamus): Angriffspunkt starker Nervenmittel, die hauptsächlich anregend wirken (Neuroleptica).
4. Netzartig verflochtene graue und weiße Hirnsubstanz im Hirnstamm (Formatio reticularis): Angriffspunkt von Schlafmitteln und von vegetativ und psychisch regulierend wirkenden Mitteln (tiefere Steuerungsregion).

ständlich. Die Verbindungen zwischen dem Großhirn und den vegetativen Zentren, die noch tiefer im Gehirn lokalisiert sind, werden im limbischen System gesteuert. Emotionen und Affekte bis zur Aggressivität, die durch Wechselwirkung in den verschiedenen grauen Randgebieten des Gehirns zustandekommen, lassen sich hier durch tranquilisierende Mittel wie Rauwolfia abdämpfen. So verstehen wir auch in etwa, wie sich der Einfluß weit über das psychische Geschehen hinaus auf das vegetative System und damit bis in mannigfache Körperregionen hinein erstreckt, zumal in solche, bei denen die vegetativ-hormonale Regulation eine besondere Rolle spielt, wie vor allem bei den Erkrankungen der inneren Organe, des Herzens, des Magens, des Darmes, auch des Leber-Galle-Systems usw. Hier also, in dieser Steuerungszone, greift die Rauwolfia ein. Bemerkenswert ist dabei, daß für diesen tranquilisierenden Effekt bereits geringe Dosen genügen, wie sie im Seda-Grandelat vorliegen. Allerdings müssen sie, dem Wesen dieser Störungen entsprechend, auch langdauernd gegeben werden.

Unter diesen neuen Gesichtspunkten ist die Ausfüllung der phytotherapeutischen Lücke durch die Tranquilizer keine Notlösung, sondern ein großer und praktisch ungemein nutzbarer *Gewinn.* Gerade die *Phyto*-Tranquilizer vermögen dabei sehr nützlich zu sein. Wir erkennen auch schon eine gewisse Einteilung derselben, eine Verlagerung der Schwerpunkte ihrer Wirkung. Das Johanniskraut ist ein psychisches Mittel mit betonter Wirkung auf *depressive* Zustände, also ein Antidepressivum. Speziell für diesen Zweck haben wir ein reines Hypericum-Präparat in dem *Hyperforat* (Klein, Zell-Harmersbach i. Schwarzwald). Von den Hyperforat-Tropfen braucht man 3mal täglich mindestens 30, von den Dragées 3mal 2–3 pro Tag, wochenlang. Auch ein Johanniskraut-Frischsaft ist geeignet; er wird löffelweise genommen, anfangs 3mal 2, später 3mal 1 Eßlöffel pro Tag.

Auf die engen Beziehungen zwischen Galle und Kopfschmerzen, vor allem der Migräne, weist neuerdings Prof. Dr. Campanaci, der Direktor des Medizinisch-Pathologischen Instituts der Universität Bologna, in einer der großen deutschen medizinischen Fachzeitschriften hin. Er spricht geradezu von der *digestiven,* d. h. durch enge Verflechtungen mit den Verdauungsorganen bedingten Migräne, die man am besten zu beeinflussen vermag, wenn man gallewirksame Medikamente verabfolgt, wie etwa *„Dr. Grandels Leber-Galle-Dragees"*. Das ist im Grund nichts Neues. Wir kennen diese Zusammenhänge aus der Praxis heraus schon lange. Gerade die Galle wird ja mit der Psyche oft in einem Atem genannt, wenn man von dem galligen Temperament spricht, wie es schon die alten Ärzte nannten. Daß man durch Ärger eine Gallenkolik und dadurch sogar eine Gelbsucht bekommen kann, sich geradezu „gelb ärgere", ist ebenfalls alte Volksweisheit. Die moderne Psychosomatik will uns nun diese Zusammenhänge wissenschaftlich exakt erklären, soweit Exaktheit in diesem Bereich überhaupt möglich ist. Das ist ein bedeutsamer Fortschritt. Für die Praxis hat sich bisher schon ergeben, daß man diese psycho-somatischen Krankheiten weder allein durch Psychotherapie, noch allein durch Medikamente, sondern durch die sinnvolle Kombination beider grundlegend zu beeinflussen vermag. Aber dann muß man auch entsprechend auswählen, und so sind wir fast zwangsläufig auf die neuen phyto-tranquilisierenden Präparate gekommen. Ein weiter Umweg, dem äußeren Anschein nach; aber er lohnte sich, weil wir so zu manchen alten Pflanzen ein ganz neues Verständnis gewannen und sie nun mit weit größerer Berechtigung anwenden: unser medizinisches Gewissen hat „ja" dazu gesagt!

Auf eine heute besonders aktuell gewordene Frage sei noch kurz eingegangen: was kann man tun, um die unvermeidliche und oft recht erhebliche *Streß-Belastung bei längerem Autofahren* zu vermindern, vielfach auch schon beim täglichen Autoverkehr in der Großstadt? Hierzu hat Prof. Müller-Limmroth vom Arbeitsmedizinischen Institut der Universität München r. d. I. schöne neue Untersuchungen vorgelegt. Es zeigte sich, daß die naheliegende Annahme, hierfür einen Tranquilizer zu benutzen, ganz falsch ist. Im Gegenteil, der Tranquilizer kann sogar schaden und zu Gefahrensituationen führen. Er bewirkt ähnlich wie der Alkohol eine größere Gleichgültigkeit und schränkt die Kritik gegenüber Gefährdungen ein. Daher ist es schon gar nicht selten vorgekommen, daß Autofahrer unter dem Verdacht des übermäßigen Alkoholkonsums angehalten wurden, weil sie ähnlich wie ein Alkoholiker unsicher gefahren waren. Aber der Alkoholwert im Blut war normal. Erst bei eingehendem Befragen stellte sich dann heraus, daß ein solcher Fahrer einen Tranquilizer genommen hatte, wie er heute in so vielen Handelspräparaten vorliegt und angepriesen wird. Daher kann nicht genug vor dem Gebrauch solcher Mittel gewarnt werden. Als geeignet zur Dämpfung des Streßgeschehens empfiehlt Prof. Müller-Limmroth dagegen den Baldrian. Er genügt vollkommen und kann nie schaden. Darauf wurde bereits bei der Besprechung des Nervipan hingewiesen, und es gilt ebenso für Echtronervin und kleine Dosen Rauwolfia-Vollextrakt. Die früher einmal geäußerte Behauptung, daß die Einnahme von Rauwolfia-Präparaten eine psychische Depression auslösen könne, ist längst widerlegt. Höchstens wird man bei Menschen, die früher einmal eine echte (endogene) Depression durchgemacht haben, mit der Rauwolfia vorsichtig sein.

Schafgarbe und andere Heilpflanzen bei Frauenleiden

Schafgarbe

Die Schafgarbe (Achillea millefolium) gehört zu unseren bekanntesten Heilpflanzen. Und doch ist es mit ihr recht eigenartig gegangen. Der Verbrauch an Schafgarbe in der Bevölkerung ist unentwegt ein recht großer. Die Ärzte standen ihr dagegen sehr skeptisch gegenüber. Die Schafgarbe galt als ein bevorzugtes Frauenmittel, aber über die Wirkungsweise hatten wir bisher nur sehr unklare Vorstellungen. Das ist erst in neuester Zeit anders geworden, seitdem uns die Inhaltsstoffe und damit auch die Möglichkeiten ihrer Wirkung besser bekannt wurden.

Die Schafgarbe ist eine der häufigsten Pflanzen unserer Heimat. Überall wächst sie wild, auf Wiesen, an den Rändern unserer Äcker, an Wegen und gern auf Grünstreifen der Landstraßen. Sie gehört zur Familie der Korbblütler. Die kleinen, weißen Blütenköpfe stehen in Trugdolden zusammen. Im Spätsommer und im Herbst findet man auch einzelne Pflanzen, bei welchen die Blüten mehr rötlich sind. Sehr auffallend sind die Blätter. Sie haben der Pflanze den Namen millefolium = „tausendblättrig" gegeben. Aber es ist doch immer nur ein einzelnes schmales längliches Blatt, das derart vielteilig aufgespalten ist, daß es wie zahlreiche einzelne Blättchen aussieht. Der Stengel ist zäh und hart. Man kann an ihm leicht die Wurzel mit herausreißen, die sich tiefgehend im Boden verteilt. Die ganze Pflanze duftet aromatisch, am stärksten die Blätter. Der Name „Achillea" ist abgeleitet von Achilles und will andeuten, daß sie so stark machen könne, wie dieser griechische Halbgott war.

Sieht man sich eine der kleinen Einzelblüten an, so wird man bemerken, daß sie einer Kamillenblüte recht ähnlich ist. Beide Pflanzen gehören in der Tat botanisch eng zusammen. Hinsichtlich der Inhaltsstoffe unterscheiden sie sich jedoch deutlich, trotz mancher Gemeinsamkeiten. Die echte Kamille wirkt entzündungshemmend und krampfstillend. Diese krampfstillende Eigenschaft der Kamille war schon in alten Zeiten bekannt und hat ihr den Namen matricaria gegeben. Er kommt her von mater = Mutter, und darunter verstand man in der alten Heilkunde die Gebärmutter, also den Uterus. Man nannte die Kamille deshalb auch „Mutterkraut" und wollte damit andeuten, daß es eine Heilpflanze sei, die speziell auf die Unterleibsorgane einwirken kann.

Diese alte Verwendung der Kamille bei Frauenleiden beruht in erster Linie auf der krampflösenden Wirkung. Sie äußert sich an allen Organen, die verkrampft sind und dadurch zu Kolikschmerzen führen. Als krampfstillendes

Mittel bei Kolikschmerzen im Unterleib hat die Kamille also volle Berechtigung, und wir können uns heute sehr gut erklären, wie man schon in alten Zeiten zu dieser Anwendung und Benennung gekommen ist.
Anders ist es bei der Schafgarbe. Sie enthält in Blättern und Blüten auch ein ätherisches Öl, das dem Kamillenblauöl sehr ähnlich ist und gleichartige Wirkungen besitzt. Aber die Menge an diesem ätherischen Öl ist weit geringer als in der Kamille. Manchmal läßt sich aus der Schafgarbe lediglich ein grünliches Öl gewinnen, das den blauen Wirkstoff der Kamille gar nicht enthält. Dadurch ist die entzündungshemmende Wirkung der Schafgarbe weit schwächer und unsicherer als diejenige der Kamille. Wohl aber besitzt die Schafgarbe ebenso wie die Kamille eine krampflösende Wirkung, die jedoch nicht auf dem ätherischen Öl, sondern auf einem wasserlöslichen Stoff ganz anderer Art beruht. Aber die Schafgarbe enthält außer diesen beiden Substanzen noch einen Bitterstoff, das Achillein. Dieser wirkt wie alle Bitterstoffe allgemein anregend, tonisierend. Dieser tonisierende Einfluß erstreckt sich auf die verschiedensten Organgebiete, nicht zuletzt auch auf Bindegewebe und Muskulatur im Bereich des kleinen Beckens, also der eigentlichen Frauenorgane.
So verstehen wir nunmehr die Wirkung der Schafgarbe besser. Sie beruht auf dem Zusammenklingen von krampflösender und allgemein anregender Wirkung. Zustände, bei denen wir dies erstreben, sind gerade bei den Erkrankungen der Frauenorgane recht häufig. Wir haben hier erst in letzter Zeit ein neues Krankheitsgebiet kennengelernt, das zu den häufigsten Frauenkrankheiten überhaupt gehört. Darüber berichten die Frauenärzte immer wieder. Es handelt sich nicht um eine Entzündung auf der Grundlage einer Infektion mit Krankheitserregern, wie man früher glaubte, sondern um Verkrampfungen und Verspannungen in der Muskulatur und im Bindegewebe der Unterleibsorgane. Wir wissen heute auch, daß diese recht schmerzhaften und langwierigen Zustände in inniger Verbindung mit dem Nervensystem stehen. Durch die verschiedensten Einwirkungen auf die Nerven, vor allem durch Erregungen und langwierige Konfliktsituationen, werden diese Verkrampfungen im Unterleib ausgelöst und unterhalten. Man nennt diese Zustände die *vegetative Dystonie des kleinen Beckens* (Pelipathia vegetativa). Es handelt sich also um die Teilerscheinung einer weit umfassenderen körperlichen und seelischen Störung, welche die Frauen der heutigen Zeit im besonderen Maße betrifft, sowohl die berufstätigen als auch die überbeanspruchten Hausfrauen. Für diese Krankheit, die es in gleicher Weise auch früher schon gab, hat die Schafgarbe ihre Berechtigung. Bei solchen Zuständen brauchen wir nicht nur einen krampflösenden Einfluß, sondern noch mehr die anregende Wirkung auf die Organe des kleinen Beckens.
Die Anwendung der Schafgarbe ist einfach. Wir verwenden meistens das ganze Kraut, Herba Millefolii, seltener die Blüten allein, Flores Millefolii. Wir neh-

men 1–2 Teelöffel der Droge auf ein Glas Wasser, überbrühen heiß und lassen 10–15 Minuten ziehen. Gekocht darf die Droge wegen des ätherischen Öles nicht werden. Von diesem Tee trinkt die Frau dreimal am Tage eine Tasse voll, am besten gleich nach den Mahlzeiten oder zwischen denselben, gut warm und schluckweise „diätetisch", wie es uns Kneipp gelehrt hat. Wesentlich ist, daß diese Schafgarbenkur längere Zeit durchgeführt wird, wenigstens einige Wochen, denn anders ist eine Beeinflussung derartiger chronischer Zustände nicht zu erwarten. Man kann auch einen Schafgarben-Frischsaft nehmen lassen, zwei- bis dreimal täglich 1–2 Eßlöffel voll, evtl. mit etwas Wasser verdünnt.
Will man den krampfstillenden Effekt verstärken, so ist ein Tee aus gleichen Teilen Schafgarbenkraut und Kamillenblüten angebracht. Er wird in vielen Fällen der reinen Schafgarben-Anwendung sogar vorzuziehen sein, vor allem dann, wenn eine schnelle krampfstillende Wirkung notwendig ist. Man gibt von dieser Mischung ebenfalls dreimal am Tag eine Tasse voll, recht gut warm. Sehr zweckmäßig sind warme Sitzbäder bei diesen Unterleibsleiden der Frau, denen man Schafgarbe oder Kamille oder beide gleichzeitig zusetzt. Die Wirkung ist hierbei die gleiche. Es sind aromatisch-tonische Bäder. Der krampflösende Einfluß wird nötigenfalls durch das Trinken eines Kamillentees noch verstärkt.
In dieser neuen Sicht ist uns also nach wie vor die Schafgarbe ein beachtliches Frauenmittel; nur kennen wir heute ihr Wirkung besser und können damit das Anwendungsgebiet schärfer herausarbeiten.

Sehr viele andere Heilpflanzen wurden bei Frauenleiden ebenfalls empfohlen. Wir können sie einteilen in solche, deren Wirkung eine recht *unsichere* ist und die daher in der heutigen Zeit als überholt gelten können; und in solche, bei denen noch mannigfache Probleme und *ungelöste* Fragen bestehen, und drittens in diejenigen, die einen *gesicherten* Platz in der Behandlung mit Heilpflanzen auch heute noch haben.

Betrachten wir zunächst die überholten Heilpflanzen und diejenigen mit einer noch unsicheren Wirkung, so sind zunächst einige zu nennen, denen ein *blutstillender* Einfluß bei Blutungen aus den Unterleibsorganen der Frau nachgesagt wurde. Am bekanntesten von diesen ist das *Hirtentäschelkraut* (Capsella bursa-pastoris). Es ist ein häufiges Unkraut unserer Gärten und Äcker mit kleinen weißen Blüten und mit eigenartig geformten Früchten, die eine dreieckige Form und damit eine Ähnlichkeit mit einer Tragetasche besitzen. Sie haben der Pflanze den Namen gegeben. Es war schon lange aufgefallen, daß die Berichte über die Wirkung des Hirtentäschelkrautes stark auseinandergehen. Viele Untersucher haben nichts gesehen, andere dagegen wollten doch eine blutstillende

Wirkung beobachtet haben. Heute glauben wir eine sichere Erklärung für dieses Auseinandergehen der Meinungen zu besitzen. Wirksam ist nämlich das Hirtentäschelkraut nur dann, wenn es von einem weißlichen *Pilz* befallen wird. Dieser Pilz besitzt eine gewisse, wenn auch recht geringe blutstillende Eigenschaft, ähnlich, nur wesentlich schwächer als das Mutterkorn, das ja ebenfalls ein Pilz ist und auf Getreidegräsern vorkommt. Dagegen sind Hirtentäschelkraut-Pflanzen *ohne* diesen Pilzbefall unwirksam. Es ist also nicht sinnvoll, das Hirtentäschelkraut einfach zu sammeln und es medizinisch zu verwenden. Man müßte diejenigen Pflanzen heraussuchen, bei denen man diesen weißen Pilz leicht erkennt. Sie sind gar nicht so selten, aber immerhin wäre dies doch recht mühsam. Daher hat das Hirtentäschelkraut heute an medizinischem Wert völlig verloren.
Hinsichtlich der Pilze an Grashalmen sei auf neue wissenschaftliche Arbeiten aufmerksam gemacht, die geeignet sind, manche Befürchtungen zu zerstreuen. Man hört und liest es immer wieder, daß es gefährlich sei, Grashalme oder Grasähren bei einem Wiesenspaziergang in den Mund zu nehmen, eine Sitte, die gar nicht so selten zu sein scheint. Man glaubte, daß man sich dabei mit krankmachenden Pilzen anstecken könne, vor allem mit dem Strahlenpilz, der die Aktinomykose erzeugt, eine schwere, chronisch verlaufende und zu weitgehender Zerstörung von Lunge und Knochen führende Erkrankung. Mehrere Untersuchungen von verschiedenen Autoren haben nun neuerdings zeigen können, daß diese Strahlenpilze sich fast bei jedem Menschen in der Mundhöhle finden und dort in der Regel harmlose Schmarotzer sind. Erst bei einer Schwächung der allgemeinen Widerstandskraft können sie zu Krankheitserregern werden. Es besteht also kein Grund, vor dem Kauen von Grashalmen oder Ähren zu warnen. Es kommen dadurch schlimmstenfalls nicht mehr Pilze in unsere Mundhöhle hinein, als wir auch sonst schon darin „normalerweise" haben.
Eine gewisse, wenn auch gleichfalls nur sehr geringe blutstillende Wirkung kommt dem heimischen *Wasserpfeffer* (Polygonum hydropiper) zu, der an Bächen und auf feuchten Wiesen reichlich wächst. Über die Inhaltsstoffe wissen wir jedoch bisher nichts Sicheres. Der blutstillende Effekt ist so gering, daß sich die Anwendung nicht lohnt, da wir über bessere Mittel verfügen.
Gar nichts bekannt ist über die Wirkungsgsweise des *Ruprechtskrautes* (Geranium robertianum), das bei uns überall in Wäldern und an Felsen wild vorkommt. Man sagt ihm einen blutstillenden Einfluß nach, besonders bei Frauenleiden, der sich aber nicht bestätigt hat.
Überflüssig und überholt ist auch der kleine eigenartige *Frauenmantel* (Alchemilla vulgaris). Er wächst auf Wiesen in reichlicher Menge, und wir freuen uns am Morgen über den Anblick, wenn die Tautropfen an den Blättern des Frauenmantels sitzen und glitzern. Die Blüten sind klein, unscheinbar grünlich. In der

Volksheilkunde spielte der Frauenmantel früher eine große Rolle. Er wurde bei den verschiedensten Leiden gegeben, ohne daß wir ein sicheres Anwendungsgebiet herausfinden konnten. Eine Berechtigung hat er heute nicht mehr.
Die zweite Gruppe der Heilplanzen mit *problematischer* Wirkung führt uns zu einigen, die in der Tat lebhaftes Interesse verdienen. Da ist zunächst der *Hopfen* (Humulus lupulus). Er wird in machen Gegenden Deutschlands, hauptsächlich in Franken, in großem Maße feldmäßig angepflanzt und dient als würziger Zusatz für die Herstellung des Bieres. Zur Erntezeit des Hopfens strömen die Hopfenpflückerinnen aus der ganzen Umgebung herbei und werden meist für einige Wochen in besonderen Räumen untergebracht. Dabei war immer wieder aufgefallen, daß jüngere Hopfenpflückerinnen in dieser Zeit Menstruationsstörungen bekamen, manchmal auch Blutungen.
Nähere Untersuchungen haben gezeigt, daß in dem Hopfen *hormonartige* Substanzen enthalten sind, die den Hormonen der menschlichen Sexualdrüsen entsprechen. Ihre Wirkung ist allerdings wesentlich geringer als diejenige der tierischen Hormone, und eine medizinische Anwendung konnte daher nicht in Betracht gezogen werden. Nur auf einem anderen Gebiet hat sich der Hopfen durchgesetzt, nämlich als ein brauchbares Nervenberuhigungsmittel, das auch das Einschlafen fördert. Zu diesem Zweck ist der Hopfen auch heute noch vielfach in Gebrauch und durchaus berechtigt, z. B. in Form des Phytogran und des stärker wirkenden Seda-Grandelats. Daher erhält man das erstere im Reformhaus, das andere nur in den Apotheken.
Eine deutliche Hormonwirkung kommt einer Heilpflanze aus den Mittelmeerländern zu, die den bezeichnenden Namen *Keuschlamm* (Agnus castus) führt. Sie steht schon seit alter Zeit in dem Ruf, gewisse Wirkungen auf die Sexualsphäre auszulösen, vor allem solche dämpfender Art, was sie zur Anwendung in den Klöstern geeignet erscheinen ließ. Über Agnus castus liegen viele neue Untersuchungen vor. Sie zeigen uns, daß die Pflanze eine hemmende Wirkung auf den Hypophysen-Vorderlappen ausübt, der ein Steuerungszentrum für die Produktion der Hormone in den Geschlechtsdrüsen ist. Wir verwenden heute Agnus castus bei verstärkter oder zu häufiger Menstruation. Ein ganz besonderes Anwendungsgebiet scheinen die Beschwerden zu sein, unter denen viele Frauen von etwa der Mitte zwischen zwei Menstruationen bis zum Eintritt der Blutung leiden (Kopfschmerzen, Spannungsgefühl in den Brüsten, Depressionen, Schwellung der Unterschenkel u.a.m.). Eine weitere Anwendung ist die Steigerung der Milchproduktion bei stillenden Müttern. Sie ist vielfach bestätigt worden, so daß an der Wirkung kein Zweifel bestehen kann. Dazu kommt die völlige Unschädlichkeit, die jedes Risiko ausschließt. Für die Verwendung von Agnus castus liegt *Agnolyt* von Madaus vor; es wird nur morgens nüchtern genommen, 40 Tropfen in etwas Wasser, aber unbedingt einige Monate lang, denn die Wirkung zeigt sich erst nach etwa 4 Wochen.

Ebenso interessant ist der *Steinsame,* auch Steinhirse genannt (Lithospermum officinale). Berichte aus Amerika schildern, daß Indianerstämme in Nevada Aufgüsse aus der Wurzel von Lithospermum ruderale, einer ganz ähnlichen Art, als Mittel zur Empfängnisverhütung nehmen. Unser heimischer Steinsame scheint die gleiche Wirkung zu besitzen. Es ist hier dasselbe Prinzip, das den ganz modernen Mitteln aus tierischen Hormonen zur Empfängnisverhütung zugrunde liegt und die heute als Anti-Baby-Pille so viel von sich reden machen. Es ist doch sehr bemerkenswert, wie manche Völker schon eine gleichartige Wirksamkeit von Pflanzen herausgefunden haben. Ganz ähnliches wird aus Australien berichtet. Große Schafherden gingen ein, nachdem die Schafe reichlich von einer Luzerne-Art gefressen hatten, die ebenfalls derartige pflanzliche Hormone enthält und die Tiere dadurch unfruchtbar machte.
Sogar in unserer *Erbse* (Pisum sativum) ließ sich ein derartiges antikontrazeptives Prinzip nachweisen. In Tibet, wo die Hauptnahrung aus Gerste und Erbsen besteht, hat sich die Bevölkerungszahl innerhalb der letzten 200 Jahre konstant erhalten, und man führt dies auf die teilweise Unfruchtbarmachung durch eine exzessive Erbsendiät zurück.
Eine praktische Anwendung haben diese Erkenntnisse über die Phytohormone jedoch bei uns noch nicht gefunden. Das liegt an zwei Gründen. Der erste besteht darin, daß in allen diesen Fällen der empfängnisverhütende Effekt *nicht sofort* eintritt, wie bei unserer modernen ,,Pille", sondern erst bei einem Gebrauch über längere Zeit. Und zum anderen ist er *keineswegs so sicher* wie derjenige der Pille, der bekanntlich fast 100% beträgt. Andererseits aber haben diese pflanzlichen Kontrazeptiva einen bemerkenswerten Vorzug. Es handelt sich bei diesen Pflanzen um solche, die zu den *milden* (Mite-) Phytotherapeutica gehören, deren Kennzeichen es ist, daß ihnen eine akute dramatische Sofortwirkung fehlt. Man kann also von ihnen keinen schnellen und sicheren Effekt erwarten, wie es in unserer westlichen Welt gefordert wird. Die Völker anderer Länder, die nicht so weit ,,entwickelt" sind, begnügen sich im Gegensatz dazu damit, daß immerhin eine Verminderung der Konzeptionsfähigkeit und damit der Kinderzahl eintritt, die ihnen schon genügt. Das sind Unterschiede, die uns bei unserem überwuchernden Perfektionismus doch zu denken geben sollten.
Andere pflanzliche Hormone lassen sich aber auch in der gerade entgegengesetzten Weise ausnutzen, nämlich zur *Steigerung* der Fruchtbarkeit und zur Anregung des Geschlechtstriebes. Aus diesem Grunde sind die Samen des *Granatapfels* (Punica granatum), der in den Mittelmeerländern so häufig angepflanzt wird, ein uraltes Symbol der Fruchtbarkeit. Die Samen enthalten sehr reichlich des weibliche Geschlechtshormon Östron. Das wird von der chemisch-pharmazeutischen Industrie ausgenutzt. Sie hat die Punica-Samen als die reichste, dabei am leichtesten zu erreichende und preiswerteste Quelle dieser Sexualhormone erkannt. Man stellte sie früher aus tierischen Eierstöcken oder

aus dem Urin schwangerer Frauen her. Beides ist weit umständlicher. Noch stärker wirksam als das Östron aus den Granatäpfeln ist das Miröstrol, das aus den Knollen einer Leguminosenart (Pueraria mirifica) aus Nord-Thailand gewonnen wird. Von dort aus bringt man es in großen Mengen nach Bangkok, wo es im Rufe eines „Verjüngungsmittels“ steht. Auch bei uns gibt es eine ganze Anzahl phytotherapeutischer Kombinationspräparate, die sich das Prinzip der milden hormonalen Wirkung zunutze machen. Ein solches, gern gebrauchtes und gut beurteiltes Mittel ist *Femisana*, das aus den Tinkturen von Fructus Agni casti, Chelidonii, Cimifugae und Pulsatillae besteht. Es ist angebracht bei genitalen Funktionsstörungen leichterer Art, wie schmerzhaften Menstruationsstörungen (Dysmenorrhoe) und bei einem zeitweisen Ausbleiben der Regelblutungen (Amenorrhoe), zumal wenn sie mit psychischer Labilität und nervöser Übererregbarkeit einhergehen. Man nimmt davon 3mal täglich einen Tee- bis Eßlöffel voll, etwa 5 Tage lang vor Beginn der Regel bis zu 5 Tagen danach, zweckmäßig über mehrere Perioden hinweg. (Fa. Dr. W. Hotz, 7053 Kernen i. R.)

Völlig anders liegt die Problematik bei der *Weißen Taubnessel* (Lamium album), die gleichfalls schon lange als Mittel bei Frauenkrankheiten Verwendung findet. Sie wächst überall in den Gärten als Unkraut, auf feuchten Wiesen, an Wegrändern und auf den Äckern. Man gebraucht von ihr die weißen herausgezupften Blumenkronen, die als Droge Flores Lamii albi genannt werden. Sie werden beim Trocknen leicht grau und unansehnlich. Man kann sich aus diesen herausgezupften weißen Blütenkronen sehr einfach selbst einen Tee herstellen, der überraschend gut aromatisch schmeckt, noch mehr, wenn man ihn mit etwas Honig süßt. Man würde das dieser so häufigen und trotzdem leicht übersehenen Pflanze kaum zutrauen. Auch über die Weiße Taubnessel wissen wir erst seit kürzerer Zeit Genaueres. Es sind Flavone darin gefunden worden. Das sind Wirkstoffe, die in vielen Pflanzen vorkommen und zu dem sogenannten „gelben Atmungsferment“ gehören, also zu der Substanz, welche die Atemtätigkeit der Körperzellen anregt. Flavone sind in vielen Heilpflanzen enthalten. Sie sind aber unter sich nicht gleichartig und erzeugen daher verschiedene Wirkungen. Wie im einzelnen die Wirkung der Weißen Taubnessel ist, wissen wir noch nicht. Eingehende Untersuchungen aus großen Frauenkliniken liegen noch nicht vor. In der Praxis hat sich gezeigt, daß die Weiße Taubnessel in manchen, ganz bestimmten Fällen von Ausfluß wirksam sein kann. Es ist dies der Weißfluß der jungen Mädchen, bei dem es sich um die Teilerscheinung einer allgemeinen Entwicklungsstörung, vielleicht auch einer Blutarmut handelt. Dagegen ist der Ausfluß der älteren Frau in der Regel durch verschiedene Krankheitserreger bedingt und muß völlig anders behandelt werden. Beschränkt man sich also bei der Anwendung der Weißen Taubnessel auf solche jugendlichen Patientinnen, so können wir Gutes davon erwarten. Sie bekommen morgens und abends einen Tee aus je ein bis zwei Teelöffeln der getrockneten Blüten und machen außerdem morgens und abends ganz einfache Waschungen des Genitale mit einer Abkochung der Blüten. Mit Spülungen sei man bei diesen jungen Mädchen sehr zurückhaltend.

Unsicher ist auch die Wirkung des *Gänsefingerkrautes* oder der Anserine (Potentilla anserina). Das Kraut (Herba Anserinae) enthält reichlich Gerbstoffe. Außerdem glaubt man darin eine krampflösende Substanz gefunden zu haben. Das hat sich aber nicht bestätigt. Daher kommt dem Gänsefingekraut heute keine Berechtigung mehr bei Frauenleiden zu. Allenfalls kann man einen Tee aus dem Gänsefingerkraut wegen seines hohen Gerbstoffgehaltes bei einem Magenkatarrh (Gastritis) und bei Durchfällen anwenden.

Zu der dritten großen Gruppe, den Heilpflanzen mit *sicherer* Wirkungsweise bei Frauenleiden, gehört an erster Stelle das *Mutterkorn* (Secale cornutum), auf das bereits kurz bei dem Hirtentäschelkraut hingewiesen wurde. Das Mutterkorn ist eines unserer besten blutstillenden Mittel für Blutungen aus den Frauenorganen, und es wird zu diesem Zweck auch heute noch viel gebraucht. Schon der Name *Mutterkorn* weist ja auf die Anwendung bei Erkrankungen der Gebärmutter hin, ähnlich wie es bei der Kamille der Fall ist. Secale gehört zu den *stark* wirksamen Arzneimitteln, die der Arzt jedesmal auf Rezept erneut verschreiben muß. Bei Überdosierung kann das Mutterkorn auch schaden. Das wissen wir von ganz andersartigen Berichten. Im Mittelalter kam das Mutterkorn auf manchen Feldern als Verunreinigung in großen Mengen vor. Das daraus hergestellt Brot enthielt dann reichlich Mutterkorn und führte bei längerem Gebrauch zu der eigenartigen Kribbelkrankheit. Das ist eine Nervenstörung mit dem Gefühl von Kribbeln und Absterben in den Gliedmaßen, die recht gefährlich werden kann.

Ein unschädliches, wenn auch weit milder wirkendes Blutstillungsmittel für gynäkologische Zwecke ist das *Kreuzkraut* oder Greiskraut, Senecio Fuchsii, das in unseren Mittelgebirgen wie im Schwarzwald reichlich wild vorkommt. Es enthält ebenfalls Alkaloide und genügt für leichtere, auch chronische Blutungen bei jungen Frauen sowie im Klimakterium, wobei allerdings vorher durch eine frauenärztliche Untersuchung die Möglichkeit eines Unterleibskrebses ausgeschlossen werden muß. Das Kreuzkraut ist eine hohe Pflanze aus der Familie der Korbblütler mit gelben Blüten. Im *Senecion* (Klein, Zell-Harmersbach/Schwarzwald) liegt ein reiner Extrakt aus der ganzen Pflanze vor, von dem 3mal täglich 10–20 Tropfen genommen werden. Es ist übrigens auch bei Blutungen anderer Art genauso angebracht.

Zu der Gruppe der Mittel mit sicherer Wirkung bei Frauenleiden müssen wir auch noch die bereits erwähnte Kamille und die Schafgarbe rechnen, nachdem

wir ihre Wirkungsweise und damit ihren Anwendungsbereich besser kennen lernten.
Zuletzt sei noch auf die Möglichkeit hingewiesen, die so lästigen Senkungsbeschwerden der Gebärmutter bei älteren Frauen durch ein pflanzliches Mittel günstig zu beeinflussen: durch die *Sternwurzel*, Aletris farinosa, den Wurzelstock einer nordamerikanischen Pflanze. Er enthält vorzugsweise Bitterstoffe, und wirkt tonisierend auf die Organe einschließlich der Muskeln und Bänder im kleinen Becken. Man nimmt vom *Aletris*-Oligoplex morgens und abends 20 Tropfen in etwas Flüssigkeit vor dem Essen, der chronischen Natur der Entwicklung entsprechend für lange Zeit. Das lindert bei diesem so häufigen Leiden wenigstens vielfach die Beschwerden, zumal den unangenehmen Harndrang.

Individualisten und Sozialisten im Pflanzenreich

Orchideen

Zu den schönsten Blüten gehören bekanntlich die *Orchideen*. In den Tropen entfalten sie sich zu der vielbewunderten Pracht. Aber auch unsere heimischen Orchideen haben schöne Blüten von höchst individueller Gestalt. Botanisch bietet die Orchideenblüte etwas ganz Eigenartiges. Man kann dies bei unseren heimischen Knabenkraut-(Orchis-Arten) sehr gut beobachten. Steckt man ein zugespitztes Bleistiftende in die Blüte hinein, so heften sich die beiden kleinen Pollenbeutelchen mittels einer kleinen Saugplatte daran fest. Nach kurzer Zeit beugen sie sich durch einen eigenen Mechanismus nach vorn. Dasselbe geschieht, wenn ein Insekt in die Blüte hineinkriecht. Die beiden Pollenbeutelchen kleben sich dann am Kopf des Tieres fest und neigen sich alsbald derart nach vorn, daß sie nunmehr auf die Narbe der nächsten Blüte stoßen, wenn das Insekt in diese hineinkriecht. So erfolgt die Befruchtung auf einem höchst eigenartigen und komplizierten Weg. Um die Insekten hierfür anzulocken, ist die Blüte der Orchidee in so auffallender Weise geformt, gleichsam besonders schön aufgemacht. Sie muß mit ihren wenigen Pollenkörpern sparsam umgehen und ist auf die Hilfe der Insekten weit mehr angewiesen als viele andere Pflanzen, die große Mengen Pollen verbreiten. Es kommt also der Orchidee darauf an, die *Einzelblüte* so attraktiv wie möglich zu gestalten. Sie ist mithin der typische *Individualist* unter den Pflanzen.

Die Botaniker stellen die Orchideen an die Spitze der Entwicklung derjenigen Pflanzen, die aus *einem* Keimblatt entstehen, der sogenannten Einkeimblättler (Monokotyledonen). Das ist die eine große Gruppe der höheren Pflanzen. Ihr steht die zweite Gruppe der Zweikeimblättler (Dikotyledonen) gegenüber, und hier wiederum setzt der Botaniker an die Spitze der Entwickung die *Korbblütler* oder Kompositen. Sie leiten ihren Namen von der besonderen Gestaltung der Blüten ab. Die einzelne kleine Blüte tritt völlig zurück. Vielmehr steht eine große Zahl kleiner unscheinbarer Einzelblüten zu einem ,,Korb" zusammen, der wie eine eigene Blüte erscheint. Die Korbblütler sind eine sehr große Pflanzenfamilie mit vielen Gattungen und Arten. Von den Heilpflanzen gehören zu ihr die Kamille, die Schafgarbe, der Huflattich, die Pestwurz und viele andere. Was wir also eine Kamillenblüte nennen, ist niemals eine Einzelblüte, sondern ein ganzer Blütenstand. Hier hat sich die einzelne kleine, unscheinbare Blüte ganz in den Dienst der Gemeinschaft gestellt. Es ist sogar eine Arbeitsteilung eingetreten. Die Randblüten, die dem ganzem Blütenstand, also der sogenannten Blüte, das schöne Aussehen geben, sind zungenförmig gestaltet und haben aufgrund dieses großen Wachstums ihrer Blumenkrone ganz auf ihre Tätigkeit als Fortpflanzungsorgan verzichtet. Sie bleiben unfruchtbar. Die Fortpflanzung haben dagegen die unscheinbaren Blüten in der Mitte des Blütenbodens übernommen. So sind die Korbblütler der Typus der *Sozialisten* unter den Pflanzen. Hier ist die Gemeinschaft am stärksten ausgebildet und hat zu einer Arbeitsteilung in einer neuen, in sich geschlossenen Einheit geführt.
Das Bemerkenswerte ist, daß diese beiden Pflanzenfamilien, die Orchideen auf der einen und die Korbblütler auf der anderen Seite, jeweils an der *Spitze* der Entwicklung von zwei großen Pflanzenreihen stehen, den Einkeimblättlern und den Zweikeimblättlern. Die Natur zeigt uns hier also etwas sehr Eigenartiges, über das es sich lohnt, nachzudenken: *beide* Möglichkeiten, die Individualisten und die Sozialisten, führt sie uns vor Augen, beide haben gleiche Berechtigung, aber auch ihre Unterschiede. Die Indiviualisten sind schön, anziehend, interessant, aber hinsichtlich ihrer Fortpflanzung anfällig. Sie bleiben daher auch immer Einzellfälle, wie die schönen großen Orchideen. Die Sozialisten dagegen sind außerordentlich häufig, von den verschiedensten Formen, teils unscheinbar, teils aber ebenfalls sehr schön und imponierend, wie etwa Dahlien und Chrysanthemen. Sie zeigen uns, daß auch das *andere* Ordnungsprinzip seine Berechtigung hat. Es sind die beiden entgegengesetzten Pole: der Dualismus in der Natur. Ist es nicht in der menschlichen Gesellschaft ganz ähnlich?

Heilpflanzen in der Gesundheitsvorsorge

Gesundheitsvorsorge oder Prävention ist eine neue sozial-medizinische Aufgabe größten Ausmaßes geworden. Wir stehen hier vor einem noch weitgehend neuen Gebiet. Zwar gilt schon immer in der Heilkunde der alte Satz, daß vorbeugen besser sei als heilen. Aber die Übertragung dieses Grundsatzes auf die ganze Bevölkerung ist doch etwas grundsätzlich Neues. Maßgebend hierfür war die Erkenntnis, daß es gelungen ist, zumal durch die großen Fortschritte der Hygiene und durch die Verhütung von Seuchen, aber auch durch eine bessere Behandlung vieler Krankheiten, die durchschnittliche Lebensdauer des Menschen zu verlängern. Diese hygienischen Maßnahmen zur Verhinderung von Infektionskrankheiten bezeichnen wir als Prophylaxe. Aber Gesundheits-*Vorsorge* in dem heute gemeinten Sinne ist doch etwas anderes. Sie geht über diese Prophylaxe hinaus und wendet sich an den einzelnen Menschen, an seinen eigenen Körper mit den vielen und komplizierten Funktionen, Regulationen und Abwehrmechanismen. Alles dies suchen wir zu stärken oder doch möglichst lange auf physiologischer Höhe zu halten, um auf diese Weise auch den vielfachen degenerativen Krankheitserscheinungen entgegenzuwirken, die durch die Verhütung von Infektionskrankheiten nicht erfaßt werden. Man denke dabei nur an die Abbraucherscheinungen am Gefäßsystem, am Herzen selbst, an den Gelenken und auch am Nervensystem. Wir wissen zwar, daß es eine echte Verjüngung nicht gibt und nicht geben kann; aber es bleibt doch Aufgabe und Ziel, den eigenen Körper möglichst lange funktions- und leistungsfähig zu erhalten.

Dabei hat uns die Erkenntnis überrascht, daß bei sehr vielen älteren Menschen wohl bereits organische Veränderungen der verschiedensten Art vorkommen, ohne daß man aber schon von einer Krankheit sprechen kann. Vielfach ist der Körper trotz dieser Abbraucherscheinungen noch voll leistungsfähig. Das trifft besonders auf das Gefäßsystem zu. Bei Menschen in höherem Lebensalter, die in voller körperlicher Frische etwa durch einen Unfall oder eine akute Infektionskrankheit gestorben sind, kann man ausgedehnte sklerotische Veränderungen an den Gefäßen beobachten. Sie hatten jedoch davon im Leben niemals Krankheitserscheinungen verspürt. Die Aufgabe ist, einen solchen Zustand der Leistungsfähigkeit und des Gesundheitsgefühles trotz der unvermeidlichen Abbraucherscheinungen so lange wie möglich zu erhalten.

In erster Linie wird es hierbei darauf ankommen, schädigende Einwirkungen wie Nikotin, Alkohol, aber auch alles, was zu dem Begriff der Manager-Krankheit mit der Überforderung und dem heutigen Zeitmangel gehört, beizeiten abzustellen. Das aber sind mehr negative Leistungen. Viel schwieriger zu beantworten ist die Frage, was man noch *positiv* hierbei tun kann. Diese

Frage haben sich die Ärzte schon zu allen Zeiten gestellt, und sie haben eine sehr einheitliche Beantwortung gefunden: es ist die vernünftige, „gesunde“ Regelung der Lebensweise mit einer ausreichend vitaminreichen Ernährung, mit Sorge für genügend Schlaf, für seelischen Ausgleich und alledem, was man noch zur Zeit Hufelands als Diätetik im weitesten Sinne des Wortes bezeichnete. Heute wird ja unter Diätetik fast ausschließlich die Heilbehandlung mit besonderen Ernährungsformen verstanden. Bei Hufeland aber ist dieser Begriff sehr viel umfassender gemeint. Gymnastische Übungen, Sport und Spiel waren im Sinne einer diätetischen Lebensführung schon den Alten bekannt und haben heute wieder mit Recht Eingang in unsere Gesundheitsvorsorge gefunden. Noch mehr als bisher sollte man sich jedoch auch um die „Diätetik der Seele“ bemühen, der schon vor über hundert Jahren der Freiherr von Feuchtersleben ein heute noch lesenswertes Buch widmete.

Die weitere Frage geht dahin, was man vielleicht auch *medikamentös* tun kann, um die Gesundheit zu erhalten. Arzneiliche unterstützende Maßnahmen werden in der Hauptsache erst dann in Betracht kommen, wenn der Mensch nicht mehr im vollen Besitz seiner Gesundheit ist, sondern wenn sich bereits die ersten Störungen einstellen. Diese brauchen noch keinen Krankheitswert zu besitzen. Aber sie können doch schon anzeigen, daß irgendwie das Zusammenspiel der Funktionen und Regulationen im Körper gestört ist. Man kann sagen, das sei dann bereits eine Behandlung im Frühstadium. Sicherlich sind dies fließende Übergänge. Aber solche Übergänge sind ja gerade das Charakteristikum des Biologischen. Im Bereich des organischen Lebens gibt es nichts Starres und Unabänderliches, und gerade deshalb sind wir berechtigt und verpflichtet, nach Möglichkeiten zu suchen, mit geeigneten Arzneimitteln rechtzeitig einzugreifen.

Eine selbstverständliche Forderung wird es dann sein, nur solche arzneilichen Maßnahmen zur Anwendung zu bringen, die einerseits mit Sicherheit schadlos sind, und die andererseits eine Wirkung über längere Zeit hinaus haben. Für diesen Zweck bieten sich in erster Linie eine Reihe von Heilpflanzen an. Es erschließt sich hier für die Heilpflanzenkunde ein neues und großes Gebiet: die *Phyto-Prävention.*

Wir müssen also nach Arzneipflanzen Ausschau halten, welche die hier gemeinten Forderungen erfüllen. Dabei kommen uns die beiden phytotherapeutischen Grundsätze zu Hilfe, die schon unser gesichertes Gedankengut geworden sind: ein großer Teil unserer Heilpflanzen hat den Vorteil, auch bei langdauernder Anwendung *unschädlich* zu sein; und zudem tritt der eigentliche therapeutische *Effekt* vielfach überhaupt erst bei einer derartigen langdauernden Verabfolgung ein. Es ist selbstverständlich, daß wir für die Zwecke der Phyto-Prävention nur Heilpflanzen verwenden, deren Wirkung bereits ausreichend wissenschaftlich begründet und praktisch erprobt sind.

Ein weiteres Gebiet einer arzneilichen und insbesondere einer *Phyto*-Prävention bieten die vielen Menschen, die durch frühere Erkrankungen bereits irgendwie vorgeschädigt sind und bei denen dann eine besondere Aufmerksamkeit hinsichtlich dieses oder jedes Organgebietes notwendig wird. Ferner werden es solche Menschen sein, deren Konstitution zur vorzugsweisen Belastung und damit frühzeitigen Erkrankung eines besonderen Organgebietes neigt. Das trifft nicht nur zu bei der Neigung zu Herzkrankheiten, sondern auch zu Gallen- und Leberschäden, zu Magen-Darm-Beschwerden, und auch zu nervösen Erschöpfungszuständen. Der eine Mensch versagt bekanntlich früher und schwerer als so mancher andere. Es dürfte inzwischen genügend bekannt geworden sein, daß sich ein Großteil von Menschen mit einem anlagemäßig bedingten Bluthochdruck lange Zeit keineswegs in einem eigentlich behandlungsbedürftigen Zustand befindet. In diesem Stadium wird es aber doch zweckmäßig sein, durch ein mildes pflanzliches Mittel den Zustand des Kreislaufes ständig auf seiner noch möglichen besten Höhe zu halten. Noch notwendiger ist ein Eingreifen, wenn sich die ersten, meist recht unbestimmten Beschwerden in der Herzgegend einstellen, die uns zunächst und oft noch auf lange Zeit als vorwiegend „nervös" erscheinen.

Für Herz und Kreislauf bietet sich für diese Vorsorge in erster Linie der *Weißdorn* (Crataegus) an. Von ihm wissen wir, daß er die Kranzgefäße des Herzens in milder Weise erweitert und den Stoffwechsel der Herzmuskelzellen günstig beeinflußt. Diese Wirkungen treten jedoch erst bei einer langdauernden Einnahme in genügendem Ausmaß in Erscheinung. Dafür ist aber auch die Verträglichkeit eine ausgezeichnete, und wir brauchen weder eine Gewöhnung noch Schäden bei einem längerdauernden Gebrauch zu befürchten. Man wird also allen Kreislaufgefährdeten mit gutem Recht den Weißdorn als vordringliche Maßnahme anraten können. Dies geschieht in einfachster Weise derart, daß jeden Morgen gleich nach dem Aufstehen und abends vor dem Schlafengehen 30–50 Tropfen eines guten Weißdornpräparates genommen werden, oder ein Eßlöffel eines Weißdornfrischsaftes. Wer einen Heiltee bevorzugt, trinke jeden Morgen und Abend eine Tasse Weißdorntee, dem wir zur gleichzeitigen Beruhigung der Nerven und zur Geschmacksverbeserung noch *Melisse* zu gleichen Teilen beifügen. Besteht bereits ein erhöhter Blutdruck, so kann man als drittes Mittel noch die *Mistel* (Viscum album) hinzunehmen. Der Tee besteht demnach aus gleichen Teilen Weißdorn, Melisse und Mistel. Man kann ihn noch mit Honig süßen. Wer wegen Neigung zu Übergewicht auf Kalorienbeschränkung achten muß oder wer zuckerkrank ist, nimmt statt Zucker oder Honig ein kalorienfreies Süßungsmittel, zweckmäßig ein Cyclamat in Form des *Assugrin* oder ähnlicher Präparate.

Bei älteren Leuten mit schlechtem Appetit, vorwiegend bedingt durch ein

Nachlassen der Fermentproduktion im Magen-Darm-Kanal, hat Kneipp den *Rosmarin* empfohlen. Er hat ihn hauptsächlich in Form des Rosmarin-Weines gegeben. Das ist eine auch heute noch zweckmäßige Maßnahme. Der Rosmarin wirkt durch seinen Gehalt an Rosmarin-Kampfer anregend für den Kreislauf und auf das Nervensystem, aber in so milder Weise, daß er für einen Dauergebrauch geeignet ist. Nicht nur die alten Leute, sondern auch viele jüngere mit einer Neigung zu niedrigem Blutdruck und sogen. Kreislaufstörungen werden mit Vorteil den Rosmarin nehmen, zweckmäßig in Form der *Cardalept*-Tropfen, über die Näheres im Abschnitt über den Rosmarin gesagt wurde. Sie sind eine gut bewährte Kombination aus Rosmarin mit den milden Herzmitteln Convallaria (Maiglöckchen) und Adonis. Eine besondere Indikation für die Cardalept-Tropfen ist das sogenannte Altersherz.

Die Bezeichnung „Altersherz" ist unbestimmt und umstritten. Jedes Herz nimmt im Laufe der Jahrzehnte an Kraft und Leistung ab. Das aber ist ein durchaus physiologischer Zustand und bedarf noch keiner stark wirksamen Herzmittel wie der Digitalis. Man kommt mit leicht anregenden Herzklykosiden wie vor allem der Convallaria in den allermeisten Fällen gut aus. Ein geeignetes Mittel hierfür ist das bereits genannte *Cardalept* (Fa. Keimdiät).

Viele Menschen mit einem „empfindlichen" Magen und Darm, bei denen noch keine eigentlich krankhaften Erscheinungen bestehen, fühlen sich wohler bei langdauerndem Gebrauch von *Kamillen-Tee*. Das ist, wie wir heute wissen, eine durchaus ernsthafte Maßnahme. Die Inhaltsstoffe der Kamille wirken entzündungshemmend und krampflösend. Sie sind auch bei langdauerndem Gebrauch unschädlich, und vielfach kommt überhaupt erst die eigentlich erstrebte Wirkung zustande, wenn wir den Kamillentee wochen- und gar monatelang ununterbrochen trinken, nach jeder der größeren Mahlzeiten eine Tasse voll, gut warm, langsam und schluckweise.

Bei Gallensteinträgern ohne größere oder mit seltenen Koliken und bei Empfindlichkeit der Gallenblase auch ohne Steine ist der *Pfefferminztee* anzuraten. Man kann ihn, ebenso wie den Weißdorn, zu gleichen Teilen mit Melisse mischen und mit Honig oder Assugrin süßen.

Stark allgemein anregend auf Magen und Galle wirkt der *Wermut*-Tee, zumal dann, wenn eine Erschlaffung des Magens und der Gallenblase besteht. Der Wermut-Tee ist allerdings *sehr* bitter. Trotzdem wird er wegen seiner schnellen und guten Wirkung von vielen Menschen gern getrunken. Man soll dies allerdings nicht zu lange fortsetzen, da sonst doch ein Widerwille gegen das Bittere auftritt. Aber während 3–5 Wochen kann man eine solche Wermut-Kur gut durchführen. Wer es vermag, nimmt den Wermut-Tee bereits morgens auf nüchternen Magen, weil dann die allgemein anregende Wirkung am stärksten ist. Man kann sogar auf diese Weise Erkältungskrankheiten vorbeugen oder bei einer beginnenden Erkältung sofort die Widerstandskraft des Körpers heben.

Es hat jedoch keinen Wert, dem Wermut-Tee Honig zusetzen zu wollen, denn das Bittere läßt sich auf keinem Wege ausgleichen.
Besteht eine Neigung zu dünnen, sauer riechenden Gärungsstühlen, oft einhergehend mit einer schlechten Verdauung, so verabfolgt man den Kamillentee zusammen mit *Edelweiß-Milchzucker*, ein Teelöffel bis ein Eßlöffel pro Tasse, 3–4 Wochen hindurch. Es ist manchmal geradezu erstaunlich, wie schnell sich auf diese Weise eine Umstimmung der Darmflora erzielen läßt.
Auch den vielen Menschen mit empfindlichen Bronchien und Neigung zu akuten Entzündungen der oberen Luftwege schon beim kleinsten Erkältungsinfekt kann man zusätzlich zu abhärtenden Maßnahmen ein einfaches Phyto-Präventivum empfehlen. Es ist der *Huflattich*, dessen Blätter und Blüten als Tee gebraucht werden. Davon soll morgens und abends eine Tasse voll heiß getrunken werden, gleichfalls mit Honig gesüßt. Der Huflattich enthält außer Schleimstoffen auch einen allgemein tonisierend wirkenden Bitterstoff, wahrscheinlich darüber hinaus noch antibiotisch und enzymatisch wirksame Substanzen.
Selbst den Menschen mit einer Neigung zu Gelenk-Erkrankungen, häufig mit einem vorzeitigen Abbrauch an den Knie-Gelenken oder an den Bandscheiben der Wirbelsäule, kann man ein pflanzliches Mittel zur Vorsorge empfehlen. Es ist der *Löwenzahn* (Taraxacum officinale), der überall auf den Wiesen und als Unkraut in den Gärten vorkommt. Die ersten frischen Blätter im Frühjahr sind ein beliebter und empfehlenswerter Frischsalat, den man ganz ähnlich bereitet und auf das Brot streut oder unter ein Müsli mischt wie die frischen Blätter des Kerbels oder der Gartenkresse. Man kann sie auch alle drei zusammen nehmen. Zur Vorbeugung von Gelenk-Rheuma gibt man besser einen Löwenzahntee oder einen Löwenzahn-Frischsaft, der außer den Blättern noch die Wirkstoffe der großen tiefreichenden Pfahlwurzel enthält. Alle Rheumatiker sollten am Ende des Winters eine solche Löwenzahnkur einige Wochen hindurch machen. Das ist für sie die rechte „Frühlingskur".

Zuletzt noch ein Rat für *Reisende in subtropische und tropische Gegenden.* Dort kommt es bekanntlich sehr häufig zu Durchfallzuständen mit dyspeptischen Beschwerden, die man als Reisedurchfall oder Touristika bezeichnet. Über die Ursache ist man sich immer noch nicht völlig klar. Sicher scheint zu sein, daß es sich nicht um eine akute Darminfektion handelt, wie die Kranken meist selbst annehmen. Wahrscheinlich ist es eine Änderung der Darmflora mit dem Überwuchern bestimmter Kolistämme oder von Gärungserregern, ausgelöst durch ein Zusammenwirken von Klimaänderung mit einer Nahrungsumstellung. Prophylaktisch oder schon bei den ersten Beschwerden kann eine Tasse heißer Wermuttee oder die mehrfache Einnahme von 30 bis 40 Tropfen Wermuttinktur (Tinctura Absinthii) überraschend schnell wirken; und wenn es zu gärungsdyspeptischen Durchfällen kommt, hilft meist eine Quark-Heidelbeer-Kur schnell. Daher sollten Reisende in solche Gegenden immer ein kleines Fläschchen Wermuttinktur mit sich nehmen und möglichst auch eine Flasche Heidelbeer-Muttersaft.

Neue Untersuchungen über den Knoblauch

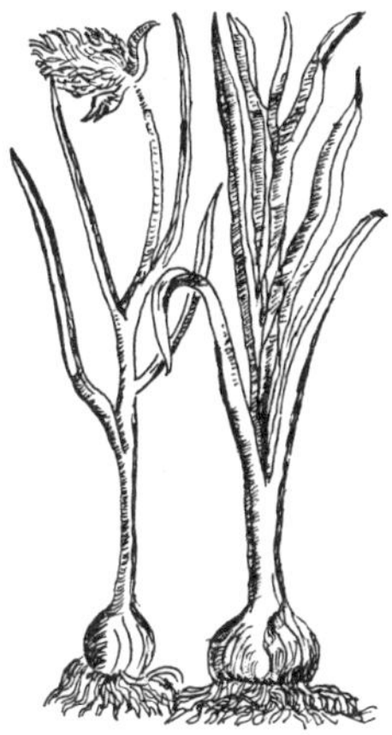

Knoblauch

Der *Knoblauch* (Allium sativum) ist sicher eine der ältesten Heilpflanzen. Er gehört zu der Gattung der Lauchgewächse, die auch unsere gewöhnliche Zwiebel (Küchen- oder Speisezwiebel, Allium cepa), den Schnittlauch (Allium schoenoprasum) und den Porree (Allium porrum) und andere umfaßt. Herodot berichtet, daß die beim Bau der ägyptischen Pyramiden eingesetzten Arbeiter außerordentlich große Mengen von Knoblauch, Zwiebeln und Rettich verzehrten und sich damit ihre Gesundheit und Arbeitskraft erhielten, ein Beweis dafür, wie man schon damals ganz bewußt das trieb, was wir heute Gesundheitsvorsorge oder Prävention nennen und dabei glauben, daß es sich um eine ganz neue Erkenntnis und Errungenschaft handele.

Bis heute noch ist der Knoblauch bei allen Völkern des Mittelmeergebietes weit verbreitet und hochgeschätzt als „diätetisches Lebensmittel", wie nach unseren gesetzlichen Bestimmungen der Zwischenbereich von Arzneimitteln und solchen Nahrungsmitteln genannt wird, die auch gleichzeitig gesundheitsfördernde Eigenschaften besitzen. Durch die Türkenkriege kam der Knoblauch auch in die nördlichen Länder Europas. Der entscheidende Zeitpunkt hierfür war die Belagerung Wiens durch die Türken. Bekanntlich war es den Türken nicht gelungen, die Stadt Wien einzunehmen. Sie mußten sich auf eine langdauernde Belagerung beschränken. Dazu setzten sie eine große Armee ein, die aus dem Balkan und aus Kleinasien nicht nur die notwendigen Nahrungsmittel heranschaffte, sondern auch Genuß- und Heilmittel.
In ihren Lagern häufte sich auf diese Weise nicht nur Kaffee, sondern auch Knoblauch an. Als dann von Norden her ein Ersatzheer für Wien anrückte, verließen die Türken fluchtartig ihre Lager und ließen dabei große Mengen

Kaffee und Knoblauch zurück. So kamen beide nach der Befreiung Wiens in die Stadt und wurden dort unter der Bevölkerung verteilt. Die Wiener Kaffeehäuser nahmen davon ihren Ausgang. Der Verzehr von Knoblauch fand gleichfalls schnelle Verbreitung. Er hat sich bis heute in der Wiener Küche gehalten. Von Wien aus kam nun der Knoblauch nach Süddeutschland und Mitteldeutschland. Der berühmte Ernährungsforscher Prof. von Noorden, der von seiner Heimatstadt Frankfurt am Main an die Universität Wien berufen wurde, fand dort den Knoblauch vor und beschäftigte sich näher mit ihm, gab auch Anweisungen, wie man ihn diätetisch gebrauchen sollte. Als er nach einigen Jahren nach Frankfurt zurückkehrte, suchte er den Knoblauch auch dort einzuführen. Aber das gelang nur recht wenig. Er entsprach offensichtlich nicht dem Geschmack der dortigen Bevölkerung. Er wurde zwar als Küchengewürz gebraucht, aber doch nur ausnahmsweise. Eher führte sich der Gebrauch des Knoblauchs als Heilmittel bis nach Norddeutschland hin ein.
Der Landarzt Johann Joachim Bechers gibt in seinem im Jahre 1747 erschienenen Buch „Kluger Hausvater, vollkommener Hausmedikus“ unter vielen anderen Ratschlägen auch an, daß ein Butterbrot mit Knoblauch ansteckende Krankheiten zu verhüten vermag, worunter er in erster Linie Darmkatarrhe, Grippe und Erkältungskrankheiten verstand. Auch gegen Gesundheitsstörungen durch Nebel und stickige Luft sei der Knoblauch gut.
Die *Knoblauchzwiebel* (Bulbus Allii sativi) enthält wie so viele Heilpflanzen der großen Gruppe der mild wirkenden, gut verträglichen pflanzlichen Arzneimittel (Mite-Phytotherapeutica) eine ganze Reihe heilsamer Substanzen. Zu 0,1 bis 0,3% ist es ein ätherisches Öl, das allein wiederum in etwa 14 Einzelsubstanzen aufgeteilt werden konnte. Der Hauptbestandteil ist das schwefelhaltige *Alliin).* Es ist der Träger des typischen *Knoblauchgeruches*, der hauptsächlich auf den Schwefelgehalt zurückzuführen ist. Bei der Extraktion aus der Knoblauchzwiebel erhält man außerdem das *Allicin* , eine wasserlösliche Substanz mit einer hohen antibakteriellen Wirkung.
Darüberhinaus konnten im Knoblauch die Vitamine A und B_1, Nikotinsäureamid und Vitamin C, Hormone mit der Wirkung männlicher und weiblicher Sexualhormone, Fermente, Cholin, Rhodanwasserstoffsäure, Jod, Saponine und andere Stoffe festgestellt werden. Bei längerer Lagerung des Knoblauchs nimmt der Gehalt an den wirksamen Substanzen deutlich ab, vor allem derjenige mit einem antibakteriellen Effekt.
Aus diesen verschiedenen Inhaltsstoffen ergeben sich nun auch die Wirkungen und Anwendungsgebiete des Knoblauchs. Wir können dabei *zwei* ganz verschiedene Indikationen unterscheiden, je nachdem die Wirkung nach der Einnahme des Knoblauchs zunächst im Magen und vor allem im *Darm* erfolgt. Unabhängig davon treten zweitens ganz andere Effekte auf, wenn die

Knoblauchinhaltsstoffe vom Darm *resorbiert* und dadurch auf dem Blutwege in alle übrigen Körperorgane gelangen, in erster Linie in das Gefäßsystem.

Die erste Wirkung des Knoblauchs besteht in der Beeinflussung der *Darmflora,* hauptsächlich in der Hemmung von übermäßigen Gärungs- und Fäulnisprozessen und einer Normalisierung der bakteriellen Zusammensetzung. Dadurch werden die unangenehmen Leibbeschwerden mit Auftreibung, vermehrter Gasbildung, Krampfzuständen und Schwerverträglichkeit mannigfacher Speisen gebessert. Aus diesem Grunde fand und findet der Knoblauch im *Orient* die ausgedehnte Anwendung, weil dort Erkrankungen mit Amöbenruhr fast unausbleiblich sind und jeder schon einmal damit zu tun hatte. Wenn die akute Ruhrerkrankung überstanden ist, verbleiben doch oft noch sehr lange, manchmal lebenslang, solche Leibbeschwerden, und es ist also kein Wunder, daß man den Knoblauch in diesen Ländern so sehr schätzen lernte. Aber auch wir haben bei Folgezuständen der bakteriellen Ruhr, zumal nach Ruhrerkrankungen während des Krieges, vielfach Gutes vom Knoblauch gesehen.

Die *zweite* Wirkung des Knoblauchs erstreckt sich auf das *Gefäß*system, und zwar in ganz spezieller Weise auf die kleinen Gefäße in der Peripherie des Körpers. Wahrscheinlich ist hier die Wirkung ähnlich wie diejenige des Jod, das ja als ein Mittel bei der Arteriosklerose der Gefäße schon immer und auch heute noch sehr geschätzt wird. Wie die Wirkung im einzelnen vor sich geht, wissen wir noch nicht, vom Knoblauch so wenig wie vom Jod. Aber die Erfahrung lehrt doch immer wieder, daß ein günstiger Einfluß vorhanden ist. Das im Knoblauch enthaltene Rhodan ist in seiner Wirkung dem Jod sehr ähnlich. Es besteht also zwischen Jod und Knoblauch hinsichtlich der Gefäßwirkung eine deutliche Parallele. Dazu kommt aber beim Knoblauch noch ein allgemein *tonisierender* Effekt, der sich meist schon recht bald einstellt. Er ist bei Alterszuständen ebenso nützlich, wie sich das bei den ephedrinhaltigen Drogen erwiesen hat. Im Einzelfalle verbinden sich diese *drei* Wirkungen sehr innig und unterstützen sich gegenseitig. Gerade bei alten Menschen leidet ja oft die Darmfunktion, und so kann eine gleichzeitige günstige Beeinflussung des Darminhaltes und der Darmdurchblutung besonders förderlich sein.
Leider hat der Knoblauch einen großen *Nachteil,* der jedoch mit seiner Wirkung eng verbunden ist. Es ist der intensive *Geruch,* der durch die Abdünstung der Wirkstoffe, vor allem des Allyldisulfids, über die Haut und bei der Ausatmung durch die Lungen entsteht. Aber gerade dies ist ein Zeichen, daß die Inhaltsstoffe des Knoblauchs auch wirklich bis in die kleinen und kleinsten Gefäße in der Peripherie des Körpers hineinkommen und dort ihre Wirkung entfalten. Daher müssen alle Versuche, dem Knoblauch den unangenehmen Geruch zu nehmen, gleichzeitig auf Kosten der Wirksamkeit gehen. Wir können

wohl den Knoblauch geruchlos machen, aber wir nehmen ihm dann den besten Teil seines Heileffektes. Nur der erste Teil, der ungünstige Geruch aus dem Magen und die oft schlechte Magenverträglichkeit, lassen sich bessern, wenn man den Knoblauch in Form von Kapseln nimmt. Werden dann aber die Kapseln im Darm resorbiert, so kommen die Knoblauch-Inhaltsstoffe ebenso in den ganzen Körper hinein, verteilen sich dort und werden in gleicher Weise über Haut und Lungen ausgeschieden wie beim Gebrauch in anderer Form. Gut bekannt ist der Knoblauchsaft; noch einfacher ist es, kleine, etwa haselnußgroße Stückchen aus den getrockneten Knoblauchknollen herauszuschneiden. Man zerkleinert sie in kleinste Stücke und verteilt sie auf ein Stückchen Schwarzbrot, das man zusammen mit einer Tasse warmer Milch nimmt. Oder man vermischt sie mit etwas Quark.

Zu diesen beiden Wirkungen des Knoblauchs kommt nun aber noch die schon erwähnte *dritte* hinzu, nämlich der allgemein *tonisierende* Effekt, der schnell einsetzt und von allen, die den Knoblauch nehmen, deutlich empfunden wird. Er ist es, der den Knoblauch noch in besonderen zu einem pflanzlichen Altersmittel macht, einem Phyto-Geriatricum, als das der Knoblauch seit den ältesten Zeiten bis heute gilt. Die beiden anderen Wirkungen kombinieren sich mit dieser allgemeinen Anregung sehr vorteilhaft, zumal sie bei alten Leuten häufig erwünscht und sogar notwendig sind. Es ist also schon gut begründet, daß der Knoblauch trotz seines üblen Geruchs so großes Ansehen genießt. Und bemerkenswert ist es, daß auch im Vorderen Orient ein Altersmittel gefunden wurde, bei dem eine Anregung, eine Tonisierung, vorhanden ist wie sie die alten Menschen brauchen.

Sehr bemerkenswerte *Untersuchungen* über den Knoblauch verdanken wir Prof. Petkow, dem Direktor des Lehrstuhls für Pharmakologie am Institut für Ärztliche Fachschulung und Fortbildung in Sofia/Bulgarien. Teils bestätigen sie schon bekannte Tatsachen; dazu aber bringen sie hochinteressante neue Erkenntnisse. So konnte in Tierversuchen festgestellt werden, daß der Knoblauch *antiarteriosklerotisch* wirkt. Das hatte die ärztliche Erfahrung zwar schon immer behauptet, ohne es aber in exakter Form beweisen zu können, wie es heute die Wissenschaft verlangt. Die Experimente des bulgarischen Forschers zeigten nun deutlich, daß bei Kaninchen, die mit Cholesterin gefüttert wurden, dabei aber gleichzeitig Knoblauch bekamen, eine erheblich geringere Steigerung des Cholesteringehaltes im Blut eintrat als bei solchen, die zu der cholesterinreichen Kost *keinen* Knoblauch erhielten. Auch waren die Veränderungen an der zarten Innenhaut der Aorta geringer als bei den nicht mit Knoblauch gefütterten Tieren. Weiterhin konnte festgestellt werden, daß die Zufuhr von Knoblauch zu einer merklichen *Blutdrucksenkung* führte, allerdings nur dann, wenn

Zubereitungen aus *frischem* Knoblauch verwendet wurden. Dagegen läßt die blutdrucksenkende Wirkung deutlich nach, wenn man den Knoblauch längere Zeit aufbewahrt. Diese Ergebnisse sind deshalb so aufschlußreich, weil sie zur Klärung der bisherigen stark voneinander abweichenden Anschauungen über die blutdrucksenkenden Eigenschaften des Knoblauchs beitragen. In vielen Kräuterbüchern und vor allem in den Prospekten von Knoblauch-Präparaten liest man, daß der Knoblauch blutdrucksenkend wirke. Andere Beobachter und Autoren wiederum lehnen einen solchen anti-hypertensiven Effekt des Knoblauchs völlig ab. Im Lichte dieser Petkowschen Untersuchungen haben wahrscheinlich *beide* Meinungen recht, da die Ausgangspositionen verschieden sind. Mit einer Zubereitung aus frischem Knoblauch, also wohl auch mit einem frischen Knoblauchsaft, wäre durchaus eine blutdrucksenkende Wirkung erreichbar. Ob aber die älteren, schon lange lagernden Knoblauch-Säfte, -Kapseln, -Drogen usw., wie man sie so oft im Handel erhält, noch einen blutdrucksenkenden Effekt haben, dürfte höchst zweifelhaft sein. In den meisten Fällen wird er fehlen. Wohl aber bestätigen diese neuen Forschungen die im Schrifttum schon immer zu findende Angabe, daß der Knoblauch ein gutes Mittel gegen arteriosklerotische Veränderungen sei. Seine Anwendung bei Altersleiden ist berechtigt.
Darüber hinaus geben diese neuen Untersuchungen eine nähere Erklärung für die *erste* Wirkung des Knoblauchs, nämlich diejenige auf den Darm. Hier zeigten die Experimente, daß die Ergebnisse sehr verschieden sind je nach der Konzentration der zugeführten Knoblauch-Zubereitungen. Schwache Konzentrationen führten zu einer Verstärkung der Darmbewegung (Peristaltik) und des Tonus der Darmwand. Stärkere Konzentrationen hatten dagegen die entgegengesetzte Wirkung; sie hemmen Peristaltik und Tonus. Es verhält sich also gerade umgekeht, wie man erwarten sollte. Höchst bedeutsam ist es, daß die *schwächeren* Konzentrationen den erstrebten tonischen Effekt auf den Darm besitzen, den wir am Knoblauch so sehr schätzen. Sie entsprechen in der Regel den Mengen, die wir üblicherweise verabfolgen. Diese tonisierende Wirkung auf den Darm ist bei den chronisch Darmkranken nach Ruhr und Dyspepsie ausgesprochen wertvoll, ebenso auch für die älteren Menschen, und sie erklärt und bestätigt es, daß wir den Knoblauch speziell bei den Darmbeschwerden mit Gasauftreibung und schlechter Verdauung im höheren Lebensalter mit gutem Erfolg geben können.
Frischer Knoblauchsaft besitzt, wie die bulgarischen Untersuchungen weiterhin zu zeigen vermochten, eine deutliche *keimhemmende* Wirkung auf viele Mikroorganismen des Darmes, sogar auf Ruhrbazillen. Dabei ist bemerkenswert, daß die Erhitzung des frischen Knoblauchsaftes bis zum Siedepunkt diese antibakterielle Wirksamkeit nicht verminderte. So erklärt es sich, daß die Knoblauch-Wirkung bei der Verwendung als ein gleichzeitig heilkräftiges Gewürz

erhalten bleibt, selbst wenn die Speisen gekocht werden. Nicht minder wichtig ist die weitere Feststellung, daß der Zusatz von *Kohle* (Carbo medicinalis) zu einer völligen Inaktivierung, also zum Verlust der keimhemmenden Wirkung führt. Auch das ist eine höchst bedeutsame Bestätigung unserer praktischen Erfahrungen. Der Versuch, den Knoblauchgeruch durch Bindung an Kohle zu beheben, geht auf Kosten der heilsamen Wirkung!
Eine ganz neue Wirkung konnte Prof. Petkow außerdem noch beim Knoblauch feststellen: einen entgiftenden Effekt bei chronischer *Bleivergiftung*. Sogar vorbeugend ist der Knoblauch hierbei brauchbar. Die Versuche zeigten, daß das typische Merkmal einer Bleivergiftung, eine Tüpfelung der roten Blutkörperchen, unter der Knoblauch-Verabfolgung in statistisch signifikanter Weise abnahm. Bei Arbeitern in Bleibetrieben, z. B. Druckereien, traten solche Tüpfelungen und die ebenfalls für die Bleivergiftung charakteristische Ausscheidung von Porphyrin im Harn nicht auf, wenn regelmäßig Knoblauch genommen wurde. Hier ergeben sich ganz neue Perspektiven, vor allem in Richtung auf eine Krankheitsvorbeugung. Insgesamt sind diese ausführlichen Untersuchungen des bulgarischen Forschers wieder einmal eine Bestätigung dafür, was sich alles an exakt nachweisbaren Wirkungen in altbekannten Heilpflanzen feststellen läßt, wenn sie im Experiment genau untersucht werden, und daß dann nachträglich eine Erklärung geschaffen wird für vieles, was wir bisher nur oder vorzugsweise aus der Erfahrung (Empirie) kannten.

Einen warmen Befürworter hat der Knoblauch ganz neuerdings in einem unserer bekanntesten Hochschullehrer gefunden. Prof. L. *Demling*, Direktor der Medizinischen Universitätsklinik Erlangen, schrieb kürzlich darüber: „Manches, was in der Erfahrungsmedizin seinen festen Platz hat, lange Zeit aber ein allenfalls von Naturheilkundigen gefördertes Dasein fristete, erweist sich plötzlich im Lichte neuer Prüfmethoden als wirksame Arznei, so z. B. Zwiebel und Knoblauch gegen thrombotische Prozesse und Hyperglykämie", also gegen Venenentzündungen und Thrombosen sowie gegen Zustände einer Überzuckerung des Blutes, die bis zu schweren Bewußtseinsverlusten (Koma) gehen kann. Diese blutzuckersenkende Wirkung von Allicin, dem Wirkstoff des Knoblauchs, konnte bei künstlich diabetisch gemachten Kaninchen erwiesen werden. Bei Venenentzündungen werden *Knoblauch-Umschläge* empfohlen. Lokal soll übrigens auch das Auflegen von Knoblauchscheiben auf Warzen an den Händen zuverlässig zu wirken vermögen, selbst dann noch, wenn andere Mittel versagt haben. Jedenfalls ist diese Behandlung einfach, schadlos und billig.
In der englischen Zeitschrift „The Lancet" teilten R. C. *Jain* und D. B. *Konar* Versuche mit Knoblauch an Kaninchen mit, um dessen günstige Wirkung bei der Arteriosklerose auch experimentell zu belegen. Fünf verschiedene Ver-

suchsgruppen wurden teils normal ernährt, teils wurde der Nahrung noch Cholesterin zugesetzt, um künstlich eine frühzeitige Arteriosklerose zu erzeugen. Eine andere Versuchsgruppe erhielt gleichzeitig mit dem Cholesterin noch Knoblauch-Extrakt. Nach 16 Wochen wurde die Anzahl der atherosklerotischen Veränderungen an der Aorta der Versuchstiere festgestellt. Dabei zeigte es sich, daß die gemeinsam mit Cholesterin und Knoblauch gefütterten Kaninchen bis zu 20% *weniger* atherosklerotische Veränderungen aufwiesen als die normal oder die nur allein mit Cholesterin gefütterten Kaninchen. Es war also deutlich, daß die Zugabe von Knoblauch-Extrakt in ganz erheblichem Ausmaß die Bildung einer künstlich gesetzten Arteriosklerose zu vermindern vermag. So bestätigten diese Versuche erneut die altbekannte günstige Wirkung des Knoblauchs bei der Arteriosklerose und zeigen die Berechtigung zum Gebrauch desselben als ein Geriatrikum, also als ein Mittel, das gegen Altersveränderungen günstig zu wirken vermag.

Inzwischen sind weitere sehr bemerkenswerte Untersuchungsergebnisse über den Knoblauch erschienen, ebenfalls hauptsächlich von englischen Autoren. Sie bestätigen teils schon bekannte Wirkungen des Knoblauchs, erweitern diese aber durch neue Erkenntnisse. Dr. E. Ernst vom St. Georg's Hospital in London faßte in einem kürzlich erschienenen Übersichtsreferat in der Münchner med. Wschr. (1981, Nr. 41) die Ergebnisse von 15 wissenschaftlichen Arbeiten zusammen, die in großen und anerkannten medizinischen Zeitschriften wie der „Lancet“ erschienen sind. Vier Wirkungen des Knoblauchs konnten dabei festgestellt oder neu bestätigt werden. Zunächst die *antibakteriellen* Eigenschaften, von denen wir schon immer wußten, die aber bisher noch viel zu wenig von unserer offiziellen Medizin beachtet wurden. Veröffentlichungen in zwei USA-Zeitschriften besagen, daß Knoblauchextrakte das Wachstum von 22 getesteten Mikroorganismen verhinderten, darunter auch solche von Pilzen und Hefen. Die antimikrobiell wirksame Komponente scheint dabei die organische Schwefelverbindung Allicin zu sein. Damit wird, wie die Autoren feststellen, eine ältere Beobachtung aus dem Ersten Weltkrieg bestätigt, die feststellte, daß knoblauchessende Soldaten gegen Ruhr und andere Infektionen einen gewissen Schutz aufwiesen. Noch weit bedeutsamer sind aber die Studien an Kranken, die wässerige Extrakte aus dem Knoblauch erhielten. Dabei ergaben Blutuntersuchungen, daß die *Cholesterinwerte* von Kranken mit einem erhöhten Cholesterinspiegel im Blut eine statistisch signifikante Senkung desselben um 28,5% aufwiesen.

Als wirksames Prinzip wurde auch hierbei wieder Allicin, also gerade die stark riechende Hauptsubstanz des ätherischen Öles, identifiziert. Tierexperimentelle Untersuchungen führten zu dem gleichen Ergebnis. Gibt man Tieren eine reichlich Cholesterin enthaltende Nahrung, so entwickelt sich bei ihnen erfahrungsgemäß ein überhöhter Cholesteringehalt im Blut und es bilden sich arteriosklerotische Gefäßveränderungen. Gab man den Tieren aber gleichzeitig Knoblauch, so wurden diese auf ein geringes Maß reduziert. Sowohl im Tierversuch als auch bei innerlicher Verabfolgung von Knoblauch an Versuchspersonen wiesen andere Untersucher nach, daß durch Zufuhr von Knoblauch die *Gerinnungseigenschaften des Blutes* günstig beeinflußt wurden. Das konnte nicht nur bei Gesunden, sondern auch bei Herzinfarkt-Kranken festgestellt werden. Wohl am bedeutsamsten sind Forschungsergebnisse englischer Autoren, die ein ganz aktuelles Problem betreffen. Wir wissen heute, daß Herzinfarkte und andere Herz-Gefäßveränderungen dadurch begünstigt werden, daß bei ihnen im Blut gewisse Faktoren vorhanden sind, die ein vermehrtes Zusammenklumpen von Blutplättchen herbeiführen. Wir sprechen wissenschaftlich von Thrombozyten-Aggregation.

Der Verzehr von frischem Knoblauch vermochte nun hier ebenfalls eine überraschend günstige Wirkung hervorzubringen. Allerdings waren dafür recht erhebliche Knoblauchmengen notwendig, und es mußte, wie gesagt, *frischer* Knoblauch sein. Damit aber scheinen sich Wirkungen erzielen zu lassen, die zumindest denjenigen nahekommen, die man heute durch verschiedene chemische Mittel wie Acetylsalicylsäure (Aspirin, Clofibrat), Sulfinpyrazon und andere zur Verhütung eines Herzinfarktes gibt. Hier eröffnet sich also eine weitere Möglichkeit, diese mit manchen Nebenwirkungen behafteten chemischen Substanzen durch ein unschädliches pflanzliches Mittel wenigstens weitgehend zu ersetzen. Zumindest kann, wie die Autoren feststellen, kaum noch ein Zweifel über die Wirksamkeit des Knoblauchs auf verschiedene Teilfunktionen des menschlichen Organismus bestehen. Nebenwirkungen wurden selbst bei Einnahme größerer Mengen des Knoblauchs nicht beobachtet.

Es gibt im Handel eine große Anzahl an Knoblauch-Fertigpräparaten, so den Knoblauch-Pflanzensaft des Kneipp-Heilmittelwerkes und im Reformhaus den Knoblauch-Pflanzensaft von Schoenenberger, neuerdings auch Knoblauch-Gemüsesäfte mit Tomate und Rote Beete, bei denen der unangenehme Knoblauchgeschmack weitgehend überdeckt ist (Fa. Vitaborn). Ein Knoblauch-Ölmacerat, zusammen mit Johanniskrautblüten und Weizenkeimöl, sind die *Aktiv-Kapseln* der Fa. Klosterfrau, von denen man dreimal täglich 1–2 Kps. vor den Mahlzeiten nimmt. Noch immer beliebt und sicher wirksam ist die Einnahme des Knoblauchs in Form der getrockneten ganzen Knoblauchzwiebeln, wie man sie heute überall in Lebensmittelgeschäften und auf Märkten erhält. Man schneidet sich aus der ganzen Zwiebel oder aus den kleinen Nebenzwiebeln, den sog. Knoblauchzehen, ein etwa mandelstückgroßes Stück heraus, teilt es in kleine Teile, gibt es auf etwas Schwarzbrot und nimmt es zusammen mit heißer Milch. Auch der Knoblauchsaft wird zweckmäßig mit etwas heißer Milch genommen. Dadurch wird die Reizwirkung des

Knoblauchs auf die Magenschleimhaut abgeschwächt und so die Verträglichkeit gebessert. Aber der üble Knoblauchgeruch, der ja erst nach der Resorption im Darm auftritt, läßt sich auch dadurch nicht verhindern. Um dies doch zu erreichen, werden eine ganze Reihe von Möglichkeiten angepriesen, z. B. die Bindung des Knoblauchs an Kohle in Kapseln. Aber dies geht, wie nochmals betont werden soll, auf Kosten der arzneilichen Knoblauchwirkung. *Es hilft also nichts, man muß sich mit dem üblen Knoblauch-Geruch abfinden,* wenn man die guten Wirkungen des Knoblauchs wirklich voll ausschöpfen will. Um wenigstens seine Umgebung weniger zu belästigen, empfiehlt es sich, den Knoblauch als *Wochenend-Kur* zu verabfolgen: man kann bereits am Freitagabend beginnen, dann am Sonnabend dreimal täglich Knoblauch nehmen, am Sonntag aber nur noch morgens und mittags, nicht mehr am Abend, damit am folgenden Montag der Geruch wenigstens so weit abgeklungen ist, daß er kaum mehr belästigend wirkt. Will man den Knoblauch wegen einer ernsteren Erkrankung nehmen, z. B. bei den schwer beeinflußbaren arteriosklerotischen Veränderungen am Augenhintergrund mit beträchtlichen Sehstörungn oder bei einer Arteriosklerose der Beinarterien, die zum häufigen Stehenbleiben beim Gehen zwingt (sog. intermittierendes Hinken, Claudicatio intermittens), so wird nichts übrigbleiben, als die Knoblauchkur mit den hierbei notwendigen größeren Mengen nach Krankschreibung zu Hause durchzuführen oder auch während des Urlaubs. In richtiger und verständiger Weise gebraucht, kann der Knoblauch eine wirkliche große Hilfe sein, die wir trotz aller chemisch-synthetischen Fortschritte auch heute nicht verachten sollten!

Eine Bemerkung sei noch angefügt über den *Bärenlauch,* Allium ursinum, der bei uns in Laubwäldern wild wächst, meist in großen Beständen. Schon von weitem machen sie durch den intensiven Lauchgeruch in der Waldluft auf sich aufmerksam. Die Blüten sind schön weiß, und sie stehen in Dolden gehäuft. Sie machen den Eindruck einer Zierpflanze. Aber man pflücke sie nicht ab und nehme sie nicht nach Hause, denn sie welken schnell und sie erfüllen das ganze Zimmer mit dem unangenehmen Lauchgeruch. Auch der Bärenlauch ist eine Heilpflanze. Er enthält ebenso wie der Knoblauch ein schwefelhaltiges ätherisches Öl und Allicin. Jedoch ist die Wirkung deutlich schwächer. An den Knoblauch kommt der Bärenlauch nicht heran. Außerdem ist beim Bärenlauch hauptsächlich die Darmwirkung ausgeprägt. Es besteht ein antidyspeptischer und ein tonisierender Effekt. Eine antibakterielle Wirkung indessen fehlt, und die antiarteriosklerotische Wirkung ist wesentlich geringer. Als vollwertiger Ersatz für den Knoblauch kann daher der Bärenlauch nicht herangezogen werden. Er ist ein Mittel der zweiten Wahl.

Gefragt wird häufig, ob denn unsere gewöhnliche *Küchenzwiebel* (Allium cepa), die uns als Gewürz unentbehrtlich ist, nicht auch gewisse Heilwirkungen besitze. Man findet in ihr ebenfalls ein ätherisches Öl und mannigfache andere Substanzen. Sie wirken günstig auf die Verdauungstätigkeit und die Ausnutzung der Speisen im Darm, regen auch den Appetit an. Aber derart ausgesprochene Heileffekte wie der Knoblauch haben die Zwiebeln nicht. Die pflanzlichen Gewürze nehmen, wie wir heute wissen, und wie in dem Kapitel über die Gewürze näher ausgeführt ist, eine Zwischenstellung ein zwischen den Heilpflanzen und den Nahrungspflanzen. Das gilt für die Zwiebel in ganz besonderem Maße. Neue Untersuchungen von englischen Forschern zeigten, daß unter dem Genuß von Zwiebeln das Blut eine deutlich geringere Neigung zur Gerinnung aufweißt. Das kann sich günstig auswirken zur Verhinderung von Thrombosen, die ja auch beim Herzinfarkt eine entscheidende Rolle spielen. Vor allen stellte sich heraus, daß nach einer fettreichen Kost die Neigung zur Blutgerinnung und damit zur Thrombosebildung erkennbar abnahm, wenn die Kost reichlich Zwiebeln enthielt. So bestätigen auch diese experimentellen Ergebnisse die neue Erkenntnis, daß der Gebrauch der pflanzlichen Gewürze nicht nur den Geschmack verbessert, sondern weit darüber hinaus günstige gesundheitliche Eigenschaften besitzt, hauptsächlich in vorbeugender Hinsicht.

Wacholder und Löwenzahn bei Rheuma

Wacholder

Im Herbst werden die Wacholderbeeren reif. Nicht in jedem Jahr blüht und fruchtet der Wacholder. Er setzt oft viele Jahre aus. Dann aber finden wir einen Wacholderstrauch über und über bedeckt mit den harten, blauschwarzen Beeren. Eigentlich sind es gar keine Beeren, sondern Scheinbeeren, weil nur ein fleischig gewordener Fruchtboden die harte Frucht umgibt. Der Wacholder gehört zu den Koniferen, deren Früchte meist Zapfen sind, wie bei den Kiefern und Tannen. Auch die Wacholderfrucht ist eigentlich ein solcher kleiner Zapfen, der jedoch von der fleischig gewordenen Fruchthülle ganz überdeckt wird.

Die *Wacholderbeeren,* Fructus Juniperi, sind ein altbekanntes und seit jeher geschätztes Heilmittel. Sie enthalten ein ätherisches Öl, das Wacholderöl, das in seiner Wirkung dem Terpentinöl ähnlich ist, aber eine weit schwächere Reizwirkung für die Haut besitzt.

Man reihte die Wacholderbeeren bisher meistens in die Gruppe der harntreibenden Arzneipflanzen ein. Als Träger dieser harntreibenden Wirkung wurde neuerdings das Junen erkannt, das aus verschiedenen Monoterpenen besteht. Wenn man es rein darstellt, ist seine harntreibende Wirkung beträchtlich. Aber in der Droge, also den Wacholderbeeren, ist es nur in recht geringer Menge enthalten. Die harntreibende Wirkung der Wacholderbeeren ist daher nicht sehr stark. Wir verwenden sie zu diesem Zweck nur noch ausnahmsweise, da wir heute über bessere, weit wirksamere harntreibende Mittel verfügen. Zumal bei den wassersüchtigen Schwellungen der Herz- und Nierenkranken, bei denen man früher Wacholder gab, kommt er heute nicht mehr in Betracht. Geeignet aber ist er immer noch zur anfänglichen unterstützenden Entwässerung bei Abmagerungskuren, bei Schwellungen der Unterschenkel im Gefolge von Krampfadern, nach Knöchelbrüchen oder beim Senkfuß u. dgl. Dabei gilt aber eine Regel: Auch bei Nierengesunden darf man den Wacholder niemals länger als sechs Wochen hintereinander verabfolgen! Über diese Zeit hinaus kann es zu einer Eiweißausscheidung im Harn kommen, als Zeichen einer Nierenreizung. Natürlich darf man den Wacholder überhaupt nicht geben, wenn bereits eine Nierenerkrankung besteht.
Dagegen hat sich heute ein ganz anderes Anwendungsgebiet des Wacholders durchgesetzt. Wir haben erkannt, daß die harntreibende Wirkung nur einen *Teil* der Gesamtwirkung des Wacholders darstellt. Viel wesentlicher ist der Einfluß des Wacholders auf den *Stoffwechsel.* Diese Stoffwechselwirkung nutzen wir aus zur Behandlung chronischer Formen des Rheuma, vor allem derjenigen, die als die Abbraucherkrankungen der Gelenke bezeichnet werden. Man spricht bei diesen auch von einer degenerativen Erkrankung oder einer Arthrosis deformans, die am häufigsten an den Kniegelenken, nächstens an den Hüft- und Schultergelenken auftritt. Bei diesen Formen des chronischen Rheuma handelt es sich um Stoffwechselstörungen an den Gelenken und in ihrer Umgebung, hauptsächlich in der Gelenkkapsel und in dem Bindegewebe zwischen den Muskeln und Sehnen. Hier greift nun auch der Wacholder an. Er bessert die Stoffwechsel- und Ernährungsverhältnisse *um das Gelenk herum,* macht das Gelenk selbst auf diese Weise geschmeidiger, besser und schmerzfreier beweglich. Das ist freilich nicht durch die einmalige Einnahme zu erreichen, wie etwa bei einer schmerzstillenden Tablette. Sondern es erfordert eine regelrechte *kurmäßige* Anwendung, nach dem alten Prinzip, daß chronische Erkrankungen auch chronisch behandelt werden müssen. Man gibt zu diesem Zweck einen Wacholdersaft, wie er in verschiedenen guten Fertigpräparaten zur Verfügung steht, morgens, mittags und abends je einen Eßlöffel voll, am besten verrührt mit warmer Milch, oder mit Nachtrinken von etwas warmer Milch, um die Verträglichkeit im Magen zu bessern. Das muß vier Wochen hintereinander durchgeführt werden, aber niemals länger als sechs Wochen, damit wir

nicht gegen die genannte Regel verstoßen. Am besten ist es, eine solche Wacholderkur im Herbst oder angehenden Winter vorzunehmen, also bei Beginn der schlechten Jahreszeit, zumal uns dann meistens auch schon der aus der frischen Spätsommerernte stammende Wacholdersaft zur Verfügung steht. Man schützt so die Gelenke vor den schädigenden Einwirkungen der Nässe und Kälte. Natürlich kann auch der Wacholder, wie leider jedes andere Mittel, die alten deformierenden Gelenkveränderungen nicht mehr beseitigen. Aber er fördert die Beweglichkeit, lindert die Schmerzen und vermag mit großer Wahrscheinlichkeit auch dem Fortschreiten des Leidens vorzubeugen.
Es gibt für diesen Zweck eine sehr einfache volkstümliche Form der Verabfolgung. Man nimmt die getrockneten Wacholderbeeren, so wie sie sind, und zerkaut sie, in steigender und fallender Zahl. Die Vorschrift heißt, man soll mit dreimal täglich einer Beere beginnen und jeden Tag um eine Beere steigern bis zu dreimal täglich 15 bis 20, ja sogar bis zu dreißig Beeren, und dann ebenso wieder zurückgehen. Diese einfachste, allerdings etwas umständliche Methode hat sich in manchen ländlichen Gegenden bis heute gehalten.

Löwenzahn

Da wir den Wacholder immer nur für eine beschränkte Zeit nehmen dürfen, ist es wichtig und notwendig, noch ein anderes Rheumamittel zur Verfügung zu haben. Es bietet sich an im *Löwenzahn*, der bekannten gelben Blume unserer Wiesen mit der grundständigen Rosette aus grobgezähnten Blättern und dem weißlichen Milchsaft im Blütenstengel. Nach der Blüte erscheinen die kugelförmig angeordneten Früchte, von denen jede einzeln einen kleinen Fallschirm aus feinen Härchen besitzt. Es sind die bei den Kindern so beliebten „Pusteblumen“. Zu unserem Leidwesen wächst der Löwenzahn häufig in den Gärten als Unkraut und ist dort nur schwer zu beseitigen, da die Wurzel sehr tief in die Erde hinabreicht. Gerade diese lange Pfahlwurzel ist es, welche den hauptsächlichen Heilwert des Löwenzahns bedingt. Die Blätter werden gern als rein aromatisch-bitterlich schmeckender Frühlingssalat geschätzt, in Frankreich noch mehr als bei uns.
In der Wurzel ist ein Bitterstoff, Taraxacin, enthalten, jedoch in unterschiedlichen Mengen. Dazu kommen noch eine große Zahl weiterer Wirkstoffe, wie Inulin, Cholin, Laevulose, Karotinoide und Vitamine, vor allem Vitamin B_2. Neuerdings sind noch enzymatisch und antibiotisch wirksame Substanzen gefunden worden. Der Löwenzahn (Taraxacum officinale) enthält also eine *Summe* von Heilstoffen, ohne daß ein einzelner überwiegt, ähnlich wie es bei vielen anderen Heilpflanzen der Fall ist.

Der weiße Milchsaft der Stengel gilt als giftig, zumal wenn Kinder daran saugen. Die Toxizität ist jedoch gering. Es kann zu Durchfall, Erbrechen und zuweilen auch zu Unregelmäßigkeiten der Herzschlagfolge kommen.
Früher galt der Löwenzahn hauptsächlich als ein mildes Bittermittel. Heute wissen wir, daß seine Wirkung eine viel umfassendere ist. Sie ist zwar mild, aber nachhaltig und kommt demgemäß erst bei längerem, kurgemäßen Gebrauch voll zur Geltung. Man kann zwei Wirkungskomponenten unterscheiden. Die erste besteht in einer Anregung der Tätigkeit aller großen Ausscheidungsdrüsen des Körpers, vor allem der Leber und der Nieren. Noch wesentlicher aber ist uns die *zweite* Wirkung, nämlich eine Beeinflussung des Stoffwechsels und des Bindegewebes.
Die Anregung der Nierentätigkeit zeigt sich in einer vermehrten Harnausscheidung, die auch schon nach größerer Menge von Löwenzahnblättern als Frühlingssalat deutlich wird. Man kann sie ausnutzen zur Durchspülung der Nieren, insbesondere bei Neigung zu einer Nierensteinbildung, in Form sogenannter *Wasserstöße*. Diese bestehen darin, daß morgens nüchtern ein ganzer Liter eines Löwenzahntees langsam schluckweise im Verlauf von etwa 15–20 Minuten getrunken wird, zur Förderung der Abtreibung eines Harnleitersteines täglich, zur Verhütung einer erneuten Steinbildung etwa jede Woche einmal, zweckmäßig am Sonnabend oder Sonntag als regelmäßige Wochenendkur. Das ist zur Verhütung neuer Nierensteine noch immer eines der zuverlässigsten Mittel, das jede besondere Diät überflüssig macht. Auch zur Anregung der Gallentätigkeit wird ein Tee aus dem Löwenzahn gebraucht. Hierbei aber wirkt er nicht besser, eher schwächer als andere Mittel.
Das Hauptanwendungsgebiet des Löwenzahnes ist jedoch neuerdings ebenfalls das *Rheuma,* ähnlich wie beim Wacholder. Wir nutzen die Stoffwechselwirkung des Löwenzahns hierbei aus. Beide, der Wacholder und der Löwenzahn, ergänzen sich auf diese Weise sehr gut. Man wird, wie angegeben, bei Ausgang des Herbstes die Wacholderkur durchführen und im zeitigen Frühjahr eine Löwenzahnkur. Hierfür benutzt man dann einen Löwenzahntee, ein bis zwei Teelöffel der Droge (Radix Taraxaci cum Herba) auf ein Glas Wasser, kurz kochen, dann 10 Minuten ziehen lassen und morgens und mittags ein Glas voll trinken. Abends besser nicht, da sonst die harntreibende Wirkung sich noch in der Nacht unangenehm bemerkbar machen könnte. Oder man nimmt morgens und mittags ein bis zwei Eßlöffel eines der Frischsäfte, wie sie handelsüblich zu erhalten sind. Diese Löwenzahnkur wird 4–6 Wochen lang durchgeführt. Eine Nierenreizung wie beim Wacholder ist dabei nicht zu befürchten. Das hauptsächlichste Anwendungsgebiet sind die chronischen Arthrosen (Arthrosis deformans); aber auch chronische degenerative Erkrankungen der Wirbelgelenke (Spondylosis deformans) mit Neigung zu Hexenschuß oder Ischias sowie die sogenannten Bandscheibenschäden.

So hat sich aufgrund neuer Erkenntnisse sowohl beim Wacholder als auch beim Löwenzahn das Anwendungsgebiet völlig verlagert, und zwar zu den chronischen Stoffwechselleiden und dem Rheuma hin. Wir bezeichnen beide heute vorzugsweise als Bindegewebsmittel. Gleichartige, aber doch schwächere Wirkungen in gleicher Richtung entfalten die *Birkenblätter* (Folia Betulae) und die *Brennesseln* (Herba Urticae). Man kann eine Kur mit einem Birken- oder Brennesselsaft oder -tee immer einmal zwischenschalten, um abzuwechseln und den Stoffwechsel von verschiedenen Richtungen her zu beeinflussen. Bei der Vielschichtigkeit des Stoffwechselgeschehens hat sich ein solcher Wechsel oft als besonders erfolgversprechend erwiesen.
Die Brennesseln wirken bei *äußerlicher* Anwendung hautreizend. Das ist bekannt und das machte man sich schon immer bei rheumatischen Zuständen zunutze. In manchen Gegenden war es üblich und ist es vielleicht sogar heute noch, bei schmerzhaften Muskelverkrampfungen im Rücken, vielfach in Verbindung mit einem Bandscheibenschaden, die gesamte Rückenmuskulatur mit frisch gepflückten Brennesseln kräftig zu schlagen. Es entsteht dann eine intensive Hautrötung, die gleichsam eine „Ableitung" auf die Haut darstellt und die Schmerzen zu lindern vermag. Das wird als hilfreich bei einem akuten Hexenschuß (Lumbago) empfohlen. Heute geht man eleganter vor und verwendet zu dem gleichen Zweck einen Brennesselspiritus zur kräftigen Einreibung der gesamten schmerzhaften Gegend. Übrigens wird das Brennen bei der Berührung der Brennessel durch Brennhaare bewirkt, die außer Ameisensäure noch besondere Enzyme enthalten. Die ebenfalls hautreizende Wirkung der Birkenblätter, die auf einem ätherischen Öl beruht, nutzt man in der bekannten Weise aus für Birken-Haarwässer.
Zurückgekommen ist man in letzter Zeit auch wieder auf die *Samen* der Brennessel. Sie sind ebenfalls ein altes Heilmittel, das schon im Mittelalter mannigfache Verwendung fand. Es stellte sich heraus, daß diese Brennesselsamen eine ganze Reihe von Wirkstoffen enthalten, die allgemein *anregend,* also stimulierend und tonisierend wirken. Auf dieser Grundlage und für diesen Zweck entstand das neue *Brennesselsamen-Vital-Tonikum* (Fa. Keimdiät, Augsburg). Es ist ein alkoholischer Auszug aus dem Brennesselsamen, der bei Schwächezuständen der verschiedensten Art, bei Überarbeitung, nach Infektionskrankheiten wie einer anstrengenden Grippe und bei nachlassender Vitalität in der zweiten Lebenshälfte genommen wird, 3mal täglich 1 Meßbecher voll nach den Mahlzeiten. Sicherlich ist dies eine interessante Neuerung unter Ausnutzung alter volksheilkundlicher Erfahrungen.

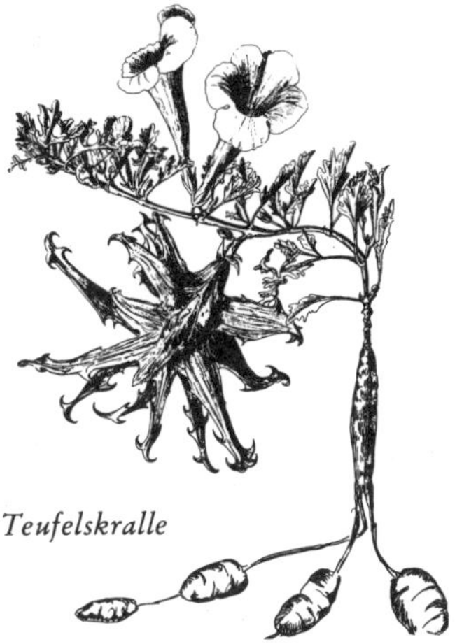

Teufelskralle

Auf eine andere Pflanze, die neuerdings bei Rheumaleiden sehr intensiv angepriesen wird, sei noch hingewiesen. Es ist eine Pflanze, die aus der Volksmedizin von Eingeborenen in Südafrika stammt und für die sich der Name *Teufelskralle* eingeführt hat, wegen der krallenartigen Haken an den Früchten. Eigentlich ist der Name ,,Teufelskralle" in unserer heimischen Flora bereits vergeben. So nennen wir die zu den Glockenblumengewächsen gehörigen Phyteuma-Arten, die in Mischwäldern und auf Wiesen wachsen, teils mit gelblichweißen Blüten (Ph. spicatum), teils dunkelelblau blühend (Ph. nigrum). Bei ihnen kommt der Name wahrscheinlich daher, daß die Blüten vor dem Aufblühen in auffallender Weise spornartig gekrümmt sind.

Diese südafrikanische Teufelskralle ist jedoch ein völlig anderes Gewächs und führt den botanischen Namen *Harpagophytum procumbens.* Sie wächst in den Wüstengebieten Südafrikas, der Kalahari, und wurde daher auch den Siedlern im ehemaligen Deutsch-Südwest-Afrika bekannt. Man verwendet von ihr die knollenartigen Ausläufer der Wurzeln, die ähnlich aussehen wie die Kartoffelknollen. Nur diese Speicherwurzeln, die bis zu 2 Metern Tiefe aus dem Wüstensand gegraben werden, enthalten das wirksame Prinzip. Sie bilden den echten Harpagosan-Tee (E. Hagen, 8228 Freilassing). Man trinkt ihn für einige Wochen kurmäßig, drei Tassen pro Tag. Das hauptsächlichste Anwendungsgebiet sind Arthrosen, also die degenerativen Gelenkerkrankungen der höheren Lebensjahre, die aber auch schon bei jüngeren Menschen nach Unfällen auftreten, als Folge der vermehrten Belastung und Abnützung der Gelenke. Am bekanntesten und weit verbreitet ist die Arthrosis deformans der Kniegelenke.

Wesentlich ist jedenfalls, daß man auch wirklich ein zuverlässiges Teufelskrallen-Präparat erhält. Die große Verbreitung dieser Pflanze in letzter Zeit durch eine ausgedehnte Werbung in der Laienpresse hat dazu geführt, daß die Teufelskralle an manchen der Fundorte schon fast ausgerottet wurde. Beobachtungen und Nachprüfungen der Droge zeigten, daß durchaus nicht immer die allein wirksamen Knollen für manche der Präparate verwendet wurden, sondern auch die übrigen Wurzeln, die jedoch völlig unwirksam sind. Noch eine andere Wirkung der Teufelskralle hat sich inzwischen herausgestellt. Sie ist ein gutes *Bittermittel* (Amarum). Die Wurzelknollen enthalten fast so viel Bitterstoffe wie unser bestes heimisches Bittermittel, der Gelbe Enzian. Dieser wird als Heilpflanze in großem Umfang gebraucht, bei dyspeptischen Magen-Darm-

beschwerden und zur Anregung des Appetits und des Allgemeinbefindens. Man bezeichnet ihn daher auch als ein *tonisches* Bittermittel. Ein solches scheint nun auch die afrikanische Teufelskralle zu sein. Bereits bei der Verabfolgung des Tees als Rheumamittel wurde berichtet, daß er manchen Kranken gar nicht gut bekommen sei und Magenbeschwerden verursachte. Jetzt kennen wir den Grund. Die Bitterstoffe werden nämlich von manchen empfindlichen Magenkranken schlecht vertragen, zumal solchen, die zu viel Magensäure haben. Die Bitterstoffe steigern die Magensaftsekretion und sind daher angebracht für Zustände mit zu wenig Magensäure, wie sie häufig als Teilerscheinung allgemeiner Schwächezustände vorkommen. Man muß also unterscheiden. Jedenfalls hat sich hier bei richtiger Indikationsstellung eine weitere Anwendungsmöglichkeit der Teufelskralle ergeben.
Sicherlich vermag die Teufelskralle bei diesen beiden Krankheitszuständen manches Günstige zu leisten. Es fragt sich jedoch, ob dies mehr ist als dasjenige, was wir mit unseren bereits lange bekannten Heilpflanzen auch zu erlangen vermögen. Diese Frage ist zu verneinen. Ein eigentlicher Gewinn ist also die Teufelskralle nicht, trotz der vielen Propaganda, die in letzter Zeit für sie gemacht wurde. Höchstens eine neue Alternative. Noch dürfte es zu früh sein, endgültig darüber zu entscheiden. Aber es drängt sich bei dieser Situation doch die Erinnerung an die Worte des Paracelsus auf, der seinerzeit schon sagte: Warum für teures Geld aus fernen Ländern pflanzliche Heilmittel zu uns holen, wenn man gleich gut wirksame auch bei uns findet. Es ist erstaunlich, wie Paracelsus schon zu seiner Zeit eine Situation erkannt und richtig eingeschätzt hat, die sich auch heute in so mannigfacher Weise wiederholt.

Tee-Arznei in moderner Form

Getrocknete Heilpflanzen zur arzneilichen Verwendung bezeichnet man als Drogen. Woher dieses Wort stammt, ist noch nicht einwandfrei geklärt. Am wahrscheinlichsten ist, daß es sich von dem althochdeutschen Wort „drogge" ableitet, was soviel wie „trocken" bedeutet. Bei uns gilt nach wie vor, daß eine Droge von einer *Pflanze* stammt. Im anglo-amerikanischen Schrifttum wird das Wort Droge jedoch neuerdings in einem weit umfassenderen Sinn gebraucht. Man bezeichnet damit jede Arzneisubstanz, auch solche mineralischer Natur und vor allem auch die vielen synthetischen Arzneimittel.

Aus den Drogen bereitet man seit altersher die verschiedensten Arzneiformen. Man kann die ganze Droge zu Pulver verarbeiten, oder man löst sie in Spiritus auf und macht daraus Tinkturen und Extrakte. Nimmt man nicht einen konzentrierten Spiritus, sondern einen Wein, mit Vorliebe einen guten Südwein, so entstehen daraus Medizinalweine, die in früheren Zeiten weit verbreiteter waren als heute, sich aber jetzt wieder mehr einzuführen scheinen. Es sei nur an den Rosmarin- und an den Wermut-Wein erinnert. Dagegen haben sich die in früheren Zeiten beliebten Lösungen in Essig nicht halten können.

Die weitaus häufigste und beliebteste Form der Anwendung von Heilpflanzen ist der medizinische *Tee* (Spezies). Im wissenschaftlichen Sinne ist der Tee in den meisten Fällen ein Aufguß oder Infus. Man bereitet ihn, indem man ein bis zwei Teelöffel der zerkleinerten Droge mit der Menge von etwa einer Tasse oder einem Glas Wasser übergießt. Dieses Wasser soll heiß sein. Es kann eben gekocht haben. Aber wir wollen den Tee damit nicht weiterkochen, sondern nur die Droge ausziehen. Man nennt das einen Infus. Würde man kochen, so gehen viele der Inhaltsstoffe verloren, vor allem die leicht verdunstenden ätherischen Öle in so vielen Blüten und Blättern. Man läßt den Tee noch eine Weile, wenigstens 5–10 Minuten, bedeckt ziehen. Dann wird er abgegossen, zweckmäßig durch ein Sieb, und nun gut warm getrunken. Wesentlich ist dabei der Rat, den schon Kneipp gab, einen solchen Tee nicht auf einmal in großen Zügen, sondern langsam in kleinen Schlucken zu trinken. Man nennt das „diätetisch", weil der Tee hier ähnlich wie eine Diät eingenommen wird, oder so, wie man einen Mineralbrunnen an der Quelle langsam, schluckweise, im bequemen Sitzen oder im langsamen Herumwandeln trinkt. Das fördert die Entspannung und damit die Wirkung.

Freilich gibt es von dieser Regel Ausnahmen. Festere Pflanzenteile, die sich schwerer ausziehen lassen, muß man vielfach einige Zeit kochen. Eine solche Tee-*Abkochung* nennt man einen Dekokt. Noch besser ist es für manche Drogen, längere Zeit mit kaltem Wasser auszuziehen. Man nennt dies mazerieren und das so erhaltene Produkt ein Mazerat. Am bekanntesten ist dieses Verfahren beim Baldriantee. Man erreicht auf diese Weise, daß langsam, jedoch sehr reichlich die Inhaltsstoffe in die Lösung gehen. Wenn man abends vor dem Schlafengehen, um das Einschlafen zu fördern, eine Tasse Baldriantee trinkt, so bereitet man sich diesen Tee am besten schon morgens, indem man zwei Teelöffel der zerkleinerten Baldrianwurzel mit kaltem Wasser übergießt und bedeckt bis zum Abend stehen läßt.

Zu einer Tee-Arznei wird, wie die Beobachtungen zeigen, bevorzugt von *aktiven* Menschen gegriffen, die sich für ihre Gesundheit mitverantwortlich fühlen, die nicht nur passiv auf die Wirkung von Tabletten oder Injektionen warten, und die selbst für ihre Gesundheit etwas tun wollen.

Dazu kommt ein weiterer wesentlicher Gesichtspunkt, der vielfach noch gar nicht ausreichend gewürdigt wird, zumal er noch nicht genügend in das Bewußtsein der Konsumenten einzudringen vermochte. Es ist die Tatsache, daß die heutige moderne *Technik* sich sehr ausgiebig mit der Herstellung guter und wirkungsvoller Tee-Arzneien befaßt und dabei zu bedeutsamen Erfolgen gekommen ist. Es werden nicht mehr wie früher ganz einfach die verschiedenen Drogen zusammengemischt, wie man sie gerade erhält. Sondern es werden sorgfältig, nach medizinischen Gesichtspunkten ausgewählte Drogengemische in exakter Weise zu einer neuen Tee-Arznei-Einheit verarbeitet. Dabei werden die Wirkstoffe der Drogen zuerst nach einem besonderen Verfahren herausgelöst und in eine flüssige Form gebracht, und diese wiederum wird in einem Sprühtrocknungsverfahren zu einem feinen Pulver aufgearbeitet. Dieses ist dann leicht löslich, enthält alle Wirkstoffe in unveränderter Form und ohne jeden Zusatz von Fremdstoffen. Man ist so zu dem *Instant-Tee* gekommen. „Instant" heißt Augenblick und will besagen, daß diese Substanz sofort, ohne jede weitere Vorbereitung zur Verfügung steht. Bekannt und weit verbreitet sind heute die Instant-Kaffees, die nach einem ganz ähnlichen Verfahren hergestellt werden. Die Instant-Tees sind somit „*tassenfertig*". Man braucht nur noch heißes Wasser auf das Pulver zu gießen und hat sofort, „im Augenblick", die gebrauchsfertige Tee-Arznei. Auf diese Weise ist es gelungen, die Tee-Anwendung in unsere heutige hastige Zeit hinüberzuretten. Man kann sich eine solche Tee-Arznei sogar im Büro oder an der Arbeitsstätte zum Frühstück bereiten und derart den heilenden Tee-Effekt über den ganzen Tag verteilen.

Die Zusammensetzung derartiger Tee-Kombinationen ist eine alte Apotheker- und Ärzteweisheit. Sie stammt vielfach noch aus der Zeit, als die Ärzte selbst noch genügende Kenntnisse von den Heilpflanzen besaßen und der Apotheker als Spezialist dafür galt. Aus der Erfahrung heraus, die man wissenschaftlich „*Empirie*" nennt, haben sich solche Kombinationen in vielen Fällen als so gut erwiesen, daß sie auch heute noch viel und gern gebraucht werden und durch neue chemisch-synthetische Präparate zumindest nicht übertroffen, vielfach nicht einmal erreicht werden können. Nach einer langen Zeit der Nichtbeachtung hat man heute wieder Respekt vor diesen Kenntnissen und Erfahrungen einer älteren Generation gefunden. So sind auch heute noch Hustentees, Abführtees, Nerventees, Blasen-Nieren-Tees und andere mehr aus unserem Heilschatz nicht fortzudenken.

Ein weiterer Fortschritt hinsichtlich der praktischen Vereinfachung ist die Einführung von *Tee-Aufgußbeuteln* für Kräutertees durch das Kneipp-Heilmittelwerk im Würzburg und Bad Wörishofen. Vom echten Tee ist uns diese Darreichungsform bekannt und vertraut. Nun zeigte sich, daß sie auch für Arzneitees geeignet und voll wirksam ist, sowohl für Einzeldrogen wie den Kneipp-Kamillentee-, -Pfefferminz-, -Lindenblüten-, -Holundertee und vielen anderen, als auch für Tee-Kombinationen, wie den Kneipp-Hustentee,

-Verdauungstee, -Herz-Kreislauftee, -Galle-Lebertee, -Nieren-Blasentee und den Kneipp-Nerventee. Diese Kneipp-Teebeutel fanden überraschend schnell Anklang und sind heute bereits eine der beliebtesten Teeformen für Kräutertees.

Anschließend seien gleich noch einige Fragen erörtert, die bei der Verordnung von medizinischen Tees immer wieder auftauchen. Schon von dem gewöhnlichen echten chinesischen Tee wird gefragt, ob der Tee sich bei längerem Stehen in schädlicher Weise verändert. Dabei müssen zwei Dinge unterschieden werden. Läßt man den zubereiteten, also abgegossenen Tee längere Zeit stehen, so bildet sich beim Abkühlen auf der Oberfläche ein dünnes, schillerndes Häutchen. Es beruht wahrscheinlich auf der Verbindung von Gerbsäure mit dem Coffein oder Xanthin des Tees. Es ist völlig harmlos. Anders liegen dagegen die Dinge, wenn es sich um den noch nicht abgegossenen Tee handelt, wobei das Wasser die zerkleinerten Teeblätter dann längere Zeit auslaugt. Dabei nimmt auch der Gehalt an Coffein und Gerbsäure zu. Die Wirkung des Tees wird dadurch stärker. So kann der höhere Gehalt an Coffein Herzklopfen und Schlaflosigkeit herbeiführen, und die größere Menge an Tannin vermag eine Stuhlverstopfung zu begünstigen.

Darauf beruht ja der alte Rat und Gebrauch, bei Durchfällen starken Tee zu trinken, der längere Zeit gestanden hat. Auch der Geschmack verändert sich. Ernstere Gesundheitsstörungen sind aber auch hierbei nicht zu befürchten. Allerdings hat man auf die Tatsache hingewiesen, an die man bisher noch gar nicht dachte. In dem Tee sind nämlich auch gewisse Mengen Fluor enthalten. Läßt man den Tee nun längere Zeit ziehen, so steigt mit den anderen Substanzen ebenfalls der Gehalt an Fluor. Werden häufig größere Mengen eines derart starken Tees getrunken, so könnte es bei Kindern immerhin einmal zu einer Fluorvergiftung kommen. Allerdings sind die Kinder nur etwa bis zum 8. Lebensjahr besonders empfindlich gegenüber Fluor. Bei älteren Kindern und bei Erwachsenen ist mit einer Schädigung nicht mehr zu rechnen. Andererseits gibt man ja in manchen Gegenden, in denen der Boden und damit das Trinkwasser sehr arm an Fluor sind, kleine Mengen davon geradezu als Heilmittel, weil es sich herausgestellt hat, daß ein *Mangel* an Fluor im Trinkwasser die Entstehung der Zahnfäule (Karies) bei den Kindern und sogar bei Erwachsenen begünstigt, während die *Zufuhr* von Fluor die Karies zu verhüten vermag. Man ist in einzelnen Gegenden schon dazu übergegangen, das Wasser künstlich mit Fluor anzureichern. Was also in den einen Fall schädlich sein kann, vermag in einem anderen zu nützen. Man muß wissen, wie der Fluorgehalt im Grundwasser in der betreffenden Gegend ist.

Gar nicht selten wird gefragt, ob der *Pfefferminztee* als Dauergetränk geeignet oder eher schädlich sei. Die Pfefferminze ist eine unserer besten Heilpflanzen mit wertvollen Wirkungen auf Leber und Galle. Aber sie ist eben doch ein

Heilmittel, und wie alle Arzneien soll sie nur dort und so lange gegeben werden, wie es notwendig ist. Auf die Dauer stellt sich früher oder später eine Abneigung und auch eine Abstumpfung der Wirkung ein. Daher ist die Pefferminze als ein Dauergetränk *nicht* geeignet.
Es gibt für den Hausgebrauch eine ganze Reihe guter und recht schmackhafter Teemischungen, etwa fermentierte Erdbeer- oder Brombeerblätter. In den letzten Jahren hat sich der sogenannte abessinische oder äthiopische Tee eingeführt. Er stammt von einer Pflanze, die zu den Malvengewächsen gehört, mit dem botanischen Namen Hibiscus. Eine Fabrikmarke führt den bezeichneten Namen *Malva-Tee.* Die fleischigen Kelchblätter dieser Malvenart enthalten einen roten Farbstoff und Fruchtsäuren. Dadurch sieht der Tee rötlich aus und schmeckt angenehm säuerlich. Eine medizinische Wirkung kommt ihm nicht zu. Als erfrischendes, angenehmes Getränk ist er geeignet.

Eine weitere immer wieder aufgeworfene Frage geht dahin, ob die *Anwesenheit von grünen Pflanzen im Schlafzimmer schädlich* sein kann, weil sie durch ihre eigene Atmung zu viel Sauerstoff verbrauchen und ihn so dem Menschen entziehen. Auch könnte die Abgabe von Kohlensäure durch die Pflanzen die Zimmerluft verschlechtern. Hierauf gibt Dr. Ellmer B. Hardley, Chicago, in der größten amerikanischen Ärztezeitschrift, dem Journal of the American Medical Association (Vol. 201, Nr. 6, S. 497) eine wissenschaftlich exakte Antwort. Er berechnet genau, welche Sauerstoffmengen aus dem Schlafzimmer von den Pflanzen verbraucht und welche Kohlensäuremengen im Austausch dazu abgegeben werden. Das Resultat ist eindeutig und lautet: es ist keinerlei Schaden zu befürchten. Selbst wenn bis zu 13 große Philodendron-Pflanzen in einem Schlafraum von gewöhnlicher Größe stehen, würde sich der Sauerstoffgehalt der Luft nur um 0,04 Prozent vermindern, also in einer völlig zu vernachlässigenden Größenordnung. Ebenso ist der Anstieg an Kohlensäure in der Zimmerluft gering und völlig belanglos. Eine Person, welche abends die Pflanzen aus dem Zimmer trägt, würde bei dieser Tätigkeit mehr Sauerstoff verbrauchen und dem Zimmer entziehen, als die Pflanzen während ganzer 24 Stunden. Es ist also völlig überflüssig, sich die Mühe zu machen, die Pflanzen abends aus dem Schlafzimmer zu entfernen, und man braucht keine Sorgen zu haben, wenn sie darin verbleiben.
Gleiches gilt auch für ein *Krankenzimmer.* Hier kommen allerdings noch einige andere Gesichtspunkte hinzu. Manche mitgebrachten Blumen strömen einen starken *Duft* aus, der sowohl Gesunde, noch mehr aber Kranke stören kann. Meistens wirkt der Duft erregend und könnte dadurch den Schlaf des Kranken beeinträchtigen. Derartige blühende Pflanzen wird man also aus dem Zimmer abends entfernen, und überhaupt ist es nicht zweckmäßig, sie auch am Tage allzu lange im Zimmer stehen zu lassen. Man sollte auch im Krankenzim-

mer *grüne* Pflanzen bevorzugen und, entgegen dem allgemeinen Brauch, dem Kranken schöne Blumen zu bringen. Überdies ist zu beachten, daß es einige, wenn auch nur wenige Zimmerpflanzen gibt, die bei dafür disponierten Personen allergische Hautausschläge, Nießanfälle und ähnliches verursachen können. Das trifft vor allem zu für die bekannten Zimmerprimeln. In den Frühsommermonaten sei man vorsichtig mit blühenden Gräsern, wie sie vielfach den Blumensträußen beigegeben sind. Sie können ebenfalls allergische Erscheinungen im Sinne eines Heufiebers auslösen, wenn ein Kranker dazu neigt.

„Verjüngung" durch Heilpflanzen?

Ginseng

„*Verjüngung*" ist ein alter Traum der Menschheit. Zu allen Zeiten, in allen Ländern und bei allen Völkern hat man nach Mitteln gesucht, welche das Leben verlängern und bis ins hohe Alter hinein Frische und Kraft geben könnten. Pflanzliche Mittel spielen dabei eine große, meistens die bevorzugte Rolle. Nun wissen wir heute, daß es eine *echte* Verjüngung nicht gibt und nicht geben kann. Der Abbrauch an Lebenskraft und Funktion der Zellen und Organe schreitet unerbittlich fort. Aber immerhin ist es möglich, das *Ausmaß* dieses Fortschreitens aufzuhalten und trotz eines Abbrauches der Organe doch ihre *Funktion* noch relativ ausreichend zu erhalten. Aus diesen Bestrebungen heraus ist das große Gebiet der *Gerontologie* oder Geriatrie entstanden. Es ist die Lehre von den Altersleiden und ihrer Bekämpfung. Wenn es sich dabei um pflanzliche Mittel handelt, sprechen wir von einem *Phyto*-Geriatricum.

Zu den Heilpflanzen, die seit einiger Zeit auch bei uns als „Verjüngungsmittel" ganz besonders angepriesen wurden, gehört die *Ginseng*. Es ist die Wurzel von Panax Ginseng, einer Pflanze, die in den Urwäldern der Mandschurei und des inneren China wild vorkommt, allerdings so selten, daß schon in frühesten Zeiten das Sammeln eine ganz besondere und schwierige Aufgabe war. Es galt gleichsam als eine kultische Handlung. Die Sammler gingen einzeln in den Ur-

wald. Vorher mußten sie sich einer religiösen Reinigung unterziehen. Die Ginseng wächst im Urwald immer nur ganz verstreut, an einzelnen Stellen. Kam der Sammler nach einigen Monaten mit einem Sack Ginseng-Wurzeln zurück, so stellte das ein kleines Vermögen dar.
Die Ginseng ist eine der ältesten Heilpflanzen in Ostasien, vor allem in China und Korea. Wahre Wunderdinge werden von ihr berichtet. Gegen die allerverschiedensten Krankheiten soll sie helfen. Vor allem aber soll sie bis ins hohe Alter hinein frisch erhalten und das Leben zu verlängern vermögen. Die Berichte über die Ginseng reichen in China weit zurück. Wir lesen darin, daß bei einer Hochzeit die Schwiegermutter dem Schwiegersohn eine Ginsengwurzel schenkte. Ebenso erhielt die Frau bei der Geburt Ginseng, um den Geburtsvorgang zu erleichtern. Wenn der Kaiser im alten China einen hohen Beamten zu seinem 70. oder 80. Geburtstage besonders ehren wollte, schenkte er ihm eine Ginsengwurzel, und zwar die *echte* Ginseng aus dem Urwald, die schon damals fast mit Gold aufgewogen wurde.
Da der Bedarf an Ginseng aus dem Sammeln in den Urwäldern bei weitem nicht gedeckt werden konnte, war man schon frühzeitig zum Anbau übergegangen. Überraschende Dinge haben sich dabei herausgestellt, nachdem sich das Interesse auf die Ginseng mehr und mehr konzentrierte. In Korea und der Mandschurei ist der Anbau der Ginseng bereits sehr alt. Aber er reichte nicht aus. So wurde schon vor Jahrzehnten in Nordamerika, vor allem in Kanada, die Ginseng angebaut, und zwar nicht die Panax Ginseng, sondern eine nahe Verwandte, Panax quadrifolius. Sie wurde dann nach China ausgeführt. Heute werden in Rußland große Mengen Ginseng angepflanzt und ebenfalls nach China exportiert. Man züchtet sie dort auf Feldern, die man als Schutz vor zu intensiver Sonnenbestrahlung mit Zelten überdeckt, um so urwaldähnliche Bedingungen herzustellen. Bei dieser angepflanzten Ginseng wird die Wurzel bereits nach drei bis vier Jahren geerntet, während sie im Urwald wesentlich älter wird, oft viele Jahrzehnte. Aber sie soll der echten Ginseng aus dem Urwald an Wirkung kaum nachstehen.
Über Inhaltsstoffe und Wirkungsweise der Ginseng wußten wir bis vor kurzem nur sehr wenig. Die Chinesen haben sich, wie es der Art ihrer Heilkunde entspricht, kaum um die Inhaltsstoffe gekümmert, sondern waren zufrieden mit der aus der *Erfahrung* festgestellten Wirkung. Neue Untersuchungen haben ergeben, daß in der Ginseng kein besonderer, einzelner Wirkstoff enthalten ist. Man fand Saponine, Vitamine der B-Gruppe und hormonähnliche Substanzen. Es ist also bei der Ginseng ähnlich wie bei vielen anderen, auch heimischen Arzneipflanzen, daß nämlich erst die *Summe* einer ganzen Reihe an sich wenig wirkungsvoller Stoffe den gesamten Heileffekt ergibt. Neuerdings haben sich besonders bulgarische Forscher eingehend mit der Ginseng beschäftigt und sind dabei zu bemerkenswerten Ergebnissen gekommen. Sie haben gefunden,

daß die Ginseng ein *Psychotonikum* darstellt, also einen Angriffspunkt im Gehirn hat. Es kommt zu einer Förderung der psychischen Funktionen in einem umfassenden Sinne, zu einer allgemeinen Tonisierung, einer Hebung der Stimmmung und einer Besserung depressiver Erscheinungen. Das ist sicher nicht nur für alte Leute vorteilhaft. Aber ein besonderer Einfluß gerade auf die Abbauvorgänge des Alters liegt keineswegs vor. Dieser stimulierende Effekt erklärt es nun auch, daß die Ginseng bei so verschiedenen Krankheitszuständen zur Anwendung kam.

Auf einem Gerontologischen Symposium in Lugano im April 1975 wurden die derzeitigen Kenntnisse über die Ginseng von Fachleuten aus den verschiedensten Ländern, auch aus Japan, zusammengefaßt. Sie bestätigten das bisher schon Bekannte und konnten es noch erweitern. Die Ginsengwurzel enthält ein Gemisch von mehreren Glykosiden mit Saponincharakter, Beta-Sistosterin, eine auf das sympathische Nervensystem wirkendes Glykosid Ginsenin, ein ätherisches Öl Panaxin, eine höhere Fettsäure (Panaxsäure) und noch eine ganze Reihe anderer Substanzen, die erst in ihrem harmonischen Zusammenspiel den therapeutischen Effekt herbeiführen. Er besteht in Steigerung der körperlichen und geistigen Leistungsfähigkeit und des Konzentrationsvermögens. Der Hirnstoffwechsel wird angeregt, die Leberfunktion gefördert, die Ermüdung der Muskulatur wird geringer.

In Korea sind heute der Anbau und die Verarbeitung der Ginseng-Pflanze staatlich geregelt und werden sorgfältig überwacht. In den Handel kommt nur der naturreine Korea-Ginseng-Extrakt, also die reine Droge in Form einer sirupösen, dickflüssigen Zubereitung, hergestellt aus siebenjährigen Pflanzen in Korea selbst und in Originalpackungen ausgeführt. Damit soll garantiert sein, daß es sich wirklich um die eine echte und wirksame Ginseng-Droge handelt. Das wurde notwendig, weil viele Verfälschungen oder unreine Produkte in den Handel kamen und in mannigfachen Laien-Präparaten verkauft werden, mit den entsprechenden Lobpreisungen und vielfach zu einem überhöhten Preis. Ein wirklich zuverlässiges Ginseng-Präparat sind die *Ginsana-Kapseln* der Fa. Pharmaton, und der gleiche reine Korea-Ginseng-Extrakt ist auch in dem *Geriatric-Pharmaton* enthalten, von dem man täglich morgens 1 Kapsel nimmt. Nach Saponinen standardisiert ist das neue *Aktiv-Ginseng-Tonikum* der Fa. Klosterfrau, morgens und mittags 1 Eßlöffel.

Neuerdings wird, gleichsam als ein billiger Ersatz für die teure Ginsengwurzel, eine Pflanze angepriesen, die im östlichen Teil von Sibirien reich wildwachsend vorkommt. Es ist *Eleutherococcus senticosus*, ein etwa 2 m hoher dorniger Strauch, nach seinem Vorkommen in Sibirien auch *Taigawurzel* genannt. Er gehört zur Familie der Araliaceen. Auch in den angrenzenden Teilen des nördlichen China, in Korea und in Japan wächst er wild. Verwendet wird ein Extrakt aus der Wurzel. Auch die Blätter sollen Wirkstoffe enthalten, aber doch in geringeren Mengen. Die Inhaltsstoffe von Eleutherococcus sind die Eleutheroside A bis M. Dabei handelt es sich wie bei Ginseng um Glykoside. Sie sollen auch in ihrer Wirkung den Ginsenosiden nahestehen. Demgemäß sind die Anwendungsgebiete derjenigen der Ginsengwurzel ähnlich, also hauptsächlich allgemein tonisierend mit besonderer Betonung des Nervensystems.

Darüber hinaus aber werden Eleutherococcus noch weitere Eigenschaften zugeschrieben. Als Hauptanwendungsgebiet gilt die *Verhütung und Behandlung von Erkältungskrankheiten und Grippe.* In Grippezeiten soll ein Eleutherococcus-Extrakt vor Erkältung schützen und die Arbeitsfähigkeit erhalten. Grippeerkrankungen verlaufen leichter. Es handelt sich um dasjenige, was wir als eine generelle *Resistenzsteigerung* bezeichnen, also eine Hebung der körpereigenen Abwehrkräfte gegenüber Infekten der verschiedensten Art. Auch bei gesunden Menschen soll Eleutherococcus die Leistungsfähigkeit und die Ausdauer fördern, z.B. bei Bergsteigern, Tauchern, Schwerarbeitern u.a. Es ist verständlich, daß Eleutherococcus auch bei uns einzuführen versucht wird. Es gibt bereits einige Eleutherococcus-Präparate im Handel, z.B. „Eleutherokok" der Fa. Pharma-Inter-Med, Hamburg, und die Eleutherococcus-Tropfen der Fa. Bioforce (7145 Markgröningen), dreimal täglich 20 Tropfen.

China gilt als das Ursprungsland des *echten Tees.* Der Teestrauch, Camellia sinensis, stammt aus Südwest-China und wurde dort schon vor fast 5000 Jahren als Tee gebraucht. Man verwendet für den echten Tee die Blätter der immergrünen Pflanze. Die Stengelspitzen mit den zwei folgenden Blättern werden in Abständen von jeweils 10 Tagen abgepflückt, zunächst zum Welken gebracht und dann gerollt. Nunmehr werden sie in warmen und feuchten Räumen einer Fermentation unterzogen. Erst dabei entsteht der charakteristische Geschmack des Tees. Zur Haltbarkeit, um die Bakterien zu vernichten, werden die Blätter zuletzt noch geröstet. Die Teestunde war bei den Chinesen seit altersher eine fast heilige Handlung. Man verglich nicht nur die einzelnen Teesorten, sondern auch ihre Zubereitung. Je nach dem Quellwasser, das hierfür genommen wurde, soll der Geschmack verschieden sein. Nun haben neue Untersuchungen von einigen amerikanischen Forschern, W. Young, R. L. Hotovec und A. G. Romero von der Universität California, darauf aufmerksam gemacht, daß man bei den Chinesen auffallend wenig Arteriosklerose findet und dies mit dem geringen Gehalt des Blutes an Blutfetten (Lipiden) in Zusammenhang bringt. Als Ursache dafür vermuteten sie den dort so verbreiteten, das ganze Leben hindurch fortgesetzten Genuß des echten Tees. Das ließ sich nun in Tierversuchen überraschend sicher beweisen. Sie gaben Kaninchen 3 Monate lang eine an Ölen und Cholesterin reiche Kost. Dabei entwickelten die Kaninchen schnell eine Arteriosklerose. Nun bekamen in einer zweiten Versuchsserie Kaninchen eine gleiche fettreiche Kost, aber dazu als Getränk echten Tee. Diese Gruppe zeigte deutlich geringere arteriosklerotische Veränderungen. Der Schluß liegt demgemäß nahe, die geringe Arteriosklerose-Häufigkeit bei den Chinesen mit dem Tee-Genuß in ursächlichen Zusammenhang zu bringen. Demnach würde der Tee eine Schutzwirkung ausüben, also ein echtes Arteriosklerose-Prophylaktikum sein. Bei bereits vorhandener Arteriosklerose vermag er nach Meinung der amerikanischen Autoren nicht mehr heilend zu wirken.

Bemerkenswert und praktisch bedeutsam sind die *Unterschiede zwischen Kaffee und Tee.* Es ist bekannt, daß viele Menschen den Kaffee gar nicht gut vertragen. Er macht ihnen Herzbeschwerden und stört erheblich das abendliche Einschlafen. Dagegen wird der Tee in der Regel weit besser vertragen, stört das Herz nicht und auch nicht den Schlaf. Dabei sind die anregend wirksamen Substanzen in beiden gleich, im Kaffee das Coffein, im Tee das chemisch damit identische Thein. Neue Forschungen haben nun ergeben, daß der echte Tee nicht nur das zentral erregend wirkende Thein enthält, sondern noch eine andere Substanz, das *Theanin,* das die Krampfbereitschaft herabsetzt und dem Coffein bzw. Thein entgegenwirkt, also ein Coffein-Antagonist ist. Es vermag auf diese Weise dessen anregende Wirkung abzuschwächen. In den Kaffeebohnen ist dieses Theanin nicht enthalten. So haben wir hier eine ganz neue Erklärung für die verschiedene Wirkung von Kaffee und Tee.
Gehen wir weiter zu den alten Kulturvölkern Asiens, so kommen wir zunächst nach *Indien.* Auch von dort wird über eine Heilpflanze berichtet, die bei Alterszuständen besondere Wirkungen hervorbringen soll. Sie führt den Namen *Soma.* In einer der ältesten Sanskrit-Schriften, dem Rigveda, einer Gedichtsammlung der indogermanischen Völker, die schon in frühesten Zeiten nach Indien einwanderten, wird die Soma-Pflanze verherrlicht. Mehr als 20 Gedichte preisen Soma, den heiligen Trank der alten Inder. Nur der Priester durfte ihn bei der Opferhandlung zu sich nehmen. Er wurde in besonderer Weise bereitet. Fleischige Stengelteile wurden einer Art Gärung unterzogen, das Gemisch dann durchgesiebt und mit Milch versetzt. Soma gibt Kraft, Mut, langes Leben und vor allem Weisheit. So beginnt eines der Gedichte „An Soma“ (in eigener freier Übersetzung) mit den Worten:

„Als Weiser habe ich Soma,
den süßen Krafttrunk,
zu mir genommen,
der Göttern unsterbliche Kraft
und innerste Freiheit verschafft.“

Nicht nur die Menschen, auch die Götter sollten sich durch Soma zu Weisheit und Licht steigern können. Wir sehen dabei einen deutlichen Anklang an die Götterspeisen Nektar und Ambrosia der alten Griechen.
Welche Pflanze die Inder als Soma bezeichneten, läßt sich aus den alten Schriften nicht ersehen. Eine der neueren Meinungen geht dahin, daß es wohl eine Rheum-Art war, also eine Rhabarber-Pflanze, von der wir wissen, daß ihre Urform in Innerasien zu suchen ist. Eine andere Version nimmt eine Ephedra-Art als Soma an. Das klingt viel wahrscheinlicher, denn von der Ephedra wissen wir, daß sie eine allgemein anregende Wirkung auf das sympathische Nervensystem und auf den Kreislauf auszuüben vermag. Sie enthält das Ephedrin, das wir heute als Arzneimittel gebrauchen und das der Ausgangspunkt einer großen Zahl neuer Arzneimittel wurde. Ephedrin ist ein Mittel gegen das Asthma, das den Krampf der kleinen Bronchien zu lösen vermag; es hebt den Blutdruck und tonisiert ebenfalls das Zentralnervensystem. Es sind also Wirkungen, die der Ginseng nicht unähnlich sind, sogar noch viel stärker und in mancher Richtung darüber hinausgehend. Bemerkenswert ist, daß die Ephedra in China schon immer bekannt war und ihre Einführung in die westliche Medizin von dort ausgegangen ist. Wahrscheinlich aber enthielt der Soma-Trank nicht nur eine einzelne Pflanze, sondern eine Vielzahl, bei denen aber derartige tonisierende Mittel wohl die Hauptrolle spielten.
Nähern wir uns weiter dem Abendland, so finden wir in *Arabien* und im Hochland von Abessinien eine Pflanze, die dort als Altersmittel hoch geschätzt wird. Es ist der *Kat,* Catha edulis. Es ist ein kleiner Strauch, dessen Blätter gekaut werden, wie es ursprünglich ja auch in Amerika mit den Blättern des Tabaks geschah. Der Kat kommt vorzugsweise im südlichen Teil Arabiens vor, dem glücklichen Arabien (Arabia felix), wie man es seit alters her nennt, dem fruchtbaren Gebirge mit reichlich Niederschlägen, aus dem angeblich die Königin von Saba zu Salomo gezogen kam. Im Gegensatz zu der Arabia felix wurde schon von den Alten der nördliche Wüstenteil Arabiens als Arabia deserta, als die arabische Wüste, bezeichnet. Der Kat enthält Nor-iso-Ephedrin, also eine ganz ähnliche Substanz, wie wir sie im Soma vermuten. Es ist immer wieder das gleiche Prinzip. Auch dieser Ephedrin-Abkömmling wirkt allgemein tonisierend, anregend auf den Zentralnervensystem und auf den sympathischen Anteil der vegetativen Regulationen. Es ist daher kein Wunder, daß der Kat in diesen Ländern weite Verbreitung gefunden hat. Von dem bei einer Revolution umgekommenen König des Jemen wird berichtet, daß er katsüchtig war und sich nur auf diese Weise in seinem hohen Alter noch frisch zu erhalten vermochte. Ausgeführt wird der Kat nicht, denn er ist nur in *frischem* Zustande wirksam. Daher kommt er als Droge nicht in Betracht.
Auch die alten *Ägypter* hatten ihr Altersmittel: den *Knoblauch.* Wir sehen schon auf ältesten Reliefs dargestellt, wie der Knoblauch in großen Schalen den

Priestern im Heiligtum dargebracht wird. Auch heute noch gilt der Knoblauch in allen Ländern des Vorderen Orients als ein Mittel, um das Leben zu verlängern und Frische und Kraft bis in das hohe Alter hinein zu erhalten. Als solches hat er volle Berechtigung, und da gerade in letzter Zeit einiges wesentliche *Neue* über die heilenden Kräfte des Knoblauchs hinzugekommen ist, wird er in einem eigenen Kapitel besprochen.
In den übrigen Mittelmeerländern, zumal in Griechenland, Italien und Spanien, stand von jeher eine andere Pflanze als Altersmittel im Vordergrund, der *Rosmarin* (Rosmarinus officinalis). Schon früh kam er durch die Römer nach Süddeutschland, und seine Kenntnis und Anwendung breitete sich bald weithin aus. Er ist uns heute zu einem so wesentlichen Heilmittel geworden, von dem wir mannigfaches Neue kennengelernt haben, daß auch ihm ein eigener Abschnitt gewidmet wurde. Der Rosmarin ist ein vorzügliches Tonikum für Nerven und Kreislauf. Es kommt demnach bei den so vielen Altersmitteln aus der Pflanzenwelt, in den verschiedensten Ländern und zu allen Zeiten, im Grunde immer wieder auf das Gleiche hinaus. Man fand *Anregungsmittel*, vor allem für das Nervensystem, die bei einem Nachlassen der Kräfte im zunehmenden Alter nützlich sein können. Es ist erstaunlich, wie jedes Land sein *eigenes* Altersmittel entdeckte, das im wesentlichen dasselbe leistet wie dasjenige anderer Länder und sogar ferner Erdteile. Warum also in die Ferne schweifen?! Mit anderen Worten: lohnt es sich, lohnen sich vor allem die hohen Kosten, aus fernen Ländern Arzneimittel heranzuschaffen, die zumindest nicht mehr zu leisten vermögen als die einheimischen?
Aufschlußreich in dieser Hinsicht sind die Altersforschungen der rumänischen Ärztin Prof. *Aslan*. Sie glaubte gefunden zu haben, daß eine als lokales Betäubungsmittel schon lange bekannte und in der Chirurgie viel gebrauchte Substanz, das Procain, bei uns unter dem Fabriknamen *Novocain* im Handel, bei alten Leuten eine auffallende Aktivierung herbeizuführen vermag. Das ging um die ganze Welt, und alle Illustrierten brachten große Berichte darüber. Das Novocain wird zu diesem Zweck in die Muskulatur eingepritzt, längere Zeit hindurch kurmäßig. Aber die Nachprüfungen haben enttäuscht. Eine große englische Forschergruppe glaubt, nach der Novocain-Behandlung nicht mehr gesehen zu haben, als was man bei guter aufmerksamer Pflege alter Leute allein schon damit erreichen kann. Auch die Ärzte in den USA, die besonders begierig nach einem neuen und wirklich wirksamen Altersmittel Ausschau halten, äußerten sich skeptisch bis ablehnend. Neuerdings ist es nun gelungen zu zeigen, daß sich das Novocain bei der Einspritzung in den menschlichen Körper schon innerhalb weniger Minuten zersetzt. Von den beiden entstehenden Spaltprodukten ist nun eines, das Diaethylaminomethanol, dem eine anregende (stimulierende) Wirkung zukommt. Wahrscheinlich ist diese wenigstens zu einem *Teil* dafür verantwortlich, daß die Behandelten sich nach den Injektionen

besser fühlen. Es wird also beim Procain ähnlich wie bei der Ginseng so sein, daß man trotz des Fehlens erheblicher und vor allem besonderer (spezifischer) Wirkungen auf den gealterten Organismus nicht sagen kann, daß überhaupt kein Effekt vorhanden sei. Aber er beschränkt sich eben auf den allgemein anregenden Einfluß, ohne in den eigentlichen Altersvorgang einzugreifen.
Bei uns hat sich in den letzten Jahren ebenfalls eine heimische Pflanze als Altersmittel ganz in den Vordergrund geschoben: der *Weißdorn,* Crataegus. Er ist das Altersmittel *unserer* Gegend. Dabei hat er eine wirklich beachtliche Besonderheit. Im Gegensatz zu den bisher genannten Altersmitteln ist er *kein* Tonikum oder Stimulans, sondern vermag unmittelbar auf das Herz, und zwar auf die Herzkranzgefäße und den Herzmuskel, günstig einzuwirken. Mit Recht nennt man ihn deshalb das pflanzliche Pflegemittel für das alternde Herz. Da über seine Wirksamkeit noch eine lebhafte Diskussion im Gange ist, werden wir uns in einem eigenen Kapitel näher mit dem Weißdorn beschäftigen müssen.
Insgesamt hat also die Phytotherapie bei den Altersleiden recht beachtliche Ansatzpunkte, und es ist berechtigt, von einer eigenen *Phyto*-Geriatrie zu sprechen. Wir können auswählen, was uns im Einzelfalle und je nach der vorherrschenden Störung am meisten angebracht erscheint. Als eine *mild* wirkende Therapie, die sich wegen der guten Verträglichkeit und des Fehlens stärkerer Nebenwirkungen besonders für die bei diesen alten Menschen notwendige *Langzeit*-Darreichung eignet, sind die Heilpflanzen früher wie heute aus der Geriatrie nicht fortzudenken. Erfahrung und neue wissenschftliche Forschung haben uns auf diesem Gebiet Einsichten gebracht, die wir zum Wohl der alten Menschen zu nützen vermögen.
Allerdings vergesse man nicht, daß für den alten Menschen das beste und sicherste Mittel eine sorgfältige *Pflege* und Betreuung ist und bleibt, trotz aller Versuche zur medikamentösen Unterstützung. Darüber sind sich alle Altersforscher einig, und diese Tatsache wurde bei einem Rundtischgespräch im Hôpital Necker in Paris von maßgeblichen Forschern ganz groß herausgetellt. Die potentielle Lebensdauer ist eine individuelle Konstante, an der wir nichts oder kaum etwas zu ändern vermögen. Wohl aber können wir die besten Bedingungen für das Altern zu schaffen suchen und bestehende Beschwerden lindern. Dies freilich muß mit milden, auf jeden Fall unschädlichen Mitteln geschehen. Dafür bieten sich die genannten Heilpflanzen an. Die pflanzlichen Altersmittel, die wir wissenschaftlich Phyto-Geriatrica nennen, haben hier ihren gesicherten Platz.

Die Wirkungsweise des Weißdorns

Weißdorn

Der Weißdorn ist in verhältnismäßig kurzer Zeit eines der meistgebrauchten Mittel der Herztherapie geworden. Das ist um so bemerkenswerter, als es sich hierbei um eines der verbreitetsten Gewächse unserer Wälder handelt. Verwandt werden hauptsächlich die Blüten (Flores Crataegi), aber auch die Blätter (Folia Crataegi). Vielfach werden beide zu gleichen Teilen gemischt: Flores et Folia Crataegi. Aber auch die Weißdornfrüchte (Fructus Crataegi) haben sich als wirksam erwiesen und finden vor allem für die industrielle Auswertung Verwendung, teils als reife, teils als unreife Früchte. Die beiden heimischen Weißdornarten, Crataegus oxyacantha und Crataegus monogyna, gelten als gleichwertig, dagegen die in Anlagen gepflanzten und manchmal verwilderten sonstigen Weißdorn-Arten als Verfälschung. Man erkennt sie vielfach schon an den erheblich längeren Dornen und den größeren Blüten. Auch der in Parkanlagen oft gepflanzte Rotdorn, eine rotblühende Abart des heimischen Weißdorns, findet keine medizinische Verwendung.

Die rasche Ausbreitung des Weißdorns in der Heilkunde unserer Tage erinnert in gewisser Weise an den Roten Fingerhut. Nachdem Withering vor fast 300 Jahren die Digitalis als die wirksame Heilpflanze in einem Teegemisch der Volksheilkunde entdeckt hatte, kam es in kurzer Zeit zu einem wahren Siegeslauf der Digitalis, zunächst in England selbst, dann aber weit darüber hinaus und auch bei uns. Heute ist die Digitalis aus der Herztherapie nicht mehr fortzudenken. Sie ist für das kranke Herz in einer geradezu idealen Weise geeignet. Wollte man künstlich ein Mittel zur Behandlung eines versagenden Herzens zusammenstellen, so könnte man kaum zu einem besseren Wirkstoff kommen, wie ihn uns die Natur in der Digitalis selbst bietet. Alle Versuche, synthetische Verbindungen herzustellen, welche etwa eine ähnliche Wirkung ausüben könnten, sind restlos gescheitert. Man lasse sich nicht dadurch täuschen, daß es einige Digitalis-Präparate gibt, die – wie man es nennt – *halbsynthetisch* verändert wurden, um die Löslichkeit zu verbessern und damit den Eintritt der Wirkung zu beschleunigen. Aber auch hierbei handelt es sich lediglich um geringe chemische Veränderungen des Digitalismoleküls, wobei das Wesen der Digitalis als Naturstoff unverändert bleibt. Bei der Therapie des insuffizienten Herzens beherrscht das pflanzliche Arzneimittel uneingeschränkt das Feld. Hier wird aber auch gleichzeitig der Gegensatz zwischen Digitalis und Crataegus deutlich. Die Anwendung der Digitalis ist die sog. „große“ Herztherapie.

Sie gehört in die Hand des erfahrenen Arztes und erfordert spezielle Kenntnisse, sowohl hinsichtlich der Wirkungsweise, der Anwendung und Dosierung als auch der Nebenwirkungen. Schon Withering hatte sich mit den giftigen Eigenschaften der Digitalis eingehend befaßt, und seine Beobachtungen waren so gut, daß wir bis heute kaum Wesentliches hinzuzufügen brauchten.
Es war ihm eine besonderes Anliegen, festzustellen, daß trotz mancher toxischer Effekte die Heilkraft der Digitalis derart bedeutend ist, daß diese Nebenwirkungen darüber weitgehend in den Hintergrund treten und z. T. auch mit in Kauf genommen werden müssen.
Seit Withering hat die Digitalis-Forschung allerdings ganz große Fortschritte gemacht. Es ist gelungen, aus den Digitalisblättern die Reinsubstanzen zu isolieren, aus dem bei uns wild wachsenden *Roten Fingerhut,* Digitalis purpurea, das *Digitoxin,* aus dem *Wolligen Fingerhut,* Digitalis lanata, der in Südrußland wild wächst und sich bei uns feldmäßig anbauen läßt, das Digoxin. Beide Herzglykoside liegen heute in Form zahlreicher Fertigpräparate unter den verschiedensten Namen vor. Sie haben das alte Blätterpulver und den Digitalis-Infus völlig verdrängt und sind gute Beispiele für ein echtes Phytopharmakon. Aber man muß mit ihnen umzugehen wissen, da therapeutische und toxische Dosis sehr nahe beieinander liegen. So erfordert auch heute noch die Digitalistherapie große Kenntnis, ja geradezu ein ärztlich-intuitives Feingefühl, und ist eine Wissenschaft für sich geworden.

Ganz anders verhält es sich nun mit dem Weißdorn. Er ist der Prototyp der Mittel für die „kleine" Herztherapie. Toxische Wirkungen sind nicht zu befürchten, selbst nicht bei grober Überdosierung und ebensowenig bei langdauernder Anwendung. Die Wirkung tritt auch nicht schnell ein wie bei der Digitalis, sondern läßt immer erst längere Zeit auf sich warten. Sie ist auch keineswegs so deutlich, sondern zeigt sich zunächst in einer schwer faßbaren subjektiven Erleichterung, über welche die Kranken aber doch immer wieder und mit großer Eindringlichkeit berichten. Sie fühlen sich leichter, leistungsfähiger, der Druck in der Herzgegend und die Neigung zu Beklemmungsgefühl verschwinden.

Aus diesen Unterschieden folgt nun auch, daß die beiden Pflanzen ein ganz verschiedenes Anwendungsgebiet haben. Die Digitalis ist das souveräne Mittel für das versagende, schwer kranke Herz. Solange das Herz noch keine deutlichen Zeichen eines solchen Versagens zeigt, ist zumindest der „große" Digitalis-Effekt nicht zu erwarten. Die Kraft des gesunden Herzens läßt sich durch Digitalis nicht steigern. Daher ist auch eine vorbeugende Anwendung im eigentlichen Sinne nicht möglich. Wo die Digitalis vorbeugend zu wirken scheint, handelt es sich bereits um eine schon bestehende Herzkrankheit.

Der Weißdorn ist dagegen das ausgesprochene Mittel für die „degenerativen" Zustände am Herzen. Seine besonderen Indikationsgebiete sind das Altersherz, das noch nicht versagende Herz beim hohen Blutdruck und das Herz bei der Erkrankung der Herzkranzgefäße. Diese haben ihren Namen davon, daß die rechte und linke Kranzarterie das Herz in kranzförmiger Weise umgeben und mit dem ganz frischen Blut versorgen, das aus der Aorta gleich an ihrem Ursprung aus dem Herzen kommt. Vom lateinischen Wort corona = Kranz leitet sich die wissenschaftliche Benennung Koronarterien ab, und man spricht daher heute von der „koronaren Herzkrankheit" (abgekürzt KHK) als der häufigsten Ursache der Angina pectoris und des Herzinfarktes.
Es ist ja gerade in heutiger Zeit unsere große Sorge, daß sich die Abbraucherscheinungen am Herzen durch Arteriosklerose und hohen Blutdruck erst dann sicher diagnostizieren lassen, wenn sie bereits zu erheblichen oder sogar dramatischen Komplikationen geführt haben wie der Angina pectoris oder dem Herzinfarkt. Selbst durch das Elektrokardiogramm und andere Untersuchungsmethoden ist eine frühzeitige Erkennung und vor allem die Wertung des Ausmaßes der bereits eingetretenen Veränderungen nur sehr unvollkommen oder gar nicht möglich.
Andererseits aber steht diese große Gruppe der degenerativen Herzschäden heute ganz im Mittelpunkt unseres Interesses. Wir haben erkannt, wie häufig sie sind und wie stark sie in letzter Zeit zugenommen haben. Das fordert zu einer Therapie und noch mehr zu einer Prophylaxe heraus. Hier liegt nun auch der Schwerpunkt der Anwendungsmöglichkeiten des Weißdorns. Die Kritik wird aber sofort fragen: Wie läßt sich dies beweisen? Das ist in der Tat der wesentlichste Teil der Problematik der Weißdorn-Therapie. Da die Zustände, um die es sich hier handelt, sich selbst schon der Diagnostik in weitem Maße entziehen, läßt sich auch die Wirkung und der Erfolg einer Behandlung kaum sicher feststellen, zumindest nicht mit einer gleichen Deutlichkeit, wie wir sie von der Digitalis gewöhnt sind. Trotz aller dieser Schwierigkeiten muß man sich aber bemühen, zu einigermaßen ausreichenden Kriterien zu kommen. Wir wissen, daß selbst die heute so ganz im Vordergrund stehenden Maßnahmen

Mild und stark wirkende Heilpflanzen bei Herz-Kreislaufkrankheiten

Phytotherapeutica

Mite- ←——————————————→ Forte-

Crataegus — Digitalis, Strophanthin

Medio-
(zahlreiche Übergänge)

Arnika, Convallaria

der Rehabilitation und der Kurverfahren bei den degenerativen Herzkrankheiten noch längst nicht in dem gewünschten und erforderlichen Ausmaß objektiv bewiesen sind. Das gilt nicht minder von der medikamentösen Therapie und somit auch vom Weißdorn.

Können die rehabilitativen Maßnahmen, von deren Wert wir heute mehr subjektiv als objektiv überzeugt sind, durch einfache und unschädliche Medikamente wie den Weißdorn nicht zumindest unterstützt werden? Sollte dies möglich und berechtigt sein, so würde man an der vergleichsweise so billigen und einfachen Verabfolgung eines pflanzlichen Mittels gewiß nicht vorübergehen können.

Aufschluß wird man sich hinsichtlich des Weißdorns zunächst von der Erforschung seiner Inhaltsstoffe und ihren pharmakologischen Eigenschaften versprechen. Aber auch hier zeigt sich ein weiterer Unterschied zur Digitalis. Nach vielen Untersuchungen und langen Umwegen ist es gelungen, im Digitoxin die wichtigste der wirksamen Substanzen der Digitalis zu erhalten. Mit Recht wird daher Digitoxin hauptsächlich verwandt. Immerhin war es auch schon bei der Digitalis deutlich, daß uns zunächst ein Gemisch der verschiedensten Wirkstoffe von der Pflanze geboten wurde, das nur schwer zu entwirren war. Noch mehr gilt dies vom Weißdorn. Wie es scheint, sind bei ihm Flavone und Flavonoide die wesentlichsten wirksamen Substanzen. Aber es kann keinem Zweifel unterliegen, daß noch eine ganze Reihe anderer Stoffe hinzukommen, die für den Gesamteffekt nicht zu entbehren sind. Wir kennen sie wahrscheinlich nur zum Teil. Jedenfalls ist es noch immer das Rationellste, sich an einem Gesamtextrakt aus der ganzen Pflanze zu halten. Nur von ihm wird man eine volle Crataegus-Wirkung zu erwarten haben.

Über die Wirkung dieser Weißdorn-Gesamtaufbereitungen ist viel und eifrig geforscht worden. Zunächst wurde festgestellt, daß im Weißdorn keine der Digitalis ähnlichen Stoffe enthalten sind. Die Wirkung muß also nach einer gänzlich anderen Richtung gehen. Ferner zeigte es sich sehr bald, daß der Effekt einer Einzelgabe nur sehr gering ist. Im Ratten-Schwimmversuch war überhaupt nicht zu erweisen, daß durch Crataegus die Herzkraft gestärkt wird. Die Ratten gingen in genau der gleichen Zeit unter, als wenn sie überhaupt kein herzwirkames Mittel bekommen hätten. Nach allen diesen Versuchen war es daher kaum zu verwundern, daß sich bis in die neueste Zeit hinein namhafte Pharmakologen sehr skeptisch oder sogar völlig ablehnend über den Weißdorn aussprachen.

Neuerdings ist es aber doch gelungen, die Wirkungsweise des Weißdorns eingehender zu klären. Drei Angriffspunkte des Weißdorns haben sich herausgestellt: zunächst eine Steigerung der coronaren Durchblutung. Sie ist nicht sehr stark, aber doch immer wieder deutlich. Das war die erste Wirkung, die vom Weißdorn festgestellt wurde. Dazu kam eine zweite, die man erst neuerdings genauer erkannte: eine Einwirkung auf die Herzmuskelzellen selbst, und zwar auf diejenigen Zellgruppen im Herzmuskel, die als Energielieferanten für die Herzkraft gelten. Dazu hat sich als dritter Effekt noch eine Einwirkung auf das Reizleistungssystem des Herzens herausgestellt, die allerdings nur bei der intravenösen Injektion größerer Extraktmengen in Erscheinung zu treten scheint.

Für die praktische Anwendung des Weißdorns sind offensichtlich die beiden ersten Wirkungen weitaus am wichtigsten: die Erweiterung der Herzkranzgefäße und die Förderung der Kraft im Herzmuskel selbst. Beide ergänzen sich in geradezu idealer Weise und führen dazu, daß das degenerativ geschädigte Herz länger leistungsfähig bleibt. Diese unmittelbare Wirkung am Herzmuskel und Herzstoffwechsel konnte neuerdings pharmakologisch in eindeutigen Experimenten gezeigt werden. Dadurch mußten sich auch die bisherigen Skeptiker überzeugen lassen.

Die wesentlichste Hilfe für das Verständnis der Weißdorn-Wirkung kam uns jedoch überraschenderweise von ganz anderer Seite. Wie so oft beim Fortschritt der Wissenschaft, war es eine Zufallsbeobachtung, die mit der Erforschung der Weißdorn-Wirkung zunächst gar nichs zu tun hatte. Ausgangspunkt waren Untersuchungen auf dem Gebiet der Vererbungsforschung in der Zoologie. Prof. B. *Klatt,* der Direktor des zoologischen Instituts der Universität Hamburg, berichtete 1956 über seine Beobachtungen bei Zuchten des Schwammspinners, Ocneria dispar, die zu Zwecken der Vererbungsforschung gemacht wurden. („Die Wirkung von Crataegus als Futter bei Raupen", Arzneim.-Forschg. 16:687). Die Schwammspinner wurden in strengster Inzucht Jahr für Jahr weitergezüchtet. Dabei zeigte es sich, daß die Falter nach einigen Jahren immer kümmerlicher wurden, die Befiederung unansehnlicher, und die Zahl der Eiablagen immer mehr zurückging. Die Zucht war allem Anschein nach dem Aussterben nahe. Es schien sich also zu bewahrheiten, daß Inzucht zu einer vorzeitigen Degeneration der Stämme führt.

Hier kam nun der Zufall zu Hilfe. Die Schwammspinner wurden bisher mit Erlenblättern gefüttert, von denen sie auch in der Natur leben. Eines Tages erhielt der Zoologe den Besuch eines erfahrenen Schmetterlingzüchters, also eines Mannes, dessen Beruf es war, Schmetterlinge für den Verkauf heranzuziehen. Er verfügte demgemäß auf diesem Gebiet über besondere Erfahrungen. Als er die degenerierte Schwammspinnerzucht sah, riet er dem Zoologen, die Ernährung radikal umzustellen und die Schwammspinner fortan statt mit Erlenblättern nur noch mit Weißdornblättern zu füttern. Der Gelehrte hörte auf den Rat des Praktikers und ließ jetzt den Weißdorn als Futter verwenden.

Später berichtete er in einer verhältnismäßig kurzen, aber inhaltsreichen Mitteilung über seine weiteren Erfahrungen bei der Fütterung der Schwammspinnerkolonien mit dem Weißdorn. Er schrieb darüber erst, nachdem 6 Jahre vergan-

gen waren und er sich wirklich in gesicherter Weise von dem Erfolg überzeugen konnte. Vorher waren die Schwammspinner fast 9 Jahre lang mit den Erlenblättern gefüttert worden. Der gesamte Versuch erstreckte sich also über annähernd 15 Jahre! In diesen letzten 6 Jahren der Weißdorn-Fütterung sah Klatt ein geradezu verblüffendes Ergebnis, das er nie für möglich gehalten hätte: „Keinerlei Verluste durch die sonst regelmäßigen Infektionskrankheiten. Sehr große, kräftige Falter und ebenso wieder Eiablagen von mehreren hundert Eiern pro Tier." Nachdem dies in den letzten 6 Jahren unverändert Jahr für Jahr der Fall war, glaubt der Gelehrte keinen anderen Schluß ziehen zu können, als daß Crataegus als alleinige Nahrung die Ursache für diese Restitution des Allgemeinbefindens seiner Zuchten war. Crataegus sei offensichtlich als ein allgemeines Zellenstimulans aufzufassen.
Hier haben wir also eine Versuchsanordnung vor uns, die in ganz grundsätzlicher Weise von derjenigen abweicht, wie sie sonst allgemein üblich ist. Der Versuch soll eine *Sofort*-Wirkung feststellen. Bei dieser zoologischen Beobachtung handelte es sich dagegen um einen langjährigen Fütterungsversuch. Er spiegelt demgemäß das wider, was wir auch bei einer langdauernden Verabreichung des Weißdorns als Medikament erwarten können. Noch eindrucksvoller als durch alles andere wird hierbei der Unterschied zwischen Digitalis und Crataegus deutlich! Die erstrebte Sofortwirkung der Digitalis am kranken Herzen läßt sich durch den pharmakologischen Versuch exakt beweisen. Für die ganz andersartige Beeinflussung *degenerativer* Veränderungen am Herzen durch den Weißdorn muß er dagegen versagen. Man muß sich nur dieser beiden grundsätzlichen Unterschiede mit aller Deutlichkeit bewußt sein, dann wird man auch nicht an den Weißdorn im Experiment Anforderungen stellen, die er seiner ganzen Art nach nicht erfüllen kann.
Inzwischen sind diese Versuche nachgeprüft worden. *E. Holzten* vom Pharmakognostischen Institut der Universität Bonn hat Fütterungsversuche mit Weißdorn an der Fliege Drosophila melanogasta durchgeführt. Er fand dabei durch 15 Generationen hindurch eine deutliche Vermehrung der Zahl der Nachkommen bei zusätzlicher Gabe von Crataegus-Blatt-Droge gegenüber den mit Normalfutter ernährten Kontroll-Kulturen. Auch die Fütterung von reiner Oleanolsäure, einer der Triterpensäuren des Weißdorns, führte zu gleichen Ergebnissen. Wenn es sich hier auch keineswegs um einen so langen Zeitraum handelt wie bei den Beobachtungen von Klatt, so ist dies doch eine deutliche Stütze der Klattschen Beobachtungen und ein weiterer Beweis dafür, daß man an die Lösung des Crataegus-Problems eben mit einer ganz anderen Methode herangehen muß.
Neue Belege für die Wirkung des Weißdorns wurden in letzter Zeit noch von ganz anderer Seite beigebracht. Prof. Böhlau hatte schon vor Jahren eine Apparatur konstruiert, mit der sich die Herz-Lungen-Leistung sehr exakt messen

läßt, den Poly-Energotest. Nun gelang es, mit dieser Methodik nachzuweisen, daß Crataegusextrakte eine deutlich meßbare, also „objektivierbare" leistungssteigernde Wirkung besitzen, kenntlich an dem Erholungsquotienten, den der Apparat registriert, mit einer Besserung der Sauerstoffsättigung des Blutes und einer Ökonomisierung des Herz-Kreislaufsystems.
Andere Untersuchungen kamen von pharmakologischer Seite. In einer neuesten Arbeit von W. H. Mävers und H. Hensel aus dem Physiologischen Institut der Universität Marburg/Lahn werden Veränderungen der lokalen Durchblutung des Herzmuskels nach innerlicher Gabe eines Crataegus-Extraktes (Crataegutt) bei nicht-narkotisierten Hunden mitgeteilt. Es zeigte sich, daß der untersuchte Crataegus-Extrakt die Herzdurchblutung deutlich (signifikant) steigert. Durch fortgesetzte Verabreichung des Crataegus-Extraktes ließ sich noch darüber hinausgehend eine ständig zunehmende Vermehrung der Durchströmungsmenge feststellen. Die Untersucher kommen zu dem Schluß, ein Vergleich mit den vielen synthetischen Mitteln zur Vermehrung der Coronardurchblutung zeige, daß der Crataegus-Extrakt einen durchaus gleichwertigen Effekt hervorzubringen vermag und zwar ohne Injektionen, schon bei innerlicher Verabreichung. Bei einem über längere Zeit regelmäßig mit Crataegus-Extrakt gefütterten Hund war eine bis zu einem Maximum ansteigende Tendenz zu einer verstärkten morgendlichen Ruhedurchblutung des Herzens zu beobachten.
Weiterhin konnten von den Crataegus-Wirkstoffen als besonders effektiv die *Procyanidine* festgestellt werden, die eine doppelte Wirkung besitzen. Sie verkürzen die Überleitungszeit der Reize für die Herzkontraktion, die von den Vorhöfen auf die Kammern übergehen, so daß eine allzu langsame Schlagfolge des Herzens sich dadurch bis zu einem gewissen Grade ausgleichen läßt. Und sie haben weiterhin eine unmittelbare anregende Wirkung auf die Kontraktionskraft des Herzens. Es ist also nicht allein die schon immer bekannte Erweiterung der Herzkranzgefäße, die uns die Crataegus-Wirkstoffe so wertvoll macht, sondern je tiefer man in die Herzdynamik eindringt, um so mehr Einzelheiten der Wirkungen kommen zum Vorschein.
Dies ging auch aus einem Crataegus-Kolloquium hervor, das von der „Gesellschaft für Arzneipflanzenforschung" im September 1976 in München veranstaltet wurde. Es befaßte sich ausschließlich mit der Analytik der Inhaltsstoffe und der experimentellen Pharmakologie des Weißdorns. Es wurden erstaunlich viele Einzelergebnisse mitgeteilt, und darüber reichlich diskutiert. Wirklich Neues aber kam dabei nicht heraus. Was fehlte, war der Bezug auf die *Praxis*. Es war eigenartig, daß dies die vielen hochqualifizierten Wissenschaftler, die hier zusammengekommen waren, im Grunde wenig interessierte. Sie wollten „objektive" Beweise für die Wirksamkeit haben. Die praktische *Erfahrung* (Empirie) ist für sie kein ausreichender Beweis. Immerhin mußte zugegeben

werden, daß dem Weißdorn mit seinen vielen und sehr mannigfaltigen Inhaltsstoffen doch deutliche Wirkungen auf das Herz zukommen. Als gesichert darf vor allem die Verbesserung der Durchblutung der Herzkranzgefäße und eine Anregung der Herzmuskeltätigkeit angesehen werden, und daraus leitet sich die vorzugsweise Anwendung des Weißdorns bei der coronaren Herzkrankheit und beim sogenannten „Altersherzen" ab.

Für das Verständnis der Weißdorn-Wirkung besitzen wir also nun schon weitgehend gesicherte Unterlagen. Sie sind geeignet, die umfangreichen Erfahrungen aus der Praxis theoretisch und experimentell zu unterbauen. Wenn völlig unabhängig voneinander an den verschiedensten Orten und zu den verschiedensten Zeiten gleichlautende Berichte über günstige Erfahrungen erscheinen, wird man nicht daran vorbeigehen dürfen. Das ganz andersartige Indikationsgebiet des Weißdorns, im Gegensatz zur Digitalis, verlegt den Schwerpunkt der Anwendung des Weißdorns in die Ambulanz und in die Praxis. Hier wird man um so mehr davon Gebrauch machen, als Schäden nicht zu befürchten sind. Notwendig ist es jedoch immer wieder, nachdrücklich darauf hinzuweisen, daß ein ausreichender Einfluß von einer Weißdorn-Medikation überhaupt erst dann zu erwarten ist, wenn sie nicht nur Wochen, sondern viele Monate und sogar Jahre hindurch regelmäßig fortgesetzt wird.

Und weiterhin muß man wissen und beachten, daß eine Crataegus-Wirkung nur dann zustande kommt, wenn *genügende Mengen* gegeben werden. Einige Tropfen oder die kleinen Dosen, die in vielen der Herzpräparate enthalten sind, reichen bei weitem nicht aus. Von einem guten Crataegus-Extrakt kann und muß man mindestens 30 Tropfen oder sogar einen ganzen Teelöffel voll auf einmal nehmen, und dies mindestens 2- bis 3mal täglich; von den Crataegus-Dragées morgens und abends je 4 auf einmal. Auf der so häufigen Unterdosierung dürften viele der zweifelhaften und ganz negativen Beurteilungen beruhen.

In einfachster Weise gibt man den Weißdorn in Form eines Tees, zweckmäßig aus den Blüten und Blättern zu gleichen Teilen (Flores et Folia Crataegi), 2–3 Teelöffel auf 1 Tasse oder 1 Teeglas, mit heißem Wasser überbrühen, 10 Minuten ziehen lassen. Ein solcher *Weißdorntee* wird morgens zum Frühstück und abends vor dem Schlafengehen getrunken. Man tut gut, den Tee durch 1–2 Teelöffel Honig zu versüßen, denn der Weißdorntee hat fast keinen Eigengeschmack, und außerdem ist der Honig bekanntermaßen für das kranke Herz sehr nützlich. Bei nervöser Unruhe und bei Neigung zu schlechtem Einschlafen bewährt es sich, dem Weißdorntee noch Melisse (Folia Melissae) hinzuzusetzen; man nimmt dann Weißdornblüten, Weißdornblätter und Melissenblätter zu gleichen Teilen, ebenfalls unter Zusatz von Honig.

Im Handel befinden sich auch reine *Weißdorn-Pflanzensäfte,* so von Schönenberger und vom Kneipp-Heilmittelwerk. Davon nimmt man morgens und abends 2 Eßlöffel, etwa 14 Tage lang, dann zur Dauerbehandlung 2mal 1 Eßlöffel. Ebenso brauchbar ist die einfache *Weißdorntinktur* (Tinctura Crataegi) und noch mehr der 10mal stärkere Weißdorn-Fluidextrakt (Extractum Crataegi fluidum). Die Dosis beträgt von beidem im Anfang 3mal täglich 30–40 Tropfen, für die Dauerbehandlung morgens und abends je 30 Tropfen in etwas Wasser zum Frühstück und vor dem Schlafengehen. Außerdem haben wir gute Fertigpräparate. Reine Crataegus-Extrakte sind das Crataegutt (Schwabe) in Form von Tropfen und Dragées und die Oxacant-Tropfen und Dragées (Klein). Ein Crataegus-Extrakt mit Rutin ist das Cratylen (Madaus), Kombinationen mit Convallaria das Lacoerdin (Vogel und Weber) als Dragées, Convastabil (Klein) und Cardalept (Keimdiät) als Tropfen.

Um das Einnehmen nicht zu vergessen, hat sich der einfache Rat bewährt, die Tropfen auf den *Nachttisch* zu stellen, zusammen mit einem Glas Wasser, damit man morgens als erstes und abends als letztes an das Einnehmen erinnert wird. Bei besonderen Belastungen kann man die Dosis für einige Zeit auf 30 Tropfen und mehr erhöhen, vor allem morgens. Das gute am Weißdorn ist, um es noch einmal zu betonen, daß selbst bei *jahrelanger* Einnahme keinerlei Schädigungen zu befürchten sind, auch keine Abschwächung der Wirkung oder Gewöhnung. Der Weißdorn entfaltet seinen guten Einfluß unverändert und gleichmäßig mild, aber dauerhaft im Sinne eines echten Vorbeugemittels. Auch und gerade nach einem Herzinfarkt oder nach einer Leistungsminderung des Herzens sollte der Weißdorn in dieser gleichen Weise eine ständige Stütze sein.

Weißdorn ist auch in vielen Kombinationspräparaten enthalten. Hier ist jedoch einige Zurückhaltung zu empfehlen, denn es kommt stets darauf an, wie groß der Anteil an Weißdorn in einem solchen Präparat ist, um noch eine genügende Wirkung zu entfalten. Es ist keineswegs immer zweckmäßig, eine ganze Reihe von Heilpflanzen in einem Kombinationspräparat zu vereinigen, weil es dann zunehmend schwieriger wird, eine Übersicht zu erlangen, ob sich die Wirkungen der Einzelbestandteile wirklich wie erhofft addieren oder ob nicht möglicherweise auch unerwünschte gegenseitige Beeinflussungen auftreten. Vor allem ist zu beachten, ob – wie gesagt – die Dosis der Einzelkomponenten wirklich groß genug ist, um einen ausreichenden Effekt zu erzielen.

Es ist bemerkenswert, daß der Weißdorn eine *spezifische* Wirkung auf das Herz hat, d. h. ganz auf das Herz gerichtet, ohne wesentliche Wirkung auf andere Körperorgane. Gleiches trifft für die Digitalis zu. Wir haben hier demgemäß zwei charakteristische Vertreter der beiden großen Gruppen der pflanzlichen Heilmittel: auf der einen Seite der Weißdorn als das betont *milde* Mittel oder *Mite*-Phytotherapeutikum, auf der anderen die Digitalis als das „große“ Herzmittel mit starker Wirkung, also das typische *Forte*-Phytotherapeutikum. Und noch ein anderer Antagonismus wird deutlich: beim Weißdorn ein *Gesamt*-Wirkkomplex aus einer ganzen Reihe von Einzelsubstanzen, die sich gegenseitig ergänzen, – bei der Digitalis ein einzelner, rein darstellbarer Naturstoff, das Digitoxin aus der Digitalis purpurea und das Digoin aus der Digitalis lanata. Eine gewisse Mittelstellung als mild wirkendes Herzglykosid nimmt das Maiglöckchen, Convallaria majalis, ein (Convacard, Madaus; Convastabil, Klein).

Das neue Arzneimittelgesetz fordert, worauf bereits hingewiesen wurde, für alle Arzneimittel einen *Wirksamkeitsnachweis.* Das gilt somit auch für die Phytotherapeutica. Bei diesen ist er aber mit den bisherigen experimentellen und klinischen Methoden kaum zu erbringen. Das gilt wenigstens für die große Zahl der *Mite*-Phytotherapeutica, während bei den Forte-Phytotherapeutica die Dinge einfacher liegen, weil sie zum größen Teil Reinsubstanzen enthalten, die man isoliert und dann exakt prüfen kann. So bestand bei dem neuen Arzneimittelgesetz die große Gefahr, daß ein sehr erheblicher Teil der Mite-Phytotherapeutica vom Markt verschwinden müßten, da bei ihnen der objektive Beweis mit den bisher üblichen Methoden nicht erbracht werden kann. Um dieser Schwierigkeit wenigstens einigermaßen Rechnung zu tragen, wurde in dem Arzneimittelgesetz ein eigener *Ausnahmeparagraph* eingefügt. Er besagt, daß bei genügender kritischer Wertung auch „anderes Beweismaterial" genüge, und man verstand darunter zweierlei: die Auswertung von Erfahrungen in der Praxis, wenn sie statistischen Anforderungen genügen und kritisch ausgewertet werden; das ist der sog. *„empirische Beweis"*, wobei Empirie etwa soviel bedeutet wie Erfahrung. Und zweitens der *„bibliographische Beweis"*, worunter man eine gleichfalls sehr kritische Auswertung des gesamten bisher vorliegenden wissenschaftlichen Schrifttums versteht.

Zuständig für die Entscheidung einer Zulassung als Arzneimittel ist das Bundesgesundheitsamt in Berlin. Nach dem Arzneimittelgesetz sind ihm wissenschaftliche Kommissionen als Beraterinstanzen zur Seite gestellt. Dazu gehört auch die Kommission E für die Phytotherapeutica. Sie ist zusammengesetzt aus Vertretern der Pharmazie, der Pharmakologie, der pharmazeutischen Industrie und Ärzten aus Klinik und Praxis. In ihrer ersten Legislaturperiode stellte sich die Kommission E die Aufgabe, zunächst einmal die Methodik zu erarbeiten, nach denen ein Mite-Phytotherapeuticum gemäß den beiden Beweismöglichkeiten, der Emipirie und der Bibliographie, beurteilt werden könnte. Als Beispiel hierfür wurde der Weißdorn gewählt. Dabei machte es sich die Kommission E nicht leicht. Sie erarbeitete eine groß angelegte Monographie, die alle Erkenntnisse zusammenfaßt, die bis jetzt im gesamten wissenschaftlichen Schrifttum vorliegen. Die Auswertung zog sich fast über 4 Jahre hin und umfaßt mehrere dicke Bände. Die Mitglieder der Kommission E waren selbst erstaunt, wie groß das wissenschaftliche Schrifttum über den Weißdorn bereits ist, und fast noch mehr darüber, wie einheitlich die Ergebnisse einer kritischen Auswertung ausfallen. Sie waren, kurz gesagt, *positiv.*

Es ergab sich, daß an *drei* Wirkungen des Weißdorns nicht gezweifelt werden könne: erstens eine Steigerung der Durchblutung der Herzkranzgefäße in einem deutlichen Ausmaß, zweitens eine Zunahme der Kontraktilität des Herzens, und drittens eine günstige Beeinflussung von Herzrhythmusstörungen, allerdings mit genügender Deutlichkeit nur bei intravenöser Zufuhr. Die Toxizität ist bei einmaliger und ebenfalls bei langdauernder Zufuhr außerordentlich gering.

Daraus ergaben sich nun für die Praxis *zwei Anwendungsgebiete* für den Weißdorn: *die coronare Herzkrankheit und leichte Formen einer Herzinsuffizienz,* die etwa dem ersten und zweiten Grad der amerikanischen Nomenklatur entspricht (geringe Beinödeme, Auftreten von Kurzatmigkeit bei stärkerer körperlicher Belastung).

Es sind also die gleichen Anwendungsgebiete, die wir bisher schon kannten und die im Vorhergehenden bereits ausführlicher dargestellt wurden. Die große Bedeutung dieser Crataegus-Monographie besteht darin, daß nunmehr von wirklich kompetenter Stelle dasjenige *bestätigt* wurde, was bereits an Erkenntnismaterial aus langjähriger Erfahrung (Empirie) vorliegt. Das ist ein Ergebnis, das gar nicht hoch genug gewertet werden kann angesichts der Tatsache, daß doch vor gar nicht langer Zeit von Vertretern der Hochschulmedizin eine Wirksamkeit des Weißdorns völlig abgelehnt wurde, unter anderem auf einem großen Ärztekongreß in Wien. Das wird zweifelsohne Auswirkungen auf die Beurteilung sehr vieler anderer Mite-Phytotherapeutica haben. Die Kommission E des Bundesgesundheitsamtes hat in ihrer jetzt angelaufenen zweiten vierjährigen Legislaturperiode bereits die Konsequenzen gezogen. Sie wird nach und nach, wenn auch in verkürzter Form wegen der notwendigen Beschleunigung der Zulassungsverfahren, gleichartige Monographien erstellen. Da es sich immerhin um etwa 240 Heilpflanzen handelt, die derart zu bearbeiten sind, kann sich die Arbeit freilich noch über längere Zeit hinziehen, zumal wenn man erst an die wirklich zweifelhaften Heilpflanzen herankommt. Wenn die vom Gesetz festgesetzte Frist dazu nicht ausreicht, wird man sie wohl durch eine Novelle verlängern müssen. Aber der Anfang ist gemacht, und er ist durchaus verheißungsvoll. Der Weg ist gewiesen, um die Phytotherapeutica für die praktische Anwendung zu erhalten, wenn auch nicht alle, so doch wohl den größten Teil. Die wissenschaftliche Phytotherapie hat ja schon längst den Mut aufgebracht, sich von solchen Heilpflanzen zu distanzieren, bei denen trotz mancher Behauptungen die Wirksamkeit nicht ausreichend belegt werden kann. Ein besonders strenger Maßstab wird an diejenigen Pflanzen anzulegen sein, die bisher mehr oder weniger unbekannt waren und meistens vom Ausland eingeführt wurden oder werden.

Zuletzt sei noch eine Frage beantwortet, die immer wieder einmal gestellt wird: kann der *Stich mit frischen Weißdornstacheln* gefährliche Vergiftungen hervorrufen? Hierzu kann eindeutig gesagt werden, daß der Stich eines Weißdornstachels nicht anders wirkt als etwa derjenige einer Rose. Giftige Substanzen sind in den Weißdornstacheln *nicht* enthalten. Wohl aber kann es schon einmal vorkommen, daß durch eine solche kleine Verletzung Infektionserreger in die Haut eindringen, nicht anders wie etwa bei einem Stich mit einer Stecknadel. Das Gefährliche ist in beiden Fällen, daß die Öffnung recht klein ist und wenig beachtet wird.

Resistenzsteigerung durch Heilpflanzen

Unser Körper hat eine natürliche Resistenz, also eine *Widerstandsfähigkeit* gegenüber krankmachenden Einflüssen, die von außen oder von innen die Gesundheit oder gar das Leben bedrohen. Dazu bedient sich der Körper einer Reihe fein aufeinander abgestimmter Maßnahmen. Sie sind teils humoraler, teils zellulärer Art. Bei der *humoralen* Abwehr handelt es sich um Stoffe, die der Körper hervorbringt, um eingedrungene Bakterien, fremde Eiweißkörper oder andere schädigende Substanzen unschädlich zu machen. Man nennt sie *Antikörper,* Antigene oder auch Immunogene. Die *zelluläre* Antwort besteht in der vermehrten Produktion von weißen Blutkörperchen (Leukozyten), die einen Hauptbestandteil des Eiters bilden. Daher sind die Verhältnisse bei Wundinfektionen am einfachsten zu erkennen. Hierbei handelt es sich um das Eindringen von Krankheitserregern in den Körper, die ihn mit einer allgemeinen Infektion bedrohen. Früher sprach man in solchen Fällen von Blutvergiftung (Sepsis). Das ist immer ein schwerer, vielfach lebensbedrohender Zustand.

Bei jeder Infektion handelt es sich um einen *Kampf* zwischen den zerstörenden Einflüssen der Krankheitserreger und den Abwehrreaktionen des Körpers. Nach Möglichkeit suchen wir *beide* Vorgänge gleichzeitig zu beeinflussen, also die Erreger zu vernichten oder wenigstens zu schwächen und gleichzeitig die Widerstandskraft des Körpers zu erhöhen. Wo jedoch das erste nicht gelingt, bleibt nur das *zweite* übrig, die Hebung der Widerstandskraft (Resistenz) des ganzen Organismus.

Außerhalb des Körpers, etwa in den Absonderungen wie Stuhl und Harn, auch noch auf der Haut, lassen sich die Krankheitserreger einfach und zuverlässig vernichten, durch starke Desinfektionsmittel wie Lysol, Kalkmilch, viele neue chemische Desinfizienzien, auf der Haut durch Jodtinktur und dergleichen. Alle diese Stoffe sind stark giftig, bringen das Eiweiß zur Gerinnung und können daher nicht in den Körper selbst eingeführt werden. So stand man lange Zeit den Wundinfektionen weitgehend ohnmächtig gegenüber. Das hat sich in der letzten Zeit grundlegend gewandelt, wenigstens für einen Teil der Krankheitsserreger, nämlich die große Gruppe der *Bakterien.* Hierzu gehören die Erreger der Lungenentzündung, der eitrigen Wundinfektionen, des Typhus, der Tuberkulose und viele andere. Die *Antibiotika* ermöglichen uns eine Beherrschung dieser Infektionskrankheiten in einem Ausmaß, das wir früher nie für möglich gehalten hätten. Es handelt sich hier um einen der größten Fortschritte der modernen Medizin. Das älteste und noch immer wichtigste und wohl am meisten gebrauchte Antibioticum ist das *Penicillin.* Es ist eine Substanz, die von dem gewöhnlichen Schimmelpilz, Penicillium notatum, abgesondert wird, um sich gegen Bakterien zu wehren. Nach einem besonderen Verfahren gelang es, Schimmelpilzkulturen in umfangreichen Behältern anzulegen und auf diese Weise Penicillin in großen Mengen zu gewinnen. In gleicher Weise werden die vielen anderen Antibiotika hergestellt, über die wir heute verfügen. Immer sind der Ausgangspunkt *Pilze,* so bei dem großen Tuberkulosemittel der heutigen Zeit, dem Streptomycin, ein in der Erde wachsender Pilz Streptomyces griseus. Da die Antibiotika derart aus Pilzen gewonnen werden, handelt es sich bei ihnen letztlich auch um *pflanzliche* Wirkstoffe. Sie hemmen das Wachstum der verschiedenen Bakterien oder töten sie sogar ganz ab. Gleiches geschieht im menschlichen Körper, wenn wir derartige Antibiotika einspritzen oder als Tabletten geben, und sie haben den ganz großen Vorzug, daß sie vom Körper verhältnismäßig gut vertragen werden und nicht als Gift wirken. Daher auch der Name Antibiotika. Er bedeutet, daß es Wirkstoffe sind, die sich gegen das Leben der Bakterien richten, ohne die körpereigenen Zellen zu schädigen. Gerade vom Penicillin stellte sich heraus, daß es praktisch ungiftig ist und daher in ganz großen Mengen verabfolgt werden kann, wie sie notwendig sind, um Wachstum und Leben der Bakterien ausreichend zu schädigen. Die einzige Gefahr, die das Penicillin bildet, ist die Möglichkeit der Allergie, also einer Überempfindlichkeit, wie sie bei praktisch *allen* Substanzen vorkommt, die wir dem Körper einverleiben. Eine solche Allergie ist ein in der Anlage gegebener Zustand einer Überempfindlichkeit, der bei den einzelnen Menschen sehr verschieden ist und vorher nur schwer erkannt werden kann.

Die andere große Gruppe der Krankheitserreger sind die *Viren.* Sie sind viel kleiner und ganz anders geartet als die Bakterien. Aber sie sind ebenfalls weit verbreitet und sehr gefährlich. Sie sind die Erreger vieler schwerer Krankheiten wie der Pocken, der epidemischen Kinderlähmung (Poliomyelitis, abgekürzt meist Polio genannt), der Masern usw., und vor allem werden die Grippe und die üblichen Erkältungskrankheiten wie der Schnupfen durch Viren verursacht.

Gegen alle diese Viren helfen Antibiotika nichts. Bis heute kennen wir, trotz vieler Versuche und einiger verheißungsvoller Ansätze, noch kein wirksames Mittel gegen die Viruskrankheiten, von einigen wenigen Ausnahmen sogenannter „großer Viren" abgesehen. Hier sind wir ganz darauf angewiesen, die körpereigenen Abwehrkräfte nach aller Möglichkeit zu steigern, damit der Körper sich der Virusinfektion erwehren kann. Aber auch bei den bakteriellen Infektionen, die auf die Antibiotika ansprechen, darf man eine solche Resistenzsteigerung nicht vernachlässigen. Bei manchen Zuständen, zumal bei bakteriellen Infektionen in höherem Alter, wie etwa bei einer Lungenentzündung betagter Menschen, kommt der Erhöhung der körpereigenen Abwehrkräfte eine große und vielfach ausschlaggebende Bedeutung zu.

Echinacea

Für eine solche Steigerung der körpereigenen Resistenz eignen sich eine ganze Reihe von Heilpflanzen. Am bekanntesten ist die *Echinacea*, der amerikanische Sonnenhut (Echinacea angustifolia und E. purpurea), der auch bei uns als Gartenpflanze gezogen wird. Sowohl bei der Injektion als auch bei innerlicher Verabfolgung wirkt die Echinacea deutlich resistenzsteigernd, auf einem Wege, den wir erst zum Teil kennen. Er scheint im Endeffekt weitgehend der gleiche zu sein wie derjenige der vom Körper selbst produzierten Abwehrstoffe, vor allem des *Interferon* mit dem sich neueste Forschungen beschäftigen. Es ist höchst bemerkenswert, daß wir mit Pflanzeninhaltsstoffen wie solchen aus der Echinacea fördernd in die körpereigenen Abwehrvorgänge eingreifen können, ohne Schaden anzurichten oder eine Übersteigerung befürchten zu müssen. Neueste Untersuchungen haben ergeben, daß durch Echinacea die körpereigene Interferon-Produktion in unerwartet starkem Ausmaß gesteigert wird. Das bedeutet eine *indirekte* Anregung der Abwehrkräfte, die um so wichtiger ist, als alle Versuche, Interferon selbst als Arzneipräparat zu verwenden, gescheitert sind, weil es im Körper nur in kleinsten Mengen vorkommt. Man kann daher von einer wahrhaft *biologischen* Wirksamkeit sprechen. In der Echinacea sind eine ganze Reihe von Wirkstoffen enthalten, so ein Alkaloid Echinacosid, Betain, Inulin, ein ätherisches Öl u.a. Ein reiner Echinacea-Extrakt aus der frischen Pflanze ist das *Echinacin* Madaus), von dem man bei Grippe und Erkältung 3mal täglich 20 Tropfen und mehr gibt. Eine Kombination von Echinacea mit anderen, gleichartig wirkenden Substanzen wie Bryonia (Zaunrübe) und Eupatorium, dem einheimischen Kunigundenkraut, ist *Echtrosept* (Vogel & Weber), ebenfalls bei Grippe und Erkältungskrankheiten mehrmals täglich 20–30 Tropfen. Auch in den *Resplant-Kapseln* (Schwabe) ist Eupatorium enthalten. Das *Kunigundenkraut* oder *Wasserdost, Eupatorium cannabinum,* ist eine aufrechte, 1–1½ m hohe Pflanze, die in feuchten Gebüschen, an Ufern oder in Auwäldern, jedenfalls immer in der Nähe des Wassers in großen Beständen vorkommt und bei uns überall häufig ist. Die Blätter sind bis zu 3 bis 5 zerteilt und haben dadurch eine Ähnlichkeit mit dem echten Hanf (Cannabis sativum). Die Blütenköpfchen sind von blaß-purpurroter Farbe und duften fein gewürzhaft weinartig. Hauptsächlichster Inhaltsstoff ist ein bitteres Glykosid Eupatorin, außerdem ein ätherisches Öl.

Lindenblüten

Vorzüglich geeignet zur Stärkung der Abwehrkraft sind zwei heimische Heilpflanzen, die man vorzugsweise als Tee gebraucht: die *Lindenblüten* (Flores Tiliae) und die *Holunderblüten* (Flores Sambuci). Von beiden liest man in älteren Heilpflanzenbüchern, daß man sie als schweißtreibende Mittel verwandte, indem man das Trinken eines heißen Tees mit einer Schwitzpackung kombinierte. Eine solche aber ist gar nicht notwendig und strengt viele Menschen allzusehr an.

Es ist sehr bemerkenswert und aufschlußreich, daß schon Pfarrer Kneipp sich ganz in dem gleichen Sinne ausgesprochen hat. Er hält Schwitzprozeduren, insbesondere Schwitzbäder und Schwitzpackungen zur Bekämpfung einer Erkältungskrankheit oder einer Grippe für völlig unzweckmäßig, da sie bei den meisten Menschen eher schwächend wirken und die Körperkräfte mehr beanspruchen als steigern. Allenfalls bei sehr kräftigen, vollblütigen Menschen, die einen starken Reiz brauchen, könnten sie angebracht sein. Es genügt meistens, nur einen guten warmen Lindenblütentee trinken zu lassen, 2–3mal täglich, jeweils mit Zusatz von 1 Teelöffel Honig, wobei man bevorzugt einen Lindenblüten- oder einen Salbei-Honig wählen wird. Die wichtigste Wirkung des Lindenblütentees besteht nämlich in der Hebung der Abwehrkräfte des Körpers. In gleicher Weise kann man einen Holunderblütentee verwenden, der eine ganz andere Geschmacksrich-

Holunder

tung besitzt. Für die Selbstherstellung eines Frischsaftes aus Holunderblüten gibt es verschiedene brauchbare Vorschriften. Er ist ein altbewährtes Mittel für die früher so beliebten *Frühjahrskuren,* bei denen es letztlich gleichfalls auf eine Hebung der Widerstandskraft ankommt. Das können alle Menschen, vor allem schwächliche und solche, die zu Erkältungskrankheiten neigen, zu den Zeiten des Überganges vom Winterwetter zu unbeständiger und vielfach regenreicher Frühlingszeit gut gebrauchen.

Nachdem man die Erfahrung machen mußte, daß bei Grippe und den Erkältungskrankheiten die Antibiotika gerade im ersten, fieberhaften Beginn nicht nützen, weil sie eben auf den Viruseffekt keinen Einfluß haben, erinnert man sich dieser alten Volksmittel wieder. So wurde in einer unserer medizinischen Fachzeitschriften als eines der besten Mittel im Beginn einer Grippe empfohlen, eine Tasse warmen Lindenblütentee mit einer Tablette Aspirin zu nehmen. Das ist in der Tat ein vorzüglicher Rat, den man nur begrüßen kann und der mindestens so gut hilft wie die vielen sogenannten Grippetabletten aus den verschiedensten chemischen Substanzen. Es steckt eben doch ein erheblicher Heilwert in solchen einfachen pflanzlichen Mitteln, den man lange Zeit nicht mehr wahrhaben wollte, bis man nun wieder darauf zurückgekommen ist.

Eine Sonderstellung unter den pflanzlichen Mitteln zur Resistenzsteigerung nimmt der *Wermut* ein, *Artemisia absinthium.* Er gehört ebenso wie die Echinacea und die Eupatoria zur Familie der Korbblütler. Verwandt wird das ganze Kraut, einschließlich der kleinen gelblichen Blüten. Am besten ist es, wenn man sich aus dem Garten den frischen Wermut holt. Er ist leicht kenntlich an dem ganz charakteristischen bitteren Geruch und Geschmack der kleinen Blätter. Man braucht für die Zubereitung einer Tasse Wermuttee von dem frischen Kraut recht wenig, höchstens eine kleine Hand voll, überbrüht mit heißem Wasser, und trinkt dann nach Abseihen den Tee langsam, schluckweise. Er schmeckt außerordentlich bitter. Aber eigenartigerweise haben viele Menschen dies recht gern. Es nützt nichts, den bitteren Geschmack durch Zusatz von Zucker und Honig abschwächen zu wollen. Freilich gibt es auch andere, die der bittere Geschmack abstößt und die dann eben ein anderes Mittel nehmen müssen. Aber immer wieder wird berichtet, daß sich viele Menschen nach dem Trinken einer solchen Tasse heißen, frischen Wermuttees gekräftigt fühlen und daß sie eine bessere Widerstandskraft gegen Erkältung und Grippe bekommen. Schon bei den ersten Zeichen einer Erkältung mit dem bekannten Kältegefühl, dem Niesen und dem beginnenden Schnupfen, kann dies eine gute Vorbeugung sein. Natürlich läßt sich ein solcher Wermuttee auch aus der Droge, Herba Absinthii, in gleicher Weise herstellen. Der Wermut enthält einen Bitterstoff und außerdem ein ätherisches Öl. Der Bitterstoff wirkt tonisierend, das ätherische Öl in kleinen Mengen anregend auf das Zentralnervensystem. Die Tonisierung des Magens durch den Bitterstoff wirkt sich bei vielen Kranken mit chronischen Magenbeschwerden auf der Grundlage einer allgemeinen Organschwäche mit Säuremangel sehr heilsam aus. Darauf wurde bereits hingewiesen. Die Wirkung des Wermut-Bitterstoffes gemeinsam mit dem ätherischen Öl geht aber noch darüber hinaus und wirkt außer lokal auf den Magen noch allgemein anregend auf die Abwehrkräfte des ganzen Körpers zur Resistenzsteigerung. So hat der Wermut mit Recht seinen Platz außer bei Magen-Galleleiden auch zur frühzeitigen und wirksamen Bekämpfung von Erkältung und Grippe.

Auf eine einfache und doch sehr wirksame Heilpflanzenanwendung beim beginnenden Schnupfen und bei akuten Erkältungskrankheiten der oberen Luftwege sei noch aufmerksam gemacht: die Inhalation von ätherischen Ölen, vor allem des Pfefferminzöles. Das läßt sich ohne großen Apparat durchführen. Geeignet ist hierfür das bekannte *Nino-Fluid* (Dr. Hotz, 7055 Stetten i. R. bei Stuttgart). Es enthält Ol. Menth. pip. und Menthol in Spiritus. Damit tränkt man einen Wattebausch und führt ihn vorsichtig in die Nasenlöcher ein. Bei Kopfschmerzen und Benommenheit ist es ratsam, die Schläfengegend damit einzureiben, unter Schutz der Augen. Auch innerlich kann man einige Tropfen Nino-Fluid nehmen, zweckmäßig auf einem kleinen Stück Würfelzucker. Es ist erstaunlich, was das einfache Pfefferminzöl derart zu leisten vermag, wenn auch nur rein symptomatisch zur Linderung der Beschwerden. Da wir aber gegen den akuten Viruseffekt der oberen Luftwege noch kein kausal wirkendes Mittel haben, ist die Pfefferminze auch heute noch eine gute Hilfe.

Ein anderes Minzöl hat in letzter Zeit zunehmende Beachtung und Bedeutung erlangt. Es ist das *Japanische Minzöl*, Oleum Menthae japonicum. Es stammt von der Minzenart Mentha arvensis L. var. piperascens. Das ist eine besondere Form aus der sehr artenreichen Gattung Mentha, die in zahlreichen Ländern vorkommt und schon seit alten Zeiten kultiviert wird. Die Form Mentha arvensis var. piperascens wird in großem Maße in Japan und China, neuerdings auch in Brasilien angebaut und das daraus hergestellte ätherische Öl exportiert. Es ist bei uns im Handel unter dem Namen *„JHP-Rödler, Japanisches Heilpflanzenöl“* (Pharmakon Rödler, 6521 Flörsheim b. Worms). Das ätherische Öl dieser Menthaform wird aus den Blättern destilliert. Diese enthalten 1–2% des ätherischen Öles; dieses besteht zu 70–80% aus freiem Menthol. Dieser Mentholgehalt ist erheblich größer als derjenige aus der Pfefferminze, Mentha piperita. Das wirkt sich entsprechend für die therapeutische Anwendung aus. Durch seinen hohen Gehalt an Menthol wirkt das Japanische Minzöl in erheblichem Maße lokalanästhesierend. Durch Erregung der kälteempfindlichen Nervenendigungen entsteht auf der Haut ein Kältegefühl. Es kommt zu einer Hyperämie und an den Schleimhäuten zu einer verstärkten Sekretion. Diese Wirkungen zeigen sich vor allem bei der Anwendung des Japanischen Minzöles an den Schleimhäuten der Nase und der oberen Luftwege. Aber auch bei innerlicher Einnahme führt der lokalanästhesierende Effekt zu einer Verminderung von Brechreiz und Übelkeit.

Altbewährt, weil einfach und wirksam, ist die Anwendung des Japanischen Minzöles bei allen akuten und chronischen Störungen von der Nase bis zu den Bronchien. Das erfolgt am besten in Form von *Inhalationen*, die man selbst zu Hause durchführen kann und damit teure Apparaturen, lange Wege zu einem Behandlungsinstitut usw. erspart. Es ist ein rechtes *Hausmittel*, das in der Effektivität der Wirkung so manchen umständlichen apparativen Verfahrungen durchaus nicht nachsteht. Man gibt einige Tropfen des Öles auf den Boden eines Gefäßes, gießt kochendheißes Wasser darüber, zieht sich ein Tuch über den Kopf und beugt sich dann auf das Gefäß. So werden die aufsteigenden mentholhaltigen Dämpfe inhaliert und kommen in alle Teile der oberen Luftwege hinein, bis zu den Bronchien hinunter. Man erreicht so auch die Nebenhöhlen der Nase und stellt durch die schleimhautabschwellende Wirkung des Mentholöles den Sektretabfluß wieder her, so daß sich auch die lästigen Kopfschmerzen und das Druckgefühl schnell lindern.

Besonders bewährt hat sich diese einfache Maßnahme beim Schnupfen, schon bei den ersten Anfängen, vor allem aber dann, wenn es zu einer Verstopfung der Nase gekommen ist, die mit recht lästigen Beschwerden einhergeht. Auch dann, wenn sich der Schnupfen über längere Zeit hinzieht, auch schon die Nebenhöhlen befallen hat, bringen solche Inhalationen rasche und erhebliche Linderung, wenn man sie mehrmals täglich ausführt, mindestens morgens und abends. Gleiches gilt für einen trockenen Reizhusten und für Zustände einer akuten und chronischen Bronchitis.

Resistenzsteigerung ist ein allgemeines therapeutisches Prinzip, das umfassende Anwendung findet. Es ist daher nicht verwunderlich, daß man weiterhin bestrebt war, nach resistenzsteigernden Heilpflanzen zu suchen. Zwei haben sich in letzter Zeit bestätigt: Flechtenextrakte, zumal aus Baumflechten, und der Saft der Roten Rüben, auch Rote Bete genannt (Beta vulgaris). Die *Baumflechten* wie die charakteristische Bartflechte (Usnea barbata) unserer Bergwälder enthalten Bitterstoffe, hauptsächlich die sehr bittere Usninsäure. Sie hat, wie neue Untersuchungen gezeigt haben, beträchtliche antibiotische Eigenschaften. Noch wertvoller und praktisch wichtiger scheint jedoch der allgemein resistenzsteigernde Effekt dieser Flechtenextrakte zu sein. Er zeigt sich zum Beispiel in einer Anregung des Appetits bei schwächlichen Kindern und in einer Erhöhung ihrer Widerstandskraft gegen Erkältungen.

Diese Erkenntnis sucht man neuerdings auszunutzen durch die Herstellung eines *Baumflechten-Tonicums* in Form eines weinhaltigen Auszuges aus den Baumflechten. Zur Hebung der Abwehrkraft, zumal etwa in Grippezeiten,

wird davon 2- bis 3mal täglich 1 Teelöffel voll genommen (Fa. Keimdiät Augsburg).
Der antibiotische Effekt macht sich hauptsächlich auf Schleimhäuten bemerkbar. Daher hat es sich bewährt, solche Flechtenextrakte in Form von Lutschtabletten bei Angina, Rachenkatarrh und dergleichen nehmen zu lassen. Im *Granobil* (Keimdiät Augsburg) liegt ein solches Mittel in praktischer Form vor, das sowohl für Kinder als auch für Erwachsene geeignet ist. Man läßt davon mehrfach am Tage eine der Lutschtabletten im Munde zergehen. Dabei ist die Wirkung eine viel intensivere als etwa bei Lutschtabletten aus dem Isländischen Moos (Cetraria islandica), das trotz des Namens kein Moos, sondern ebenfalls eine Flechte ist, die aber außer Bitterstoff nur Schleimstoffe enthält.

Heilpflanzen bei Krebsleiden

Die *Rote Bete* hat in der letzten Zeit aus einem besonderen Grunde die Aufmerksamkeit auf sich gezogen. Vor einigen Jahren wurde von dem Ungarn Ferenczi angegeben, daß der Saft der Roten Bete eine deutliche Wirkung bei bösartigen Krankheiten wie der Leukämie und dem Krebs zu besitzen scheine. Diese Angaben wurden inzwischen nachgeprüft, auch von deutschen Krebsforschern. Es hat sich dabei gezeigt, daß der Roten Bete zwar keine krebsheilenden Wirkungen zukommen. Wohl aber vermag die reichliche Zufuhr von Rote-Bete-Saft den Allgemeinzustand des Kranken oftmals zu heben. Es gelang, Krebskranke, die nach Röntgenbestrahlungen bald wieder Verschlechterungen zeigten, durch die Zufuhr von Roter Bete zeitweilig wieder zu bessern. Das ist immerhin schon ein erheblicher Gewinn. Allerdings sind hierzu verhältnismäßig große Mengen des Rote-Bete-Saftes notwendig. Der Kranke muß mindestens einen halben Liter pro Tag trinken, zweckmäßig auf 4 Portionen verteilt, jeweils nüchtern vor den Mahlzeiten. Man kann sich einen solchen Rote-Bete-Saft selbst herstellen. Dabei ist zu beachten, daß er nicht über 70 ° C erhitzt werden darf, da sonst der Wirkstoff leidet. Da der Saft vielfach auf die Dauer nicht gut schmeckt, kann man ihn mit Buttermilch, Joghurt oder Rotwein mischen. Wesentlich ist es, daß der Kranke die Einnahme des Saftes nicht ausläßt, auch wenn er sich bereits besser fühlt. Er muß ihn wenigstens 3/4 bis 1 Jahr konsequent nehmen. Eine Beruhigung dabei ist die Feststellung, daß man mit der Gabe von Rote-Bete-Saft auf keinen

Rote Bete

Fall schaden kann. Selbst die großen, nun einmal notwendigen Mengen werden anstandslos vertragen. Es gibt inzwischen sehr gute Rote-Bete-Säfte im Handel, so vom Kneipp-Heilmittelwerk und von Schönenberger, einen milchsauervergorenen Saft von Eden. Man beachte bei dem Genuß des Rote-Bete-Saftes, daß der intensiv rote Farbstoff schon sehr schnell den Harn und Stuhl rot färbt. Der Kranke bekommt dann leicht einen Schreck, weil er das für Blut hält. Aber die rote Färbung ist harmlos und wird als Zeichen einer schnellen Wirkung gern hingenommen, wenn man darum weiß.

Diese Stärkung der Widerstandskraft des Körpers durch den Genuß des Rote-Bete-Saftes kann man sich aber auch noch bei anderen Erkrankungen zunutze machen, vor allem bei der Grippe. So hat es sich eingeführt, in den Grippezeiten schon als Vorbeugungsmittel diesen Saft zu nehmen, ebenso wie wir das gern mit dem Vitamin C tun. Auch dieses wirkt ja in erster Linie durch eine Hebung der Widerstandskraft des Körpers. Das Vitamin C versetzt die Zellen gleichsam in die beste Verfassung, um einer Infektion widerstehen zu können. Es handelt sich dabei um eine Anregung des Zellstoffwechsels und der Zellatmung, also wiederum um ein ganz anderes Prinzip wie bei den Antibiotika und bei den pflanzlichen Mitteln zur Resistenzsteigerung. Ob eine reichliche Zufuhr von Vitamin C eine bereits ausgebrochene Grippe wirksam zu beeinflussen vermag oder ob der Schutz, also der prophylaktische Effekt, sicher genug ist, wissen wir trotz vieler und mit großen Emotionen ausgetragener Erörterungen noch immer nicht. Auf jeden Fall aber kann es nur nützlich sein, Vitamin C dem Körper bei einer Erkältungskrankheit in reichlicher Menge zuzuführen, um ihn in den besten Abwehrzustand zu versetzen, ebenso wie wir zu einem solchen Zweck auch den Rote-Bete-Saft geben. Man kann auch beides miteinander verbinden.

Es gibt übrigens eine ganze Reihe von Pflanzen, denen eine günstige Wirkung beim Krebsleiden zugesprochen wird. Einige können sogar als echte „Krebsmittel" bezeichnet werden und haben Eingang in die Klinik gefunden. Es gehören dazu das Colchicin aus unserer heimischen Herbszeitlose (Colchicum autumnale; Handelspräparat: Colcemide) sowie Derivate des Podophyllin, das schon immer als starkes Abführmittel aus dem Rhizom indischer Podophyllum-Arten bekannt war (Handelspräparat: Proresid).
Die Inhaltsstoffe dieser Pflanzen wirken krebshemmend (cytostatisch), wie wir es auch von einer ganzen Reihe chemisch-synthetischer Stoffe kennen. Ihre Wirkung beruht auf einer unmittelbaren Beeinflussung des ungehemmten Wachstums der Krebszellen. Da sich dieser Effekt jedoch nicht nur auf die Krebszellen erstreckt, sondern ebenso auch auf andere, stark wachsende Zellen im Körper, vor allem auf die blutbildenden Zellen im Knochenmark, bedeutet die Anwendung dieser Substanzen immer ein erhebliches Risiko. Daher kom-

men diese krebshemmenden Stoffe, die man zusammenfassend Cytostatica nennt, nur in den schwersten, sonst unbeeinflußbaren Zuständen eines Krebsleidens in Betracht, wenn Operation und Bestrahlung nicht mehr ausreichen.

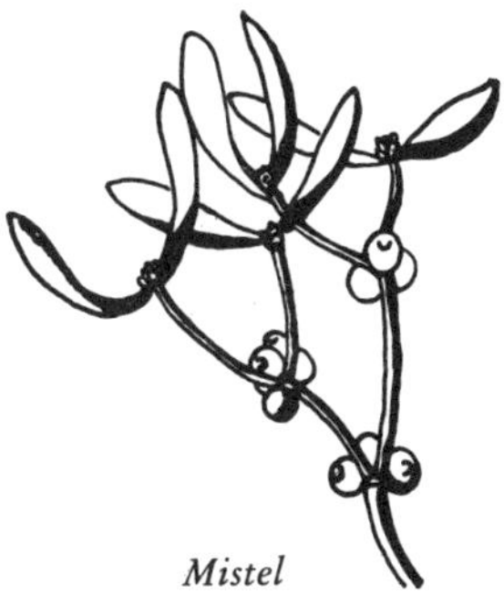
Mistel

In letzter Zeit ist viel von einer günstigen Beeinflussung des Krebsleidens durch unsere heimische *Mistel* (Viscum album) die Rede. Von dem Mistelpräparat *Iscador* der Weleda werden zahlreiche Beobachtungen berichtet, aus denen eine günstige Beeinflussung der verschiedensten Krebsformen hervorgeht. Prof. Salzer vom Krankenhaus Wien-Lainz schreibt, daß er mit serienweisen Injektionen eines solchen Mistelextraktes gute Erfolge beim Magenkrebs sehen konnte, wenigstens zeitweise Besserungen.

Neuerdings ist es sogar gelungen, im Tierexperiment eine krebshemmende Eigenschaft der Mistel nachzuweisen. Dr. Vester vom Max-Planck-Institut für Eiweiß- und Leberforschung in München konnte aus der Mistel eine krebshemmende (cytostatische) Substanz isolieren, und gleichartige Untersuchungen liegen aus den USA vor.
Allerdings sei nochmals betont, daß wir von den pflanzlichen und ebenso auch von allen chemisch-synthetischen sogen. *„Krebsmitteln"* (Cytostatica) nicht zu viel erwarten dürfen. Eine Heilung ist damit nicht zu erreichen. Wohl aber können sie eine Ergänzung der übrigen Therapie mit Operation und Bestrahlung sein, zumal in weit vorgeschrittenen Fällen. Sie vermögen dann das Allgemeinbefinden zu bessern, die Schmerzen zu lindern und insgesamt die Lebensqualität für eine freilich begrenzte Zeit zu erhöhen. Das ist aber immerhin auch schon ein erstrebenswerter Erfolg. Überhaupt hat man bei dem Krebsleiden immer mehr einsehen müssen, daß es sich dabei um eine Allgemeinerkrankung des ganzen Körpers handelt und daß es daher wichtig sei, die allgemeinen Abwehrkräfte des Körpers zu heben. Insbesondere scheint die *Immunabwehr* dabei eine recht erhebliche und früher vielfach unterschätzte Bedeutung zu haben. Der Körper besitzt jedenfalls eigene Abwehrkräfte gegen die Krebszellen, die leider zu einer vollständigen Vernichtung derselben nicht ausreichen. Andererseits kann durch Hebung der allgemeinen Resistenz und vor allem der Immunkräfte doch immerhin noch einiges ermöglicht werden. Es setzt sich daher heute immer mehr die Meinung durch, daß man darauf auch bei Operationen und Bestrahlungen Rücksicht nehmen müsse. Allzu radikale Operationen können

ebenso wie ausgedehnte Bestrahlungen letztlich doch mehr schaden als sie nützen. Es gibt Krebsformen, die von Anfang an nicht so bösartig sind und viel milder verlaufen als andere, und gerade bei diesen wird man durch Hebung der Abwehrkraft durch solche pflanzlichen Mittel wie Iscador oder den ähnlichen Mistelpräparaten Plenosol und Helixor wenigstens zu einer begrenzten Verlängerung der Überlebenszeit bei verhältnismäßig günstigem Allgemeinbefinden kommen können.

Bei dem *Krebs der Brustdrüse* (Mammacarcinom) äußert sich die Problematik der heutigen Krebstherapie in besonders deutlicher Weise. Es hat sich gezeigt, daß die bisher üblichen großen Operationen mit Amputation der ganzen Brust und Ausräumung der Lymphdrüsen in der Achselhöhle durchaus nicht immer notwendig sind. In manchen Fällen, über deren Häufigkeit noch gestritten wird, genügt eine weit kleinere Operation. Sie besteht in der Ausschneidung des lokal begrenzten Tumors in der Brustdrüse, ohne diese selbst zu opfern. Danach scheinen die Resultate in manchen Fällen genauso gut zu sein wie bei der großen Absetzung der ganzen Mamma. Aber die große Schwierigkeit liegt darin, diese Fälle herauszufinden, bei denen man damit auskommt. Dafür haben wir bis heute noch keine sichere Methode, obwohl sehr daran gearbeitet wird. Noch immer wird daher in der Mehrzahl der Fälle die große Brustdrüsenoperation mit dem Absetzen der ganzen Brustdrüse die Regel sein. Leider kommt es danach gar nicht so selten zu einer unangenehmen und hartnäckigen Schwellung des Armes auf der Seite der Operation, die durch eine *Lymph stauung* bedingt ist. Die Beschwerden äußern sich in Spannungs- und Schweregefühl des Armes, Einschränkung der Beweglichkeit und erheblichen Schmerzen, bevorzugt in Ruhe und während des Schlafes. Die übliche Behandlung besteht in Hochlagerung des Armes und einer Dauerkompression mit einem elastischen Zweizug-Gummistrumpf nach Maß, in ähnlicher Weise wie bei Krampfadern. Dazu kommt eine Entstauungsgymnastik mit isometrischen Spannungsübungen und Schnellkraftübungen der Finger und Hände. Das alles ist jedoch eine recht umständliche, schwierige und langdauernde Therapie. Daher wird empfohlen, sie äußerlich durch die Anwendung der von *R. Sichert* durch lange eigene Erfahrungen ausgearbeiteten Lymphsalbe zu unterstützen, die als *„Unguentum lymphaticum“* im Handel ist (PGM Pharmazeut. Ges. München 2). Sie besteht aus einem Gemisch der Extrakte von *Conium maculatum, Digitalis purpurea, Colchicum autumnale (Herbstzeitlose), Hyoscyamus niger* (Bilsenkraut) und *Podophyllum.* Diese Heilpflanzen wurden früher (nach *Aschner)* als *Antidyskratica* bezeichnet, ehe man ihre spezifischen Wirkungen bei Tumorleiden erkannte. Diese Lymphsalbe muß konsequent für längere Zeit morgens und abends kräftig einmassiert werden, zweckmäßig nach den gymnastischen Übungen und vor Anlegung des Kompressionsverbandes bzw. abends nach Abnahme desselben. Die lokale Verträglichkeit ist überraschend gut. Da die Salbe aus stark wirksamen Arzneistoffen besteht, ist sie nicht nur apotheken-, sondern auch rezeptpflichtig, d.h. der Apotheker darf sie nur auf jedesmal erneutes ärztliches Rezept abgeben. Versuche, diese Rezeptpflicht dadurch auszuschalten, daß man die Konzentration der Wirkstoffe vermindert, haben sich als unzureichend erwiesen. Es kommt eben doch auf eine genügend hohe Konzentration der in betonter Weise synergistisch wirksamen Forte-Phytotherapeutika an. Dafür ist dann aber auch der Erfolg rasch und deutlich. Er zeigt sich in Abnahme der Schwellung und Rückgang der Schmerzen bis zu ihrem völligen Verschwinden, am besten immer in Kombination mit den übrigen Maßnahmen. Für diese ist die Lymphsalbe eine so wirksame Unterstützung, daß man sie als eine wirkliche Bereicherung ansehen muß. Den üblichen Venensalben aus Roßkastanien (Aesculus)-Präparaten, wie sie gleichfalls empfohlen wurden, ist sie erheblich überlegen.

Heilpflanzen haben derart auch bei Krebsleiden eine nicht unwesentliche Bedeutung. Einerseits werden Heilpflanzen zu Bekämpfung von Krebsleiden (Carcinomen) eingesetzt im Sinne eines das Wachstum der Krebszellen hemmenden Mittels (Cytostaticum), so das Alkaloid Vinblastin aus der amerikanischen Vinca rosea in den Präparaten Velbe und Vincristin (Lilly), sowie die beiden bereits genannten Pflanzenstoffe Podophyllin und Colchicin.

Andererseits wurde festgestellt, daß manche Heilpflanzen auch krebserzeugend (kanzerogen) wirken können, nicht anders als auch chemisch-synthetische Substanzen und sogar die als Krebsheilmittel vielgebrauchten synthetischen Cytostatica. Ein solches Beispiel hat in letzter Zeit große Aufmerksamkeit erregt und Unruhe verbreitet. In dem Forschungslaboratorium der Fa. Madaus wurde festgestellt, daß die *Aristolochiasäure* in Tierversuchen bösartige Tumoren hervorrufen kann und zwar schon in Mengen, die nicht weit von den therapeutisch gebrauchten Dosierungen liegen. Die Aristolochiasäure ist die Reinsubstanz aus der *Osterluzei, Aristolochia clematitis,* eine Heilpflanze, die schon bei den Ägyptern und Griechen in hohem Ansehen stand. Ihren wissenschaftlichen Namen Aristolochia verdankt sie der Beobachtung der alten Ärzte, daß sie den Ausfluß aus den Genitalien nach einer Geburt, die sogenannten Lochien, günstig zu beeinflussen vermag, wenn sie durch eine Infektion zu stark und übelriechend werden. Dabei bedeutet die vorgesetzte Silbe „Aristo“ (aristos) „sehr gut“, das ganze Wort demgemäß „sehr gute Lochien“. Neue Untersuchungen zeigten, daß in der Tat eine gute Beeinflussung von Wundinfektionen durch die Aristolochia besteht. Die Fa. Madaus brachte daher ein Aristolochia-Präparat unter dem Namen Tardolyt heraus. Es hatte sich schnell einen guten Ruf erworben zur Verstärkung der Abwehrkräfte des Körpers und zur Behandlung schlecht heilender Wunden und Fisteln. Die Firma zeigte pflichtgemäß ihre Beobachtungen über die überraschend festgestellte krebserzeugende Eigenschaft dem Bundesgesundheitsamt in Berlin an, und dieses verfügte entsprechend den Bestimmungen des Arzneimittelgesetzes das sofortige Verbot aller Handelspräparate, die Aristolochiasäure enthalten. Dabei stellte sich heraus, daß die Pflanze inzwischen in fast 200 Präparaten, meistens Kombinationspräparaten, enthalten war. Das erregte verständlicherweise großes Aufsehen und führte zu vielen Protesten. Man wies vor allem darauf hin, daß üblicherweie nur Gesamtextrakte der Osterluzei verwendet werden, die als carcinogen erkannte Aristolochiasäure aber nur einer der Bestandteile des Gesamtextraktes sei. Man müsse daher die Versuche mit einem solchen Gesamtextrakt wiederholen, wenn man das Verbot aufrechterhalten wolle. Aristolochia clematitis ist ja eine recht eigenartige Pflanze, sie gehört zu den „Kesselfallenblüten", die mit ihrer röhrenförmigen Blütenhülle Insekten anlocken und verdauen, ähnlich dem Sonnentau (Drosera). Dazu gehören besondere Enzyme und es erhebt sich nun die Frage, ob diese vielleicht an der Gesamtwirkung der Pflanze mitbeteiligt seien und die carcinogene Wirkung der reinen Aristolochiasäure wenigstens teilweise zu kompensieren vermögen. Jedenfalls ist es unbestreitbar, daß in der Praxis noch kein einziger Fall einer Krebsentstehung durch die Osterluzei beobachtet und berichtet wurde, und auch die Wertschätzung der Pflanze schon seit dem Altertum spricht für ihre weitgehende Schadlosigkeit. Dazu kommt, daß man entsprechend dem Indikationsgebiet die Aristolochia immer nur für eine begrenzte Zeit anwenden wird, die wahrscheinlich längst nicht ausreicht, um dem Körper wirklich carcinogen wirkende Substanzmengen zuzuführen. Jedenfalls hat sich hier eine interessante Problematik gezeigt, und die Auseinandersetzungen über das Verbot sind noch längst nicht beendet.

Kürbiskerne als Heilmittel

Kürbis

Der Kürbis, Cucurbita pepo, ist uns als Gartenpflanze wohlbekannt. Es handelt sich um die großen gelben Früchte, die ein reichlich wäßriges, aber auch schleimhaltiges Fruchtfleisch enthalten und in diesem die etwa mandelgroßen Samen, meistens in sehr großer Zahl. Diese sind es, die man als *Kürbiskerne* bezeichnet. Wenige wissen, daß es sich bei diesen Kürbiskernen (Semen Cucurbitae) um ein *Heilmittel* handelt, mit dem man sich in der letzten Zeit eingehender beschäftigt hat.

Im Vorderen Orient wurden die Kürbiskerne schon immer als ein *Wurmmittel* gebraucht, hauptsächlich gegen Bandwürmer, aber auch bei mannigfachen anderen Eingeweidewürmern. In der Tat ist eine derartige „wurmtreibende" Wirkung vorhanden, aber sie ist nicht sehr stark und vor allem sehr ungleichmäßig und unsicher. Der bei uns üblicherweise angebaute Kürbis besitzt diese Wirkung nicht oder doch nur in sehr geringem Maße. Es scheint eine besondere Kürbisform zu sein, die hauptsächlich in der Türkei gezogen wird, welcher eine derartige wurmwidrige Wirkung zukommt. Hat man den „richtigen" Kürbis, so kann man ihn als Wurmmittel versuchen. Sein großer Vorteil ist seine völlige *Schadlosigkeit.* Man hat keinerlei giftige Nebenerscheinungen zu befürchten, selbst wenn man ihn in größeren Mengen zu sich nimmt, wie es für eine Wurmkur notwendig ist.

Wir besitzen aus unserer heimischen Flora ein wesentlich stärkeres und höchst zuverlässiges Heilmittel gegen Bandwürmer und Spulwürmer: den Wurmfarn, Dryopteris filix-mas. Er wächst in unseren Wäldern an schattigen, humosen Stellen. In seinem dicken Wurzelstock befindet sich ein giftiges Öl, das mit Recht als eines der stärksten Wurmmittel gilt und der Pflanze den Namen gegeben hat. Aber es ist ein wirkliches Gift, das schon in den zulässigen Mengen zu einer Leberschädigung führen kann. Mehrfach habe ich das Auftreten einer Gelbsucht danach beobachtet, und im Schrifttum sind eine ganze Reihe solcher Fälle beschrieben. Daher untersteht der Wurmfarnextrakt der ärztlichen Verordnung und darf nur gegen Rezept abgeben werden. Bei dieser Situation ist es sicher ein Vorteil, in den Kürbiskernen ein absolut harmloses Bandwurmmittel zu besitzen. In der Presse médicale, der führenden französischen medizinischen Fachzeitschrift, vom 25. April 1964, berichtete Charles *Junod,* Paris, von überraschend günstigen Wirkungen bei verschiedenen Eingeweidewürmern des Menschen. Er verwendete ein Kürbisöl, das aus den Kürbiskernen gewonnen wird und von dem 30 ccm einer Menge von 500 g Kürbissamen entsprechen. Das läßt sich leichter einnehmen. Damit erreichte er bei 80 Erwachsenen 84,6 % Erfolge. Bei weiteren 54 Kranken wurde das Kürbisöl mit einer Sonde unmittelbar in den Magen oder Zwölffingerdarm eingeführt und hatte bei allen einen vollen Erfolg.
Die ausgezeichnete Verträglichkeit macht die Kürbiskur vor allem wertvoll für schwache und organisch kranke Menschen, zumal solche mit Magen-Darmkrankheiten, die man nicht noch mit einem schädlichen Medikament belasten kann, wenn sie zu ihrer sonstigen Störung hinzu noch einen Bandwurm bekommen. Auch Diabetiker sind für eine solche Kürbiskur geeignet.
Aus der Universitäts-Frauenklinik Göttingen schrieb 1961 Prof. H. *Hartl* eine ausführliche Arbeit (Med. Kl., Nr. 28. 1961) über Medikamente, welche in der *Schwangerschaft* nicht angebracht seien. Darin wies er ebenfalls darauf hin, daß

der Wurmfarnextrakt von Schwangeren gemieden werden müsse. Als zulässiges harmloses Wurmmittel nennt er die Kürbissamen.
Wir stehen also auf gesicherter Grundlage, wenn wir die Kürbiskerne als Wurmmittel verwenden, wenn auch mit den genannten Einschränkungen. Wir brauchen von den Kürbiskernen große Mengen. Als Regel gilt, jeden Morgen eine kleine *Handvoll* Kürbiskerne zu nehmen, die man zweckmäßig in einem Mixapparat mit etwas Milch und Quark zerkleinert, am besten gleich nüchtern, vielleicht noch mit etwas roh geriebenem Apfel dazu. Das muß mindestens 8–14 Tage hintereinander geschehen, und man muß in dieser Zeit für eine gute tägliche Stuhlentleerung sorgen. Zum Abschluß nimmt man einmalig ein stärkeres Darmreinigungsmittel, am besten 1–2 Löffel Rizinusöl in der bewährten Weise mit schwarzem Kaffee. Diese Kur wird zur Sicherheit nach einem Zwischenraum von 6 Wochen noch einmal wiederholt. Sollte der Erfolg dann noch immer ausbleiben, so stehen uns heute sehr zuverlässige chemische Bandwurmmittel zur Verfügung wie das *Yomesan* von Bayer, das bemerkenswert gut verträglich ist und bei dem eine Eintage-Kur genügt.
Weit bedeutungsvoller ist ein *zweites* Anwendungsgebiet der Kürbiskerne, das sich erst in neuerer Zeit herausgestellt hat.
Es sind Erkrankungen der *Harnblase* und insbesondere der Vorsteherdrüse oder *Prostata,* die am Übergang der Harnblase zur Harnröhre liegt. Eine Vergrößerung der Vorsteherdrüse, die *Prostatahypertrophie,* ist das bekannte und häufige Leiden der älteren Männer, das zu einer zunehmenden Behinderung des Harnabflusses bis zur völligen Harnverhaltung führt und mit einem höchst unangenehmen und häufigen Harndrang einhergeht. Man spricht daher mit Recht von einem Harn*zwang* oder einem *imperativen,* d. h. alles andere beherrschende Drang zur sofortigen Blasenentleerung.
Nun geht es aber mit dem Prostataleiden sehr eigenartig. Es gibt nicht wenige Fälle, bei denen die Größenzunahme der Prostata bald nachläßt oder sogar ganz zum Stillstand kommt. Und es gibt andere, bei denen der Zustand unaufhaltsam fortschreitet bis zur völligen Unmöglichkeit, die Blase zu entleeren, so daß als Folge eine Harnvergiftung des ganzen Körpers droht. Die Gründe, weshalb die Krankheit in dem einen Falle relativ gutartig und in dem anderen gefahrdrohend verläuft, kennen wir nicht. Das aber macht den Verlauf der Prostatahypertrophie so verschieden und die Vorhersage im Einzelfall so schwierig. Es besteht heute kein Zweifel mehr, daß die fortgeschrittenen Fälle, bei denen sich die Harnverhaltung nicht mehr dauerhaft beheben läßt, operiert werden müssen, und zwar so frühzeitig wie möglich. Es gibt verschiedene Operationsverfahren, die in letzter Zeit technisch sehr vervollkommnet wurden und die im Erfolg alle ungefähr gleichwertig sind. Sie beseitigen das große Hindernis am Blasenausgang sicher und dauerhaft. Selbst bei alten und geschwächten Männern über 80 Jahren kann man heute die Operation relativ ge-

fahrlos durchführen. Aber es gibt eben auch viele Fälle, welche die Operation nicht oder noch nicht notwendig haben. Bei ihnen verharrt das Leiden auf einem geringen Stand, in dem sog. 1. Stadium, bei dem lediglich gehäufter Harndrang und eine erschwerte, langsamere Harnentleerung vorliegen. Es ist verständlich und medizinisch auch durchaus zu verantworten, daß man hier alles tun möchte, um zunächst mit einfachen Mitteln die Beschwerden zu bessern und ein weiteres Fortschreiten zu verhindern, bei allem Wissen um die Unsicherheit eines solchen Vorgehens. Die Berechtigung dazu leitet sich vor allem her von der Erkenntnis, über die führende Urologen berichten, daß gar nicht allein die Größe der *Prostata* maßgeblich ist, sondern auch der Zustand der Blase. Zwei Mechanismen wirken bei der Harnentleerung in jedem Falle zusammen, auch beim normalen Menschen: der Schließmuskel am Blasenausgang muß erschlaffen und den Abfluß freigeben, und es muß sich gleichzeitig der Muskel in der Wand der übrigen Blase kräftig zusammenziehen und den Blaseninhalt, den Harn, herauspressen. Je mehr der Blasenausgang durch die Vergrößerung der Prostata verengt wird, um so größer muß der Druck sein, den die Entleerungsmuskululatur anzuwenden hat, um ihn doch noch zu überwinden. Mit anderen Worten: der Spannungszustand, der *Tonus,* der Entleerungsmuskulatur muß gesteigert werden. Hier haben wir *eine* Angriffsmöglichkeit. Weit schwieriger ist es, das Wachstum der Drüse selbst zu beeinflussen. Es folgt eigenen, uns unbekannten Gesetzen.
In diesem Mechanismus der Harnentleerung vermögen die Kürbiskerne allem Anschein nach in regulierender Weise einzugreifen. Vor allem heben sie den Tonus der Blasenmuskulatur und fördern die Entleerung des Inhalts. Dadurch wird der so gefürchteten Harnstauung, dem sog. Restharn, vorgebeugt; die Beschwerden lassen nach, der Harndrang wird seltener. Im einzelnen kennen wir den Wirkungsmechanismus noch nicht. Wir wissen auch nicht, auf welchen Bestandteilen der Kürbiskerne er beruht. Wahrscheinlich ist es hier das gleiche, was wir schon bei so vielen Heilpflanzen kennen lernten: daß es nicht ein einzelner Wirkstoff ist, sondern die *Summe* derselben in einem glücklichen Mischungsverhältnis. Sicher hat die Natur das nicht so „gewollt". Um es einmal kraß, aber unmißverständlich auszudrücken: sie hat bei den Kürbiskernen ebenso wie bei so vielen anderen Heilpflanzen nicht daran „gedacht", daß hier ein Arzneimittel vorliegen solle. Aber die Erfahrung des Menschen hat aus der unendlichen Mannigfaltigkeit der von der Natur geschaffenen Kombinationen doch mit einem geradezu heilerischen Instinkt dasjenige herausgefunden, was für ihn bei krankhaften Zuständen nützlich sein könnte.

Man hat in den Kürbiskernen viele Inhaltsstoffe festgestellt. Es ist ein fettes Öl, Oleum Cucurbitae, ein Phytosterin, vielleicht auch in kleinen Mengen ein Alkaloid. Es sind auch Vitamine darin enthalten, vor allem solche der E-Gruppe (Tocopherole), möglicherweise sogar hormonartige Substanzen. Das Wichtigste scheinen jedoch Eiweißstoffe und Aminosäuren zu sein. Wenn wir also auch über die Wirkstoffe noch nichts Sicheres auszusagen vermögen, so kann doch heute an der Wirksamkeit des Kürbis bei gewissen Blasenleiden kein Zweifel mehr sein. Darüber liegen eine ganze Reihe zuverlässiger Berichte vor. Außer im 1. Stadium der Prostatahypertrophie wird auch die gute Wirkung bei der *Reizblase* hervorgehoben. Man versteht darunter einen Zustand von gehäuftem Harndrang, oft mit recht erheblicher Schmerzhaftigkeit, ohne daß eine organische Veränderung der Blase vorliegt, weder ein durch Bakterien hervorgerufener Blasenkatarrh oder eine sonstige organisch begründete Erkrankung der Blase. Es handelt sich bei der Reizblase nicht selten um nervöse Frauen zur Zeit der Wechseljahre. Auch dabei ist die Grundlage der Beschwerden eine Störung im Zusammenspiel der Verschluß- und Entleerungsmuskulatur, und die Erhöhung des Blasentonus schafft dann die erstrebte Hilfe. Für eine solche Erklärung spricht, daß sogar bei Entleerungsschwierigkeiten der Harnblase bei Gelähmten und bei Alterskrankheiten durch Kürbiskerne Hilfe gebracht werden kann. Darüber wurde aus einem Hamburger Pflegeheim berichtet.

Wesentlich, ja ausschlaggebend ist für alle Fälle, daß wir für diese Heilzwecke wirklich *wirksame* Kürbiskerne benutzen. Das kann nicht genug betont werden, damit Mißerfolge ausbleiben. Der Kürbis könnte sonst allzu leicht in Mißkredit kommen.

In dieser Situation ist es sicherlich ein Fortschritt, daß uns neuerdings ein Kürbispräparat zur Verfügung steht, das aus einer Spezialzucht gewonnen wird, die einen gleichbleibenden Effekt garantiert. Es ist unter dem Namen „*Kürbis-Granufink*“ in Form eines leicht einzunehmenden Granulats im Handel und in Reformhäusern und Apotheken erhältlich (Fink, 7033 Herrenberg). Man nimmt es teelöffelweise, pro Tag 2–3mal je 1–2 Teelöffel voll in Müsli, Apfelmus oder Quark oder ganz einfach mit etwas Milch verrührt. Dem Wesen der Blasenerkrankung entsprechend, muß dies einige Wochen hindurch geschehen, auch länger. Die Verträglichkeit ist ausgezeichnet. Sogar frisch an einer Prostatahypertrophie Operierte können und sollten es nach einer Operation nehmen, sobald sie wieder Nahrung vertragen, damit die Blasenmuskulatur tonisiert wird und sich schneller wieder einreguliert.

Das Kürbiskernöl „Fink“ ist ein gutes, wohlschmeckendes Speiseöl. Auch ganze „diätetische“ Kürbiskerne sind im Handel, die man kauen kann wie Sonnenblumenkerne.

Eine Kombination der Kürbis-Inhaltstoffe mit dem Kraut der Goldrute (Solidago virgaurea) und einem Extrakt aus Pappelblättern (Populus), denen man beiden eine Wirkung auf die Harnorgane zuschreibt, ist das *Prostamed* (Klein, Zell-Harmersbach/Schwarzw.), von dem 3mal täglich 2–4 Tabletten genommen werden. Bei der Reizblase der Frauen, die bekanntermaßen sehr schwer beeinflußbar ist, genügen oftmals die Kürbiskerne allein nicht. Dann gebe man die *Cysto-Kapseln,* eine Kombination des Kürbis mit mehreren anderen Heilpflanzen, vor allem mit der Kava-Kava (Piper methysticum) und dem Hopfen, die zusätzlich beruhigend und entspannend wirken, anfangs 3–4mal täglich 1–2 Kapseln; später genügen morgens und abends 1 Kapsel. Das hilft übrigens auch, wenn einmal bei einer Prostatahypertrophie vorübergehend die Beschwerden sehr stark sind, etwa nach einer Durchnässung oder nach kalten Füßen. Ein eigenes und bemerkenswertes Anwendungsgebiet für die Cysto-Kapseln ist das Bettnässen der Kinder, weil hier ganz ähnliche Verhältnisse vorliegen. (Fa. Fink).

Altes und Neues über die Arnika

Arnika

Die Arnika, *Arnica montana,* auch Berg-Wohlverleih genannt, ist eine sehr alte Heilpflanze. Aber es ging mit ihr wie mit vielen anderen; sie kam zeitweilig ziemlich in Vergessenheit. Man gebrauchte sie wohl noch als Gurgelmittel bei Heiserkeit und Halsentzündung und auch äußerlich bei Wunden und Quetschungen. Aber innerlich wurde sie kaum noch eingenommen. Dabei haben wir einen wesentlichen Beleg für die Hochschätzung, der sie sich früher erfreute. In „Dichtung und Wahrheit" wird uns geschildert, wie der alte Goethe immer dann, wenn seine Herzbeschwerden kamen, sich einen Arnika-Tee bereiten ließ, und er tat ihm offensichtlich gut. Es handelte sich bei diesen Herzanfällen um eine Angina pectoris auf der Grundlage seiner inzwischen fortgeschrittenen Verkalkung der Herzkranzgefäße.
In der Folgezeit wurde die innerliche Anwendung der Arnika fast völlig vergessen, weil man für eine akute Anregung das Kreislaufs den Rosmarin und für die langfristige Verabreichung bei der Coronarsklerose den Weißdorn bevorzugte, vor allem aber, weil sich für die Behandlung des Angina pectoris-Anfalls die Nitropräparate wie das Nitroglycerin als weit wirksamer erwiesen hatten. In den letzten Jahren beschäftigte man sich aber doch wieder mit der innerlichen Gabe der Arnika und fand bemerkenswerte Wirkungen. Am Herzen erfolgt eine Erweiterung der Herzkranzgefäße ähnlich wie beim Weißdorn, aber doch nicht ganz so deutlich und sicher. Im Vordergrund steht

ein anregender (stimulierender) Effekt auf Arterien und Venen; dafür wird eine Arnikasalbe bei Krampfaderleiden empfohlen.
Hierfür ist die Arnika besonders dann geeignet, wenn lokale Entzündungen und Hautblutungen im Bereich der *Krampfadern* mit einer Blaufärbung der Haut im Vordergrund stehen, so die *Arnika-Kneipp-Salbe* des Kneipp-Heilmittelwerks. Sie ist in gleicher Weise gut wirksam bei den bekannten blauen Flecken durch Hautblutungen nach Unfällen. Innerlich wird die Arnika dagegen heute nur noch als Bestandteil von Herzmittel-Kombinationen gebraucht, seltener allein.
Man verwendet von der Arnika hauptsächlich die Blüten (Flores Arnicae), seltener die Arnikawurzel. Beide enthalten eine große Zahl wirksamer Inhaltsstoffe. Der ganz eigene und unverwechselbare Geruch der Arnika beruht auf einem ätherischen Öl. Dazu kommen Falvone, ein glykosidischer Bitterstoffkomplex Arnicin, Gerbstoffe, ein karotinoider gelber Farbstoff und noch eine ganze Reihe anderer, weniger wichtiger Substanzen. Somit ist die Arnika ein weiteres typisches Beispiel für die schon mehrfach hervorgehobene Tatsache, daß eine wertvolle Heilpflanze einen *Wirkstoffkomplex* enthält, der erst in dieser naturgegebenen Zusammenfügung die besondere Wirkung ausmacht. Von keiner der Einzelsubstanzen kann man eine hervorgehobene Wirkung feststellen und daher ist es auch immer noch dabei geblieben, die gesamte Arnikapflanze, teils die Blüten, teils die Wurzeln, zu verwenden.
Obwohl die Arnika die Blutversorgung des Herzens durch die Herzkranzgefäße in ähnlicher Weise wie der Weißdorn zu bessern vermag, bestehen doch gegenüber dem Weißdorn deutliche Unterschiede. Bei der Arnika tritt mehr der *schnell* eintretende *anregende* (stimulierende) Effekt in den Vordergrund. Daher erfolgt die Arnika-Gabe auch mehr bei akuten Schwächezuständen des Herzens. Demgegenüber ist der Weißdorn, wie bei dessen Besprechung ausgeführt wurde, vorzugsweise ein Mittel für die langdauernde, kurmäßige Behandlung der coronaren Herzerkrankung.
Das ist auch beim *Altersherzen* zu berücksichtigen, worunter wir die altersbedingte, noch physiologische Minderleistung des Herzens im höheren Lebensalter zu verstehen haben, wenn es noch nicht zu einem eigentlichen Herzmuskelversagen gekommen ist. Will man hier bei einem Schwächezustand kurzfristig helfen, kommt die Arnika in Betracht. Erstrebt man jedoch die Linderung geringerer, dafür aber mehr chronischer Beschwerden, und vor allem eine Vorsorge, um die Leistung des alternden Herzens auf längere Dauer aufrechtzuerhalten, so wird man zum Weißdorn greifen. Es handelt sich also hier um eine deutliche Differential-Indikation, wie man dies wissenschaftlich ausdrückt. Unter diesen neuen Gesichtspunkten ist uns die Arnika erneut wertvoll geworden.
Man kann, wie es schon Goethe tat, einen frischbereiteten Arnika-Tee langsam

schluckweise trinken, zubereitet aus ein bis zwei Teelöffeln der Arnikablüten, Flores Arnicae. Oder man nimmt 5 bis 10 Tropfen der Arnika-Tinktur, zweckmäßig mit etwas warmem Wasser verdünnt. Ein gutes neues Arnica-Präparat in Form von Dragées ist *Lacœrdin* der phytotherapeutischen Firma Vogel und Weber in Inning am Ammersee, die dort auf den Mooren am See viele der gebrauchten Heilpflanzen selbst sammelt und verarbeitet. Lacœrdin enthält außer der Arnika noch Extrakte aus Maiglöckchen (Convallaria majalis) und Weißdorn, und es ist außerdem mit Rutin und Vitamin C angereichert. Man nimmt davon 3mal täglich 1 Dragée nach dem Essen, vorzugsweise bei Erkrankungen der Herzkranzgefäße und bei anderen Durchblutungsstörungen, etwa an den Beinen bei dem sogen. intermittierenden Hinken. Auch die Arterienverkalkung im Gehirn (cerebrale Sklerose) und das Altersherz reagieren gut auf Lacœrdin, wobei man im Anfang die Dosis auf 3mal 2 Dragées steigern kann. Trotz der Vernachlässigung der innerlichen Anwendung hatte sich die *äußere* Arnika-Anwendung noch immer erhalten, vor allem in Form von Umschlägen bei Blutergüssen, schlecht heilenden Wunden und Geschwüren und auch bei Krampfaderentzündungen. Man nimmt dazu ein bis zwei Eßlöffel der Arnikatinktur auf einen halben Liter Wasser, kühl bis zimmerwarm, tränkt damit einen Leinen- oder Waschlappen, drückt ihn leicht aus und legt ihn locker auf, *ohne* Bedeckung mit einem wasserdichten Stoff. Es soll ein kühlender, also abdunstender Verband sein und nicht eine feuchte Kammer, wie sie entsteht, wenn man einen wasserdichten Stoff überlegt und das Ganze mit einer Binde befestigt. Dieser *lockere* Verband wird alle 1/4 bis 1/2 Stunde gewechselt, zwei Stunden jeweils hintereinander, zwei- bis dreimal am Tage. Die Erfolge sind offensichtlich. Die Wunden und Geschwüre reinigen sich schnell. Blutergüsse gehen rascher zurück, der entzündliche Zustand bei Quetschungen und Zerrungen läßt bald nach. Gleich günstig wirken diese Umschläge auch bei entzündeten Gelenken, vor allem bei frischen entzündlichen Schüben einer Arthrosis deformans im Kniegelenk, wie sie so häufig nach Überanstrengungen auftritt. Auch geschwollene Füße bei überanstrengten Senk- und Spreizfüßen, nach früheren Knöchelbrüchen u. dgl. reagieren ausgezeichnet auf solche Arnika-Umschläge. Für diese Zwecke gibt es jetzt auch gute Arnika-Salben, welche die Anwendung vereinfachen, z. B. die schon genannte *Arnika-Kneipp-Salbe* des Kneipp-Heilmittelwerkes in Würzburg und die *Arniflor-Salbe* von Schwabe. Eine zweckmäßige Kombination von Arnikablüten mit Kamillenblüten ist die *Arnikamill* Wund- und Heilsalbe, die auch für leichtere Verbrennungen angebracht ist (Fa. Engelhardt).

Gut wirksam ist die Arnika bei *Schleimhauterkrankungen des Mundes und des Rachens.* Bei akuten Entzündungen wird man besser die Salbei nehmen. Chronische Veränderungen sprechen dagegen gut auf die Arnika an. So ha-

ben sich Mundspülungen mit Arnika beim chronischen Raucherkatarrh des Rachens bewährt, und auch bei dem eigenartigen Zustand, den man als Kloßgefühl oder Globusgefühl im Rachen bezeichnet, können sie oftmals helfen. Wie der Name besagt, handelt es sich dabei um die Empfindung, als sei ständig ein „Kloß" oder ein Nahrungsrest im Rachen steckengeblieben, und das kann sich bis zur Krebsfurcht steigern. Mit seltenen Ausnahmen, etwa bei einem Kropf, ist dieser Zustand jedoch harmlos und hängt vor allem mit dem Nervensystem zusammen, vornehmlich mit verborgenen Angstzuständen. Man nimmt in solchen Fällen zu den Mundspülungen und Gurgelungen entweder einen Arnika-Tee oder 10 Tropfen Arnika-Tinktur auf ein Glas warmes Wasser. Natürlich muß dabei der Kopf stark nach hinten gebeugt werden, damit die Flüssigkeit möglichst tief eindringt. Auch hartnäckige *chronische Mandelentzündungen* reagieren häufig gut auf diese einfache Behandlung. Bei der schwer beeinflußbaren *Paradontose* bewähren sich oftmals Pinselungen des Zahnfleisches, zumal der Zahnfleischtaschen, mit der reinen Arnika-Tinktur, zusätzlich zu den Mundspülungen.
Die Arnika ist bei uns auf Bergwiesen weit verbreitet, manchmal in großen Beständen. Sie gehört zur Familie der Korbblütler und ist leicht kenntlich an ihrem eigenartigen, nur der Arnika zukommenden *Geruch* und an der ebenfalls sehr bezeichnenden orangegelben Farbe der Blüten. Durch beide Merkmale unterscheidet sie sich leicht von vielen anderen, ähnlich aussehenden Wiesenkräutern, deren Farbe aber meistens eine intensiv goldgelbe ist und die keinen Geruch aufweisen, wie etwa die vielen Habichtskräuter (Hieracium-Arten). Die Blätter der Arnika stehen meistens recht eng am Boden in Form einer Blattrosette. Heute steht die Arnika unter Naturschutz, um sie vor der Ausrottung zu bewahren. Es dürfen weder die Blüten gesammelt noch die Wurzeln ausgegraben werden.

Auf eine Besonderheit der Arnika sei noch hingewiesen. Sie ist nämlich keineswegs harmlos. Die innerliche Anwendung größerer Mengen kann zu Magenreizungen führen. Das trifft besonders für einen zu starken Arnikatee aus den Blüten zu, noch mehr für die Arnikatinktur, wenn man höhere Dosen innerlich gibt. Daher wurde bereits darauf hingewiesen, daß die Arnika mehr für die akute und kurzfristige Anwendung in Betracht kommt, weniger für einen Dauergebrauch, bei dem man dann besonders vorsichtig sein muß. Selbst die äußere Anwendung der Arnika kann zu Hautreizungen führen. Daher ist die Arnika-Tinktur immer reichlich zu verdünnen.

Das Kleine Immergrün, eine neuentdeckte heimische Arzneipflanze

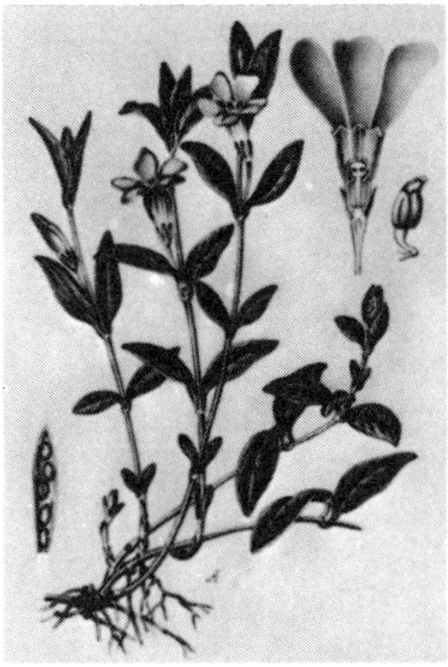

Kleines Immergrün

Vielfach ist die Meinung verbreitet, daß der Schatz unserer heimischen Arzneipflanzen schon ausreichend bekannt und so gut wie ausgeschöpft sei. Man könne höchstens nur noch neue ausländische Heilpflanzen finden. Das trifft aber keineswegs zu. Es ist erstaunlich, wie neue Forschungsergebnisse Beweise dafür bringen, daß so manche heimische Pflanze arzneiliche Wirkungen aufzeigt, die sie zu einer echten Heilpflanze machen. Zwar finden sich vielfach in mittelalterlichen Kräuterbüchern schon entsprechende Hinweise; sie wurden aber in neuerer Zeit nicht mehr beachtet, nur noch als historische Erinnerung angesehen und im übrigen vergessen. Das trifft zu für ein kleines, recht unscheinbares Gewächs unserer Wälder: das *Kleine Immergrün, Vinca minor,* eine Pflanze aus der Familie der Hundsgiftgewächse, zu der auch die beim hohen Blutdruck so häufig angewandte Rauwolfia gehört.
Vinca minor wächst in unseren Laubwäldern hauptsächlich in Mittel- und Süddeutschland. Es ist ein niedriges, bodenbedeckendes Kraut mit länglichen, kahlen, lederartigen, immergrünen, auf der Oberseite glänzenden Blättern. Die Blüten erscheinen einzeln, sind langgestielt und von zarter hellblauer Farbe, ähnlich einem Veilchen. Schon in den mittelalterlichen Kräuterbüchern wird Vinca minor als ein Mittel gegen Kopfschmerzen, Schwindel und Gedächtnisstörungen beschrieben. Verwendung fand das getrocknete Kraut, Herba Vincae pervincae. Es spielte aber in der neuzeitlichen Phytotherapie keine Rolle mehr. Das änderte sich erst, als französische, ungarische und italienische Ärzte sich erneut mit dieser anscheinend überholten Heilpflanze beschäftigten. Sie fanden als Hauptwirkstoff in Vinca minor das Alkaloid *Vincamin.* Bald gelang es auch, die chemische Struktur aufzuklären.

Inzwischen ist das Schrifttum über Vincamin rapide angewachsen. Es liegen in der internationalen Literatur schon etwa 300 Arbeiten darüber vor. Berichte aus Deutschland, vor allem aus deutschen Kliniken, kamen hinzu. Aufschlußreich sind Doppeltblindversuche mit Vincamin aus der Pfälzischen Nervenklinik in Landeck. Es zeigte sich, daß dem Vincamin ganz besondere

Wirkungen auf die Hirndurchblutung zukommen. Eine eingeschränkte Hirndurchblutung nimmt unter Vincamin deutlich zu. Der Sauerstoffverbrauch erhöht sich. Es handelt sich dabei wahrscheinlich um eine Tonisierung der Hirngefäße, wodurch die Stoffwechselvorgänge im Gehirn neu belebt werden. Besonders günstig wurden Gedächtnisstörungen und Konzentrationsmangel beeinflußt. Aus allen diesen Forschungen ergab sich, daß als Hauptanwendungsgebiet für das Kleine Immergrün sein Einsatz bei der so häufigen Arteriosklerose des Gehirns und auch schon bei den ersten, noch leichten Alterserscheinungen an den Hirngefäßen ist. Günstig beeinflußt werden vor allem die subjektiven Beschwerden wie Gedächtnisschwäche, Verhaltensstörungen, Reizbarkeit, Unruhe, Sprachstörung, Schwindel und Kopfschmerzen. Außerdem zeigte sich eine Besserung von Ohrgeräuschen und der Altersschwerhörigkeit. Die Verträglichkeit des Vincamin ist überraschend gut. Nur hin und wieder kommt es zu leichten Magen- und Darmbeschwerden, die aber keineswegs beträchtlich sind und meistens von selbst wieder verschwinden.
Sehr zu beachten ist, daß bei der gewöhnlichen innerlichen Gabe keine Sofortwirkung eintritt. Die Besserung der subjektiven und objektiven Krankheitserscheinungen zeigt sich immer erst nach 3 bis 6 Wochen. Es ist also eine *Langzeitbehandlung* notwendig, wie sie dem Wesen dieser chronischen Zustände entspricht. Damit erweist sich Vinca minor mit seinem Alkaloid Vincamin als ein typisches Mite-Phytotherapeutikum mit milder, störungsfreier, dafür aber lang anhaltender Wirkung, die erst bei einer Dauerbehandlung deutlich wird. Es ist somit, abgesehen von den Ausnahmefällen einer Injektion, ein ausgesprochenes Mittel für die *ambulante* Therapie, also für die tägliche Praxis, weniger für die Klinik.
Die Verabfolgung des Kleinen Immergrün erfolgt innerlich. Man kann einen Tee aus dem ganzen Kraut (Herba Vincae pervincae) bereiten, jeweils 2 Teelöffel der Droge auf ein Glas Wasser, morgens und abends vor dem Frühstück und nach dem Abendessen je eine Tasse voll. Für die ersten 4 Wochen kann man die Dosis noch erhöhen, am besten dadurch, daß man noch mittags eine Tasse Immergrün-Tee nimmt. Man wird allerdings die Droge nur schwer im Handel bekommen. Da es sich um eine neue und noch wenig bekannte Arznei handelt, werden sie die meisten Apotheken kaum vorrätig haben und auch nur mit Mühe beschaffen können. Daher ist es gut zu wissen, daß es sehr zuverlässige *Immergrün-Tropfen* von einer pharmazeutischen Fabrik in der Schweiz gibt, die man direkt von der deutschen Fa. Bioforce beziehen kann (7145 Markgröningen bei Stuttgart); davon werden 2–3mal täglich 20 Tropfen genommen.

Im Handel sind auch schon eine ganze Reihe von Präparaten, die das reine Alkalid Vincamin enthalten. Sie sind bedeutend stärker, und vor allem ist man dadurch in der Dosierung sicherer. Aber sie sind rezeptpflichtig, können also nur nach vorheriger ärztlicher Konsultation zur Anwendung kommen, wenn der Arzt ein Rezept dafür verschreibt. Meistens handelt es sich um Tabletten mit 10 und 20 mg Vincamin oder um Retard-Dragées mit 30 mg. Ein gutes und bekanntes derartiges Vincamin-Präparat ist Pervincamin der Fa. Karlspharma (7500 Karlsruhe 41) in Retard-Tabletten zu 30 mg, ein weiteres das Vincapront der Fa. Mack (7918 Illertissen) mit Tabletten zu 20 mg und Retard-Kapseln zu 30 mg.

Die übliche Dosierung beträgt morgens und abends je 2 Tabletten zu 20 mg, also 80 mg pro Tag. Die erste Wirkung zeigt sich, wie es bei derart chronischen Leiden nicht anders zu erwarten ist, frühestens nach zwei bis drei Wochen. Die Dauer der Medikation beträgt mindestens sechs bis acht Wochen. Dann kann man eine Pause von vier Wochen machen und nimmt danach die Einnahme in gleicher Dosierung für weitere sechs bis acht Wochen wieder auf. In dieser Form kann die Behandlung langfristig, evtl. sogar über Jahre, fortgesetzt werden.

Hat sich eine Besserung eingestellt, so genügt es meistens, morgens und abends je eine der Retard-Kapseln zu 30 mg zu nehmen. „Retard" bedeutet verzögerte Wirkung, das heißt, die Wirkung einer solchen Kapsel hält infolge einer besonderen Zubereitung besonders lange an, so daß eine Kapsel morgens für den Tag und eine weitere abends für die Nacht genügen, um eine volle Wirkung aufrechtzuerhalten.

Während das Kleine Immergrün, Vinca minor, eine heimische Pflanze ist, die neuerdings auch im Garten als Bodendecker gern angepflanzt wird, kommt in den Mittelmeerländern das Große Immergrün, Vinca major, vor. Wie der Name bereits besagt, ist die Pflanze größer, die Blätter sind eiförmig oder fast herzförmig und am Rande bewimpert. Auch Vinca major wird bei uns in Gärten angepflanzt und verwildert bisweilen. Eine medizinische Verwendung findet es nicht.
Sehr zu unterscheiden ist Vinca minor von der nordamerikanischen Vinca rosea (Catharanthus roseus), aus der die Alkaloide Vinblastin und Vincristin isoliert wurden. Sie finden schon seit Jahren erfolgreiche Anwendung zur Bekämpfung von Krebsleiden, besonders bei Blutkrebs (Leukämie), worauf bereits bei der Besprechung der pflanzlichen Krebsheilmittel hingewiesen wurde. Das zeigt jedenfalls, daß in der Familie der Immergrüngewächse wertvolle Heilpflanzen stecken, und es ist ein Fortschritt der Pflanzenheilkunde, daß sie uns jetzt mit den Heilwirkungen unseres heimischen Kleinen Immergrün bekanntgemacht hat.

Haronga und Ginkgo, zwei neue fremdländische Heilpflanzen

Haronga

Seit der Zeit der Kolonisation war das Bestreben groß, aus fremden Ländern nicht nur Nahrungs-, Gewürz- und Textilpflanzen einzuführen, sondern auch neue Heilpflanzen dort zu finden und uns nutzbar zu machen. Viele neue Heilmittel wurden uns auf diese Weise geschenkt. Meist stammen sie aus der Volksmedizin dieser Länder, wie das Chinin aus Südamerika und die Rauwolfia aus Indien. In der letzten Zeit war es jedoch über solche neuen Entdeckungen stiller geworden, denn es schien bereits alles abgeschöpft zu sein, was sich als geeignet erweisen könnte. Eine Ausnahme machte nur die Rauwolfia aus Indien und aus China die Ephedra, die uns ein wesentliches Asthmamittel wurde.

Erst die letzte Zeit hat uns hier wieder einige Neuerungen gebracht. Die erste ist eine Heilpflanze von der Insel Madagaskar, die *Haronga madagascariensis.* Sie gehört zur Familie der Johanniskraut-Gewächse (Hypericaceae), steht also botanisch unserem heimischen Johanniskraut (Hypericum perforatum) nahe. Es ist ein zwei bis zwölf Meter hoher Strauch bis Baum, der außer in Madagaskar auch in Zentral-Ostafrika vorkommt. Er wurde in diesen Gegenden schon immer als ein Mittel gegen *Verdauungsbeschwerden* gebraucht, entstammt also ebenfalls der alten Volksmedizin dieser Länder. Neue Untersuchungen haben diese Wirkungen bestätigt. Die Haronga bewirkt einen Anstieg der freien Salzsäuren im Magen und eine Vermehrung der Gallenabsonderung. Die Gallenblase zieht sich besser zusammen. Die Verdauungsfermente werden in vermehrtem Maße produziert. Das gilt nicht nur für die Salzsäure des Magens und für die Galle der Leber, sondern auch für die Fermente der *Bauchspeicheldrüse* (Pancreas).

Neueste Untersuchungen zeigen, daß Haronga auf die Bauchspeicheldrüse eine ganz spezielle Wirkung besitzt. Es regt deren Tätigkeit an, so daß man es geradezu als pancreotop, d. h. gezielt auf die Bauchspeicheldrüse gerichtet, bezeichnet. So wird die Wirkung auf Magen und Galle ergänzt.

Diese drei Organe bilden eine funktionelle Einheit; sie wirken bei der Verdauungsarbeit zusammen und sind aufeinander angewiesen. So erklärt es sich, daß sich die Beschwerden bei Gallen- und Bauchspeicheldrüsen-Leiden rasch bessern. Völlegefühl, übermäßige Gasbildung im Magen und Darm und die Auftreibung des Leibes gehen zurück. Die Speisen werden besser vertragen, auch Süßspeisen und Fette. Aus der Haronga wurde inzwischen das Fertigpräparat *Harongan* von der Firma Dr. Willmar Schwabe in Karlsruhe hergestellt, in Form von Tropfen und Tabletten. Es genügen bereits fünf bis acht Tropfen oder ein bis zwei Tabletten, unmittelbar nach den Mahlzeiten genommen. Das ist eine wesentliche Vereinfachung gegenüber der bisher üblichen Gabe großer Mengen von Salzsäure, die meist recht bald schlecht vertragen werden, oder von den Ferment-Präparaten, von denen man sehr große Mengen, bis zu 20 Tabletten und mehr am Tage braucht. Dabei wird Harongan gut vertragen und scheint keine wesentlichen Nebenerscheinungen zu machen.

Eine zweite neue Heilpflanze aus fernen Ländern ist der Ginkgo-Baum, *Ginkgo biloba.* Das ist eine botanisch außerordentlich interessante Pflanze. Sie wächst in Ostasien und ist bekannt als der heilige Baum, der in Japan vor den Tempeln angepflanzt wird. Die Blätter haben eine ganz eigenartige Form. Sie sind langgestielt und in typischer Weise zweilappig, dabei von gabelig verzweigten, strahlig laufenden Nerven durchzogen, so daß sie den Farnen etwas ähnlich sehen.
Diese eigenartige Blattform, oben zweigeteilt, nach unten zu aber eine Einheit bildend, hat Goethe zu seinem bekannten Gedicht im West-Östlichen Diwan veranlaßt.

Ginkgo

Im botanischen System steht Gingko biloba nahe bei den Koniferen. Sie ist eng verwandt mit dem Taxus und mit der nicht minder eigenartigen Welwitschia mirabilis, die in den Wüstengebieten von Südafrika vorkommt. Bei uns wird der Ginkgo-Baum gern in Parkanlagen angepflanzt, und er gedeiht hier recht gut. Die Blätter werden wie bei einem Laubbaum im Winter abgeworfen.
Aus Gingko biloba wird ein bewährtes Heilmittel hergestellt, das *Tebonin,* ebenfalls von der Firma Schwabe in Karlsruhe. Es ist ein Extrakt aus den Blättern und besitzt eine ganz spezielle Wirkung auf das *Gefäßsytem.* Sie besteht in der Lösung von Gefäßkrampfzuständen und einer Gefäßerweiterung. Der Blutdruck wird nicht beeinflußt. Erkrankungen der Arterien an den Beinen und an anderen Körperstellen führen zu Verengungen, welche die Durchblutung der versorg-

ten Organe hemmen. Dadurch kommt es anfangs zu krampfhaften Schmerzen, später zu Ernährungsstörungen bis zum Absterben der Gliedmaßen. Charakteristisch ist der anfallweise auftretende krampfhafte Schmerz in den Beinen, der zum Stillstehen zwingt. Dabei geht er dann meist rasch zurück, kommt aber nach einigen 100 Metern Wegstrecke schon wieder, so daß erneut das Gehen unterbrochen werden muß. Man spricht dabei von einem intermittierenden Hinken. Es gilt als typisches Frühsymptom einer Arteriosklerose oder einer anderen Erkrankung der Beinarterien. An den Armen kommen ähnliche Zustände weit seltener vor; häufig dagegen führt eine arteriosklerotische Verengung der Kopfarterien zu frühzeitigen Beschwerden.

Es ist nun eine leidige Erfahrung, daß sich alle diese Zustände nur schwer beeinflussen lassen. Als bestes Mittel in den frühen oder noch nicht zu weit vorgeschrittenen Stadien haben sich systematische Übungen erwiesen, an den Beinen in Form der Rollübungen. Auch schon regelmäßige längere Spaziergänge mit langsam abgemessenen Schritten, so daß die Schmerzgrenze gerade noch nicht erreicht wird, vermögen Ausgezeichnetes zu leisten. Medikamentös ist unsere Hilfe nocht weit mehr beschränkt. Die vor einiger Zeit noch sehr beliebten Einspritzungen in die Arterien von bestimmtem Arzneimitteln, haben leider nicht das gehalten, was man sich davon versprochen hatte, ebenso wie die innerliche Einnahme von gefäßerweiternden chemisch-synthetischen Präparaten.

Bei dieser Situation ist es zu verstehen, daß man nach anderen Mitteln Ausschau hielt. Nun scheint der Extrakt aus Ginkgo biloba bei solchen Zuständen ein Fortschritt zu sein. An Tausenden von Gefäßkranken wurde Tebonin im Verlauf von mehreren Jahren zur Anwendung gebracht. Die Ergebnisse waren übereinstimmend so günstig, daß es sich schnell weltweit eingeführt hat und sogar in Japan viel gebraucht wird. Man nimmt davon drei- bis viermal täglich 15–20 Tropfen vor den Mahlzeiten. Die schmerzstillende Wirkung tritt häufig schon sehr rasch ein. Zumindest zur Unterstützung der übrigen Behandlung scheint hier für Glinkgo biloba ein Platz als Heilmittel erschlossen zu sein. Damit gewinnt dieser liebenswerte japanische Tempelbaum für uns ebenfalls einen ganz neuen medizinischen Aspekt.

Als weiteres Anwendungsgebiet des Tebonin ergaben sich Schwindelzustände auf der Grundlage einer Arteriosklerose der Hirngefäße (cerebrale Sklerose). Da man hierbei langdauernd behandeln muß, kommen in erster Linie die Tebonin retard-Dragées in Betracht, morgens und abends 1 Dragée. Im Beginn wird man die gewöhnlichen Tebonin-Dragées geben, 3–5mal täglich ein Dragée. Nach Eintritt der Besserung, etwa nach 1–2 Wochen, geht man dann auf die Dauerbehandlung mit der Retard-Form über, täglich 1 Dragée. Der Vorzug dieses Phytotherapeutikums ist auch in diesem Falle wieder die gute Verträglichkeit und das Fehlen von schädlichen Nebenwirkungen.

Bei der Besprechung der Kamille und des Baldrians wurde bereits darauf hingewiesen, daß manche gerade der vielgebrauchten Phytotherapeutica ihre volle Wirkung erst dann entfalten, wenn man sie in genügend großen Mengen gibt, was wegen ihrer Unschädlichkeit ohne weiteres möglich ist. Gleiches trifft auch für das Tebonin zu. Es wurde daher neuerdings, zusätzlich zu den bisherigen Handelsformen in einer verstärkten Zubereitung als *Tebonin forte* herausgebracht, bei der 100 ml Tropfen 4,0 g Rohextrakt enthalten. Davon werden drei- bis viermal täglich 20 Tropfen mit etwas Wasser verdünnt gegeben. Auch das wissenschaftliche Schrifttum über Tebonin hat weiter erheblich zugenommen und bestätigt immer erneut die bisherigen guten Ergebnisse bei Mangeldurchblutung und Mangelernährung des Gehirns auf der Grundlage einer zerebralen Sklerose sowie bei gleichartigen arteriosklerotischen Gefäßerkrankungen in der Peripherie des Körpers, vor allem an den Beinen.

Leinsamen bei chronischer Darmträgheit

Lein

Die chronische Stuhlverstopfung (Obstipation) ist geradezu eine Zivilisationskrankheit. Ihr so überaus häufiges Vorkommen beruht in erster Linie darauf, daß wir den *Rhythmus* unserer Körperfunktionen verloren haben. Die Stuhlentleerung ist eines der besten Beispiele dafür, wie eine Vernachlässigung des normalen Rhythmus zu Störungen führt. Wir lassen uns keine Zeit mehr, regelmäßig zu „gewohnter Stunde zum Stuhle zu gehen". Man glaubt, das so nebenbei machen zu können, da es ja „noch Zeit habe", wenn Arbeit und Beruf drängen. Das aber rächt sich bitter. Der um seine gewohnte Entleerung gebrachte Darm wird träge, unzuverlässig und verfällt zuletzt geradezu in eine Anarchie. Dann wird versucht, durch ein Abführmittel, von denen es ja so überaus zahlreiche gibt, die Stuhlentleerung doch noch zu erzwingen; aber das Chaos im Darm nimmt nur noch zu. Jedes der Abführmittel hat die Eigenschaft, nach einiger Zeit zu einer Gewöhnung zu führen, die man durch Erhöhung der Dosis zu kompensieren sucht. Das aber führt unweigerlich zu einer Reizung des so arg mißhandelten Darmes. Nicht nur die Schleimhaut wird gereizt, nicht selten bis zu einer echten Entzündung und einem chronischen Darmkatarrh, sondern auch das Zusammenspiel der Darmnerven wird immer erneut gestört. Zwischen Krampf und Erschlaffung pendelt das fein abgestimmte Regulationssystem des Darmes einher, immer erneut durch ein Abführmittel erregt bis zur schmerzhaften Kolik, dazwischen erschlafft bis zur völligen Bewegungslosigkeit, aber niemals richtig erholt.

So kommt es, daß bei der chronischen Stuhlverstopfung ein wahrhafter „Teufelskreis" (circulus vitiosus) entsteht und der Zustand immer ärger wird. Daher ist es auch völlig unmöglich, eine chronische Stuhlverstopfung etwa damit bekämpfen zu wollen, daß man das Abführmittel wechselt. Auch der so häufig in bester Absicht, aber in Unkenntnis der wahren Verhältnisse gegebene Rat, es doch mit einer „Grobkost" zu versuchen, scheitert meistens ebenso bald. Wenn der ohnehin schon gereizte Darm nun noch große Mengen grobes Brot, Obst aller Art und Gemüse bewältigen soll, so reagiert er mit einer verstärkten Entzündung der Schleimhaut, mit Koliken und einer vermehrten Gasauftreibung und Blähbeschwerden, die auf einer starken Darmgärung (Gärungsdyspepsie) beruhen. Es ist eine alte ärztliche Erfahrung, daß eine chronische Stuhlverstopfung gar nicht so leicht zu behandeln ist und zuerst einmal eine Beruhigung des mißhandelten Darmes erfordert, an die sich dann eine regelrechte *Umerziehung* anzuschließen hat. Das dauert mindestens einige Wochen. Zuerst muß dabei die entzündete Darmschleimhaut durch eine Schonungskost wieder beruhigt werden, ehe man dazu übergehen kann, langsam und unter ständiger Überwachung die Kost durch stärker cellulosehaltige Nahrungsmittel zu erweitern.

Bei diesem Aufbau braucht man Hilfsmittel. Als eines der besten haben sich hierfür die *Leinsamen* erwiesen. Sie sind heute mit Recht eines unserer beliebtesten Mittel für eine wahrhaft biologische Darmpflege geworden. Aber ihre Anwendung erfordert die Beachtung einer Reihe bestimmter Regeln, wenn sie wirklich und dauerhaft erfolgreich sein soll. Mit dem einfachen Rat: „Nehmen Sie Leinsamen", ist es keineswegs getan. Nicht nur das „Was", fast noch mehr das „Wie" entscheidet.

Der Lein oder Flachs, Linum usitatissimum, ist eine uralte Kulturpflanze. Schon vor 5000 Jahren wurde der Lein in Vorderasien und Ägypten angebaut, teils als Faserlein zur Herstellung des Leinengewebes, teils als Saatlein zur Gewinnung des Leinöls aus den Leinsamen.

Der Lein ist eine zarte, wenig verzweigte Pflanze mit blauen Blüten. Die Blätter sind schmal, lanzettlich. Die Pflanze ist einjährig und wird etwa einen halben Meter hoch. Die kugeligen Kapseln enthalten die glatten, glänzenden Samen. Diese sind die Droge, *Semen Lini,* die heute eine breite medizinische Verwendung gefunden hat.

Zwei Inhaltsstoffe machen den Leinsamen für die Heilkunde so bedeutsam: der *Schleim*, der 4 bis 6 Prozent ausmacht und vor allem in den Samenhüllen enthalten ist, und das *Leinöl*, Oleum Lini, ein fettes Öl mit ungefähr 20 Prozent ungesättigter Fettsäuren. Außerdem enthalten die Leinsamen noch reichlich Eiweiß. Für medizinische Zwecke wird nur das *kalt* gepreßte Öl verwandt, für technische Zwecke auch das warm oder durch chemische Lösungsmittel erhaltene, z. B. gekocht als Firnis. Der Rückstand sind die Leinkuchen (Placenta Seminis Lini), die zwar noch reichlich Schleim, aber nur noch wenig Öl enthalten und die man äußerlich zu Umschlägen (Kataplasmen) gebraucht.
Für die Behandlung der chronischen Stuhlverstopfung sind die beiden Bestandteile der Leinsamen, der Schleim und das Öl, gleichermaßen wirksam. Sie geben den Leinsamen die besondere Note. Die Leinsamen sind kein Abführmittel im üblichen Sinne, sondern ein rein *mechanisch* wirksames Stuhlförderungsmittel. Sie sind Gleit- und Quellmittel zugleich. Die Stuhlmassen, zumal wenn sie stark verhärtet sind, gleiten besser durch den Darm und in erster Linie durch den Enddarm und den Schließmuskel das Afters hindurch. Die Darmoberfläche wird gleichsam eingeölt. Und die Schleimsubstanzen dringen in die noch unverdauten Nahrungsbestandteile im Darm hinein, bringen sie zum Aufquellen und vermehren dadurch die Masse des Stuhls, die dann ebenfalls rein mechanisch den Darm stärker füllt und dadurch einen Fortbewegungs- und Entleerungsreiz ausübt. Das alles geschieht ohne jede Beeinträchtigung der Darmschleimhaut. Im Gegenteil, der Schleim überzieht sie mit einer Art Schutzschicht, die sie zur Ruhe und Ausheilung kommen läßt.

Auf diese Weise ist der Leinsamen das geradezu ideale Mittel zur dauerhaften Behebung einer chronischen Stuhlverstopfung. Dabei hat er den großen Vorteil, völlig reizlos zu sein und keine Gewöhnung zu erzeugen. Aber man muß ihn *richtig* anzuwenden verstehen, damit Mißerfolge vermieden werden. Hierfür gelten die folgenden *Regeln*:

1. *Die Leinsamen sollen erst im Darm quellen.* Es ist falsch, obwohl man es noch vielfach liest und hört, die Leinsamen abends in einem Glas Wasser „aufweichen“ oder vorquellen zu lassen und am nächsten Morgen diese schleimige Masse zu trinken. Dabei geht dann eine der Hauptwirkungen der Leinsamen verloren: Die Aufquellung im *Darm* und die dadurch erreichte Vermehrung der Stuhlmasse. Dieses Vorquellen ist eine Verwechslung mit einer ganz anderen Anwendungsart der Leinsamen. Bei einem Magenkatarrh nämlich kann man sich den Schleimgehalt der Leinsamen ebenfalls zunutze machen, um die Magenschleimhaut mit einer schützenden, „einhüllenden“ Schleimschicht zu überziehen. Aber dann ist die Wirkung hauptsächlich auf den *Magen* beschränkt. Will man die Darmwirkung haben, so soll man ein solches Vorquellen unterlassen. Damit die Leinsamen im Darm genügend quellen

können, muß man immer daran denken, für eine ausreichend große Flüssigkeitszufuhr zu sorgen, gleichgültig, welcher Art das Getränk ist (Wasser, Tee, Mineralwasser u.dgl.).

2. *Man kann die Leinsamen so nehmen wie sie sind*, also ganz einfach die glatten Samen mit etwas Milch oder Flüssigkeit hinunterschlucken. Das geht recht gut und ist voll wirksam. Noch besser ist es jedoch, die Leinsamen zu *zerkleinern*. Das geschah früher durch Zerreiben im Mörser. Heute machen wir es einfacher mit der Schrotmühle und erzeugen so die gemahlenen oder geschroteten Leinsamen, das *Leinsamenschrot*. Dabei wird die feste Samenhülle aufgeschlossen. Das erleichtert dem Körper die Arbeit. Die geschroteten Leinsamen quellen schneller und gründlicher im Darm. Sie werden besser ausgenutzt. Viele Menschen nehmen sie auch in diesem geschroteten Zustand lieber. Das Leinsamenschrot, das man gebrauchsfertig im Reformhaus oder in der Apotheke kaufen kann, läßt sich ausgezeichnet mit Müsli, roh geriebenem Apfel oder Apfelmus, mit Quark und etwas warmer Milch oder mit einem Haferflockenbrei mischen. Aber man muß bei der Verwendung der geschroteten Leinsamen bedenken, daß nun an den aufgeschlossenen Inhalt der Luftsauerstoff leichter herankommt und dadurch das Leinöl *ranzig* werden kann. Dann werden die Leinsamen bitter, bekommen einen kratzenden Geschmack und werden schlechter vom Magen vertragen. *Daher gilt die Regel, den geschroteten Leinsamen innerhalb einer Woche zu verbrauchen.* Längstens nach zwei Wochen darf er nicht mehr verwendet werden! Beachtet man dies, so ist der geschrotete Leinsamen jedoch ausgezeichnet und dem ganzen Leinsamen vorzuziehen.

3. *Man braucht von den Leinsamen eine genügend große Menge.* Da ja die Wirkung eine rein mechanische ist, kann sie erst in Erscheinung treten, wenn die mechanischen Bedingungen erfüllt sind. Dazu gehört, daß der lange Darm mit einer ausreichenden Menge der ganzen oder geschroteten Leinsamen gefüllt wird. Im Anfang benötigt man dazu mindestens 3mal am Tag einen ganzen Eßlöffel voll, nicht selten sogar zwei, also 6 Eßlöffel pro Tag. Ist die Wirkung dann voll eingetreten, kann man auf zweimal 1 Eßlöffel vermindern, am besten morgens und abends. Aber weniger reicht nicht aus! Zuletzt genügt es meistens, nur noch morgens einen Eßlöffel voll zu nehmen. Jedoch nicht weniger. Nur ein Teelöffel voll ist lediglich eine Scheinbehandlung. Diese Mengen gelten in gleicher Weise für die ganzen und die geschroteten Leinsamen.

4. *Der Erfolg stellt sich erst nach 2–3 Tagen ein.* Es ist also ganz anders wie bei einem der üblichen Abführmittel, bei denen man gewohnt ist, daß sich die Wirkung schon nach einigen Stunden, wenigstens am nächsten Morgen zeigt. Auch das beruht auf der mechanischen Art der Wirkung, die eine gewisse Anlaufzeit

braucht. Dafür aber fehlt, wie bereits gesagt, die Gewöhnung. Man lasse sich also nicht beirren, wenn nach der ersten Gabe der Leinsamen am nächsten, manchmal sogar am übernächsten Tag noch nicht der erwünschte Erfolg eingetreten ist. Aber man lasse sich auch nicht verleiten, nun etwa doch wieder zu einem der bisher gewohnten Abführmittel zu greifen. Ist es unbedingt notwendig, den Darm in der Zwischenzeit zu entleeren, so kann dies durch einen milden Kamilleneinlauf geschehen. Aber auf keinen Fall darf die weitere Einnahme der Leinsamen ausgesetzt werden! Sie müssen unentwegt in der gleichen großen Menge eingenommen werden, und man warte geduldig ab, bis sich die ersehnte Stuhlentleerung einstellt. Zuerst ist sie vielleicht noch reichlich fest. Später wird sie zunehmend lockerer, und man kann die erforderliche Menge der Leinsamen leicht dem jeweiligen Zustand anpassen.

5. *Hat sich nun die erwünschte Stuhlregulierung eingestellt, so gehe man langsam mit den Leinsamenmengen zurück, aber setze niemals gänzlich ab.* Auch das ist gerade das Gegenteil von dem, was wir von den üblichen Abführmitteln gewohnt sind. Bei diesen hört man auf, wenn sich der Stuhl eingestellt hat, und wartet dann, bis es wieder nötig wird, das Mittel erneut zu nehmen. Bei den Leinsamen aber erstreben wir ja eine Stuhl*regulierung*, und dies ist ein Vorgang, der sich einspielen muß und Zeit braucht. Wir dürfen ihn nicht durch vorzeitiges Absetzen der Leinsamen stören. Sonst müssen wir gleichsam wieder von vorne anfangen.
Wir können diese ununterbrochene Zufuhr der Leinsamen über Wochen, Monate und sogar Jahre hindurch fortsetzen, ohne unangenehme Nebenwirkungen befürchten zu brauchen. Ja, wir können überhaupt nur erwarten, daß sich die Darmreizung *allmählich* ausgleicht und der Darm sich wieder einreguliert, wenn wir so lange ununterbrochen behandeln. Hier stehen die Leinsamen dann auf der Grenze zwischen einem Heilmittel und einem diätischen Lebensmittel.
Aber, so wird nun mancher einwenden, dürfen wir denn die Leinsamen so unbesorgt nehmen, denn sie enthalten doch *Blausäure*, und diese ist doch eines unserer stärksten Gifte!? Das ist ein Einwand, mit dem wir uns ernstlich auseinandersetzen müssen, denn immer wieder tauchen diese Bedenken auf, obwohl sie schon längst und einwandfrei widerlegt sind.
Es ist richtig: die Leinsamen enthalten Blausäure – wie so viele andere Samen auch, etwa die Kirschkerne und die Pflaumenkerne und die bitteren Mandeln. Aber die Mengen an Blausäure sind in den Leinsamen so gering, daß sie mit Sicherheit keinen Schaden anrichten können. Selbst dann, wenn die für die Behandlung notwendigen Mengen um das Mehrfache überschritten werden, ist nicht mit einer Vergiftung zu rechnen. Dazu kommt ein weiteres. Die Blausäure ist in den Samen niemals in reiner Form enthalten, sondern nur in einer

Vorstufe (Amygdalin), aus der erst durch einen fermentativen Prozeß die Blausäure frei wird. Bei den Leinsamen ist diese Bindung nun eine so starke, daß unter den Bedingungen, wie sie im Darm herrschen, eine Abspaltung der freien Blausäure fast völlig verhindert wird. Die Vorstufen der Blausäure kommen also aus diesem Grunde gar nicht zur Entfaltung.
Wir können also hinsichtlich der Blausäure bei den Leinsamen völlig unbesorgt sein. In der Tat ist noch niemals eine Blausäurevergiftung nach Genuß von Leinsamen beschrieben worden. Diese Erwägungen und Befürchtungen sind also rein theoretischer Art. Bei anderen blausäurehaltigen Samen ist es allerdings anders. Von den *bitteren Mandeln* sind solche Vergiftungen bekannt und kommen immer wieder vor. Bei Kindern können schon 3 bittere Mandeln genügen, um eine Blausäurevergiftung mit schwerer Benommenheit und einer Lähmung der Atmung zu erzeugen. Bei Erwachsenen sind dazu immerhin mindestens 60 bis 70 bittere Mandeln notwendig. Es gibt eigenartigerweise Menschen, die an dem bitteren Geschmack keinen Anstoß nehmen, sogar solche, die bitter und salzig und sogar süß überhaupt nicht richtig unterscheiden können. Diese sind dann verständlicherweise besonders disponiert, den Unterschied nicht geschmacklich zu erfassen und vielleicht bittere statt süße Mandeln zu essen. Man muß daher beim Umgang mit bitteren Mandeln besondere Sorgfalt walten lassen und vor allem Kinder schützen.
Ähnliches gilt von den *rohen Bohnen,* sowohl den gewöhnlichen weißen Bohnen als auch in noch stärkerem Maße von den Feuerbohnen (Phaseolus coccineus). Sie enthalten das giftige Phasin. Beim Kochen wird es zersetzt und die Toxität geht verloren. Nur der Verzehr *roher* Bohnen kann zu einer Vergiftung führen. Da aber auch schon die unreifen Samen der *„grünen“ Bohnen* das Phasin enthalten, kann ein Rohkostsalat aus den gewöhnlichen grünen Bohnen in gleicher Art schädlich sein und zur Phasinvergiftung führen.
Übrigens sind sehr kleine Mengen Blausäure bzw. ihrer Vorstufen durchaus nicht schädlich, sondern werden wegen ihres Geschmackswertes sehr geschätzt, sollen sogar in milder Weise allgemein anregend, tonisierend wirken. Darauf beruht die Wertschätzung des echten Marzipans, das aus den Mandeln hergestellt wird, und zwar aus einer abgewogenen Mischung von süßen und einigen bitteren Mandeln; und ebenso diejenige des Schwarzwälder Kirschwassers und des Zwetschgenlikörs, die aus den Kernen der Kirschen und Zwetschgen bereitet werden. Wir finden hier also eine weitere Bestätigung des berühmten Paracelsus-Ausspruches: kein Ding ist ein Gift an sich, nur die Dosis macht es, daß manche Stoffe zu Giften werden.
Neuerdings hat sich in zunehmendem Maße ein Leinsamen-Präparat eingeführt, das aus einer Spezialzucht des Leines gewonnen wird und so eine stets gleichmäßig gute Zusammensetzung garantiert. Der biologische Anbau erfolgt unter ständiger Kontrolle. Die gewonnenen Leinsamen werden vor der Verar-

beitung einer sorgfältigen Laboratoriumsprüfung auf biologische Unbedenklichkeit unterzogen, dann in einem technisch hochentwickelten Verfahren gereinigt.
Es ist das *Linusit* der Firma Fink in Herrenberg, das aus den Semen Lini „Fink" hergestellt wird. Hier sind die Leinsamen nur teilweise aufgeschlossen und halten sich dadurch länger, bei gleich gutem Zerfall im Darm. Aber innerhalb von längstens drei Monaten sollten auch sie aufgebraucht werden. Die Dosierung ist die gleiche, wie sie für die geschroteten Leinsamen angegeben wurde, und auch die übrigen Regeln gelten in gleicher Weise für Linusit. Es eignet sich ebenfalls gut zur Beifügung in Müsli, Haferflockenbrei oder Quarkspeisen. Da man die Packung länger aufbewahren kann als die gewöhnlichen geschroteten Leinsamen, wird die Anwendung der Leinsamen dadurch noch weiterhin vereinfacht und erleichtert.
Neuerdings gelang eine weitere Spezialzucht des Leines, die Früchte von hellerer Farbe liefert. Sie sind im Aussehen gefälliger, jedoch in der Wirkung den gewöhnlichen Leinsamen gleich. Diese Spezialzucht der Leinsamen ist als Linusit-Gold in den Reformhäusern erhältlich, während das einfache Linusit mit dem dunkleren Farbton der Leinsamen in den Apotheken verkauft wird.
In letzter Zeit wird häufig die besorgte Frage gestellt, ob man bei der Einnahme von Leinsamen auch dessen Kaloriengehalt berücksichtigen müsse, wenn man auf eine Reduktionsdiät angewiesen ist. Das ist völlig berechtigt, denn die Leinsamen enthalten ja doch Leinöl, also ein Fett, in einer Menge, die bei der Notwendigkeit einer Kalorienbeschränkung nicht vernachlässigt werden kann. Beim Linusit entsprechen 100 g 468 kcal. Es handelt sich also auch hier um eines der Beispiele für die sog. „versteckten Fette", die man bei der Kalorienberechnung sehr genau mitberücksichtigen muß. Immerhin wird man diese Kalorienmenge in den Leinsamen in Anbetracht der guten und meist notwendigen stuhlfördernden Wirkung ohne Bedenken mit in Kauf nehmen, aber man muß doch daran denken.
Zuletzt möge noch auf zwei äußerliche Anwendungsmöglichkeiten des Leinöles hingewiesen werden, die wenig bekannt sind. Alte Herde einer Schuppenflechte, zumal an den Ellenbeugen und Kniekehlen, bestreiche man jeden Abend mit etwas Leinöl, ohne jede sonstige Behandlung. Und ebenso scheint es nützlich zu sein, die höchst unangenehmen und schmerzhaften Warzen an den Fußsohlen mit Leinöl zu behandeln.

In letzter Zeit werden zwei Alternativen zu den Leinsamen mit einem großen Propagandaaufwand angeboten. Es sind einesteils Präparate aus dem Flohsamen, andererseits solche aus Pflanzenfasern und Kleie.
Flohsamen stammen von einigen Wegerich-(Plantago)-Arten, die bei uns nicht heimisch vorkommen. Es ist hauptsächlich Plantago psyllium, ein kleines un-

scheinbares Unkraut, das in den Mittelmeerländern, schon in Italien, reichlich wächst, und neuerdings auch die Indischen Flohsamen (Plantago ovata s. Ispagula), die in tropischen Gegenden weit verbreitet sind. Der Name für die kleinen Samen (Semen Psyllii) stammt von der Ähnlichkeit mit den heute bei uns fast ausgestorbenen Flöhen. In Italien waren die Flohsamen schon immer ein weit verbreitetes Volksmittel gegen die chronische Stuhlverstopfung, und mancher Tourist brachte sich schon früher eine Tüte davon aus Südtirol mit, wo sie sehr billig und freiverkäuflich sind. Die Samen enthalten reichlich *Schleim,* am stärksten die Samenschalen. Daher ist die Wirkung eine ganz ähnliche wie diejenige der Leinsamen, insgesamt aber doch schwächer, da ihnen das fette Öl der Leinsamen fehlt. Daher lag es nahe, den Flohsamen noch ein eigentliches Abführmittel wie Senna oder Faulbaumrinde zuzusetzen, um die Wirkung zu verstärken. Solche Präparate sind das *Agiolax* (Madaus) und das *Laxiplant* (Schwabe). Auch die Leinsamen suchte man in dieser Weise zu verstärken wie im *Linum-Laxans-Komplex* (Vogel & Weber). Naheliegend war es auch, die Leinsamenwirkung durch Zusatz von Milchzucker zu intensivieren wie im *Lactiv* (Fink). Alle diese Präparate haben sicher eine gute Wirkung, eignen sich aber mehr für eine kurzfristige Behandlung und auch dann, wenn man bei einer hartnäckigen Stuhlverstopfung mit einem langdauernden Mißbrauch von stärkeren Abführmitteln zunächst einen Übergang auf die alleinige Langzeitbehandlung mit den Leinsamen schaffen will.

Die zweite Neuigkeit sind die *Pflanzenfasern* und die *Kleie.* Ausgangspunkt waren dabei Mitteilungen englischer Forscher, vor allem von E. Burkitt, dem Entdecker der malignen Halslymphome bei afrikanischen Kindern (Burkitt-Tumoren). Er beobachtete ein auffallend seltenes Vorkommen von Darmkarzinomen bei den Eingeborenen in Mittelafrika, wo er viele Jahre tätig war, und er führt dies auf den größeren Anteil einer faserreichen Ernährung bei der Bevölkerung zurück. Dagegen solle eine faserarme Zivilisationskost der westlichen Völker nicht nur die chronische Obstipation, sondern auch andere, damit in Zusammenhang stehende Erkrankungen begünstigen.
Unter Pflanzenfasern (dietary fiber) verstehen die englischen Autoren Ballaststoffe und Rohfasern, die ein Bestandteil von Blättern, Wurzeln und Früchten sind. Sie enthalten reichlich Zellulose, Pektine und Lignin. Die Kleie (engl. bran) besteht aus den Rohfasern der Getreideschalen. Die rohe Kleie wurde bisher hauptsächlich als Viehfutter verwendet. Neuerdings gibt es nun eine Weizenkleie (wheat bran) in gereinigter Form als *Diätkleie,* z. B. Dr. Grandels Diätkleie (Keimdiät, 8900 Augsburg 11).
Die Pflanzenfasern und die Kleie sind stark hydroskopisch, können also viel Wasser aufnehmen. Dadurch füllen sie den Darm und fördern die Verdauung. Der Stuhl wird massiger und die Darmpassage beschleunigt. Sie sind daher

brauchbar zur Anregung der Darmtätigkeit bei chronischer Stuhlverstopfung. Im Grunde aber ist dies nichts anderes als die schon lange bekannte Rohkost-Diät von Bircher-Benner, deren Wirkung gleichfalls auf dem reichlichen Gehalt an Zellulose und der dadurch bedingten stärkeren Darmfüllung beruht. Ob darüber hinaus noch andere Wirkungen durch eine faserreiche Kost bestehen, ist höchst zweifelhaft und bisher noch nicht bewiesen. Vor allem die Vermutung von Burkitt, daß ein Darmkarzinom dadurch verhütet werden könne, hat sich bei statistischer Nachprüfung in keiner Weise belegen lassen. Nur ein Anwendungsgebiet hat sich bisher als günstig herausgestellt. Es ist die Divertikulose des Dickdarms, d. h. die Bildung kleiner Ausstülpungen der Schleimhaut. Hier hat es sich als günstig erwiesen, die Verdauung ständig auf harmlose Weise anzuregen, damit sich in den kleinen Divertikeln nicht Kotreste festsetzen und vielleicht zu Infektionsherden führen.
Andererseits aber hat es sich gezeigt, daß eine ballastreiche Kost, zu der auch die Kleie gehört, Darmbeschwerden verursachen kann. Die reichliche Zellulose fördert Darmgärungen und damit das Entstehen von Blähungen und dyspeptischen Zuständen. Es wird also viele Menschen geben, die eine ballastreiche Kost nicht vertragen können, was wir ja auch schon von der Rohkost wissen. Insofern ist, trotz der vielen Propaganda, die heute besonders in der Laienpresse betrieben wird, eine Überlegenheit gegenüber den Leinsamen nicht festzustellen. Wohl aber handelt es sich um eine Alternative und oftmals um eine gute Ergänzung, d. h. wir haben nunmehr mehrere Möglichkeiten, um zum gleichen Ziel zu gelangen.

Mariendistel bei Leberleiden

Lebererkrankungen sind in den letzten Jahren auffallend häufiger geworden. Das trifft vor allem für zwei derselben zu: für die akute Virus-Hepatitis mit Gelbsucht (Icterus) und für die Fettleber. Hepatitis ist der wissenschaftliche Name für eine entzündliche Erkrankung der Leber in ihrer Gesamtheit, vor allem der einzelnen Leberzellen. Die akute epidemische Gelbsucht wird durch ein Virus hervorgerufen und von Mensch zu Mensch übertragen, hauptsächlich durch Lebensmittel und Unreinlichkeiten, aber auch direkt mit dem menschlichen Blut bei Injektionen und dergleichen. Viren sind kleinste Lebewesen, viel kleiner als Bakterien, und sie lassen sich nicht wie diese durch die modernen Antibiotika nennenswert beeinflussen. Diese epidemische Gelbsucht, wissenschaftlich als Virus-Hepatitis bezeichnet, nimmt unter unhygienischen Verhältnissen zu. So beobachteten wir ganze Epidemien in der Kriegs- und Nachkriegszeit, vor allem in Lagern, wo viele Menschen eng zusammenleben mußten. Heute ist sie wieder häufiger geworden in Form der sogen. „Hippie-Hepatitis", die in derartigen Gemeinschaften sich ebenfalls wie eine Epidemie ausbreiten kann.

Die zweite „moderne" Lebererkrankung ist die Fettleber, eine richtige „Wohlstandskrankheit". Durch zu reichliche Ernährung, nicht nur durch Fett allein, entsteht eine Stoffwechselstörung in den Leberzellen mit erheblicher Ablagerung von kleinen Fettröpfchen. Sie sind nicht etwa ein unmittelbarer Übergang des mit der Nahrung aufgenommenen Fettes über den Darm in die Leber, wie man bei dem Namen „Fettleber" allzu leicht annehmen möchte. Das Fett in diesen Leberzellen ist vielmehr ein Zeichen der Degeneration, also einer ungenügenden Leistung des Stoffwechsels in den einzelnen Leberzellen. So ist es verständlich, daß eine Fettleber nicht nur bei zu reichlicher, sondern im krassen Gegensatz dazu auch bei einer unzureichenden Nahrungszufuhr, die bis zum richtigen Hunger gehen kann, auftritt. Wir haben das während des Krieges in den Gefangenenlagern in erschreckendem Ausmaß erlebt. Diese Erkenntnis von den zwei polaren Gegensätzen in der Entstehung der Fettleber gibt aber auch gleichzeitig den Hinweis, wie man sie behandeln soll, und vor allem, wie man ihr vorbeugen kann: man muß die Ernährung wieder in ein richtiges, wohlausgewogenes Gleichmaß bringen. Dazu brauchen wir keine spezielle „Leberdiät", wie sie eine Zeitlang und teilweise auch heute noch angepriesen wurde und wird, mit viel Eiweiß, wenig Fett und reichlich Kohlehydraten. Nach übereinstimmendem Urteil aller heute maßgeblichen Kliniker und Forscher auf dem Gebiet der Leberkrankheiten gibt es eine solche Leberdiät nicht, wenigstens nicht für die üblichen chronischen Lebererkrankungen. Lediglich bei schweren Extremfällen mit akuten, lebensbedrohlichen Verschlimmerungen kommen wir nicht ohne besondere diätetische Maßnahmen aus. Immer mehr Stimmen haben sich im wissenschaftlichen Schrifttum erhoben, die sich gegen eine übertriebene Diätetik bei chronischen Lebererkrankungen wenden. So schreibt Prof. F. H. Franken, Wuppertal-Elberfeld, u. a.: „Es spricht für die Robustheit der menschlichen Natur, daß sie so relativ schadlos den verschiedenen Leberdiäten der vergangenen Jahrhunderte und Jahrzehnte getrotzt hat." Bestimmten Diätformen komme keinerlei Vorteil gegenüber einer normal zusammengesetzten Ernährung zu. Der Leberkranke soll sich also möglichst normal ernähren und lediglich schwer verdauliche Speisen wie Hülsenfrüchte, scharfe Pfannengerichte, wiederholt erhitztes Fett, blähende Kohlsorten usw. vermeiden. Im übrigen entscheidet die individuelle Verträglichkeit darüber, was er essen darf oder nicht. Das gilt ebenso für die Fett-

leber wie auch für die chronischen Lebererkrankungen, die sich nach einer durchgemachten akuten Virus-Hepatitis entwickeln und oft noch viele Jahre und Jahrzehnte andauern können.
Eine Schädlichkeit hat sich allerdings als besonders schwerwiegend herausgestellt: der Alkohol, in jeder Form! Es herrscht im wissenschaftlichen Schrifttum Einstimmigkeit darüber, daß eine Fettleber nur dann ausheilt, wenn Alkohol restlos fortgelassen wird. Vielfach genügt dies schon allein zusammen mit einer vernünftigen Regelung der Ernährung.
Die gleiche Skepsis und teilweise heftige Ablehnung besteht hinsichtlich der so vielen Arzneimittel zur Behandlung von Leberleiden und vor allem der vielen „Leberschutz-Präparate". Sie werden in neuerer Zeit gleichfalls von den meisten Autoren abgelehnt. „Unter den Hunderten von sogenannten Leberschutz-Präparaten ist kaum eines, von dem auch nur eine symptomatische Wirksamkeit erwiesen wäre", meint Prof. Franken, und andere stimmen ihm zu. Das gilt gleicherweise für „Leberhydrolysate", die in besonderer Weise aus Lebersubstanz hergestellt werden, für lipotrope Substanzen und Aminosäuren und auch für Vitamin-B-Komplexe. Reich an Aminosäuren wie Methionin, Cholin, Cystin u. a. ist der Weißkäse (Quark, Topfen), der daher nach wie vor seine Berechtigung bei Lebererkrankungen hat. Allerdings ist auch hier vor einer Überbewertung zu warnen. Die „Quarklawine" der letzten Zeit sollte wieder auf ein vernünftiges Maß zurückgeführt werden.
Was aber können wir sonst noch für die kranke Leber tun? Gerade für die chronischen Lebererkrankungen bieten sich hier einige pflanzliche Arzneimittel an, über die wir erst in letzter Zeit Genaueres erfahren haben. In erster Linie ist hier die *Mariendistel* zu nennen, von der schon immer bekannt war, daß sie eine Leberwirksamkeit besitzt, ohne daß wir es beweisen konnten.

Mariendistel

Die *Mariendistel*, Silybum marianum (nach der älteren botanischen Nomenklatur Carduus Mariae) stammt aus den Mittelmeerländern. Sie wächst dort wild wie bei uns die bekannten Disteln und hat wie diese große, rote Blütenköpfe, die von stacheligen Kelchblättern umgeben sind. Leicht kenntlich ist sie vor allem an den Blättern. Diese zeigen entlang der Blattadern breite weiße Streifen und sehen aus, als ob sie mit Kalk oder mit Milch bespritzt seien. Daher kommt auch der alte Volksname. Nach einer alten Legende sollen diese weißen Streifen von der Gottesmutter herrühren, als beim Stillen des Jesuskindes Milch auf die Blätter dieser Distelpflanze tropfte. Auch der englische Name für die Pflanze

„Liebfrauenmilch" (ladies milk) geht auf diese Legende zurück. So ist es auch zu verstehen, daß wir die Mariendistel nicht selten auf Madonnenbildern finden, wie es ja der Sitte der damaligen Zeit entsprach, symbolisch gemeinte Pflanzen den gemalten Personen beizuordnen.
Als Heilpflanze war die Mariendistel den Völkern des Mittelmeergebietes schon im Altertum bekannt. Wir finden Beschreibungen darüber bei Dioskurides und Plinius. Wie so viele andere Heilpflanzen, kam auch die Mariendistel schon im frühen Mittelalter aus Italien nach Deutschland. Die heilige Äbtissin Hildegardis von Bingen kannte sie und schreibt darüber in ihrem berühmten Buch Causae et Curae. In allen großen Kräuterbüchern des Mittelalters ist die Mariendistel abgebildet, und auch hier stehen stets Hinweise auf ihre Heilwirkung bei Leberleiden. Sehr eingehend beschäftigte sich mit ihr vor mehr als 150 Jahren der Begründer der Erfahrungsheilkunde, der Arzt Dr. Rademacher. Er gibt eine genaue Beschreibung, wie man eine Tinktur aus den Samen der Mariendistel herstellen solle. Sie hat sich bis heute erhalten und wird noch immer als Tinctura Cardui Mariae Rademacher geführt, so in der Ausgabe 1967 der „Deutschen Arzneitaxe".

Als Droge gebraucht man die Früchte, Fructus Cardui Mariae. Sie enthalten Bitterstoffe, und lange glaubte man, allein dadurch die Wirkung der Mariendistel auf das Leber-Gallen-System erklären zu können, ähnlich wie beim Wermut oder beim Löwenzahn. Neuerdings ist es nun gelungen, den eigentlichen Wirkstoff der Mariendistel zu isolieren und seine chemische Konstitution aufzuklären. Er gehört zu der Gruppe der Flavone und erhielt den Namen Silymarin. Eine große Zahl experimenteller Untersuchungen und Berichte aus Klinik und Praxis liegt bereits über das Silymarin vor und bestätigt dessen Brauchbarkeit als Heilmittel und Schutzmittel bei Lebererkrankungen. Als Fertigpräparat wurde es unter dem Namen *Legalon* eingeführt, als Dragées zu 35 und 70 mg und als Tropfen (Legalon liquidum).
Über Legalon ist in den letzten Jahren viel gearbeitet und geforscht worden. Das wissenschaftliche Schrifttum ist dadurch erheblich angewachsen. Es handelt sich dabei sowohl um experimentelle als auch um klinische Untersuchungen sowie um Berichte aus der Praxis, also um alles, was man überhaupt von einem Heilmittel fordern und erwarten kann. Selten ist ein pflanzliches Heilmittel aus der Reihe der Mite-Phytotherapeutica so eingehend geprüft worden wie das Legalon. Es wurde festgestellt, daß es die Funktionen der Leberzellen steigert und ihre Widerstandskraft erhöht. Dadurch wird die Rückbildung einer Hepatitis und besonders der Fettleber gefördert. Die nächst der Fettleber häufigste Form einer Lebererkrankung ist die Virus-Hepatitis. Gegen Virus-Infekte haben wir noch kein spezifisch wirkendes Heilmittel. Die Antibiotica, die gegen bakterielle Infekte so hoch wirksam sind, versagen bei

Viruserkrankungen. Daher bleibt bei einer Virus-Hepatitis nur die Möglichkeit, die Widerstandskraft des Körpers gegen den Infekt zu erhöhen. Hierfür hat das Legalon seinen rechtmäßigen Platz.
Die Tierexperimente waren in der Tat hochinteressant und führten zu überraschenden Ergebnissen. Gibt man den Versuchstieren das stärkste Lebergift, das wir kennen, nämlich die Toxine Amanitin und Phalloidin aus dem Knollenblätterschwamm, so kommt es zu einer schweren Lebervergiftung. Es war ja schon immer eine leidige Erfahrung bei Pilzvergiftungen, daß nach dem Genuß von Knollenblätterschwamm sich eine gefährliche Leberzerstörung einstellte, die in vielen Fällen zum Tode führt. Sie beruht auf den genannten Giftstoffen. Verabfolgte man nun den Versuchstieren gleichzeitig mit diesen Lebergiften das Silymarin, so überlebten sie zum allergrößten Teil. In den Leberzellen selbst waren deutliche Zeichen einer Erholung und Rückbildung (Regeneration) zu erkennen. Eine derart starke Leberschutzwirkung bei vergifteten Mäusen hatte man bisher mit keiner anderen Substanz gesehen.
Darüber hinaus hat die Mariendistel mit ihrem Hauptwirkstoff Silymarin den großen Vorteil, selbst völlig ungiftig zu sein und auch bei langdauernder Anwendung zu keinerlei unerwünschten Nebenwirkungen zu führen. Es ist die gleiche Erfahrung, die wir bei so vielen Naturstoffen machen. Man muß nur die Geduld aufbringen, Langzeitversuche zu unternehmen, wie dies bereits am Beispiel des Weißdorns beschrieben wurde. Die üblichen pharmakologischen Untersuchungen reichen eben für die Mite-Phytopharmaka vielfach nicht aus, denn sie sind in erster Linie für stark wirksame Arzneimittel bestimmt. Diese haben dann aber auch entsprechende Nebenwirkungen, die bei der Anwendung ein erhebliches neues Risiko ergeben. Das führte dann zu der sicherlich falschen oder zumindest unzulänglichen Schlußfolgerung, daß ein Arzneimittel, welches keine Nebenwirkungen habe, auch keine arzneiliche Wirkung besitzen könne. Wenn man sich mit Phytopharmaka beschäftigt, muß man eben umdenken und nach anderen Untersuchungsmethoden und Beweismöglichkeiten suchen. Hier zeigt sich deutlich die Unzulänglichkeit der heute so ganz im Vordergrund stehenden pharmakologischen Forschungsrichtung, die wohl für ein wichtiges, aber doch enges Gebiet ihren Wert hat, darüber hinaus jedoch keine Allgemeingültigkeit beanspruchen kann, vor allem nicht auf dem Gebiet so vieler Heilpflanzen. Hier ist eine kritisch ausgewertete und wissenschaftlich betriebene Erfahrung oder Empirie, wie der Fachausdruck lautet, mindestens genauso beweiskräftig. Wenn sie dann noch durch neue experimentelle Untersuchungen gestützt werden kann, so erhöht dies noch erheblich den Wert der Aussagen. Die Mariendistel mit den Untersuchungen über das Silymarin ist ein gutes Beispiel hierfür.

Die Anwendung der Mariendistel ist einfach. Man kann sich aus der Droge, den Mariendistelfrüchten, einen Tee herstellen, ein Teelöffel auf eine Tasse Wasser, in üblicher Weise heiß, jedoch nicht kochend überbrühen und 10 Minuten ziehen lassen. Diesen Tee trinkt man warm, zweckmäßig mit einem Teelöffel bis einem Eßlöffel Honig gesüßt, morgens und abends eine Tasse. Erfahrungsgemäß ist der Honig mit seinem Gemisch aus den beiden Zuckerarten Dextrose und Fructose (Fruchtzucker) schon für sich allein ein gutes Mittel für die kranke Leber. Zweckmäßig ist auch eine Mischung aus Mariendistelfrüchten und Pfefferminzblättern zu gleichen Teilen, in gleicher Weise zubereitet und genommen. Von der Pfefferminze ist ihr günstiger Einfluß auf die Leber-Galle-Funktion bekannt und geschätzt. Oder man bedient sich der schon genannten Tinctura Cardui Mariae Rademacher, in akuten Fällen 3–4mal täglich 20 Tropfen, sonst ebenfalls morgens und abends 20 Tropfen in etwas Wasser, nach den Mahlzeiten oder in einigem Abstand von diesen genommen. Vom Legalon beträgt die Dosis in leichteren Fällen 3mal täglich 2 Dragées zu 35 mg bzw. 1/2 Meßlöfffel der flüssigen Zubereitung. In schweren Fällen kann man bis zu 3mal täglich 2 der stärkeren Dragées zu 70 mg ansteigen, immer für einige Wochen hintereinander. Zur kurmäßigen Dauerbehandlung chronischer Lebererkrankungen genügt es meistens, morgens und abends je 1–2 der stärkeren Dragées zu 70 mg zu nehmen, dann aber monatelang ununterbrochen.

Eine zweckmäßige Kombination der Mariendistel mit Pfefferminze, Löwenzahn und Rhabarber sind *Dr. Grandels Leber-Galle-Dragees* der Fa. Keimdiät. Man nimmt davon anfangs 3mal täglich 2 Dragées nach den Mahlzeiten, für etwa 2–3 Wochen. Dann wird mit einer Langzeitbehandlung fortgefahren, bei der man mit 1–2 Dragées morgens nach dem Frühstück und abends nach dem Abendessen auskommt. Das kann monatelang fortgesetzt werden, vor allem bei der Fettleber, und ist auch in verdächtigen Fällen gleichzeitig ein guter Leberschutz, soweit man von einem solchen überhaupt sprechen kann. In Tropfenform liegt eine Kombination von Mariendistel und Löwenzahn im *Hepafungin* der Fa. Schwabe vor, 2–3mal täglich 10 Tropfen. Ebenfalls aus Tropfen besteht das *Marianon* der Fa. Klein, eine Kombination aus Mariendistel, Schöllkraut, Schafgarbe, Wermut und Johanniskraut, 2–3mal täglich 20 Tropfen.

Über die Leberwirksamkeit der *Artischocke* wurde bereits in dem betreffenden Abschnitt alles Nähere ausgeführt. Ihr Hauptwert liegt bei den Erkrankungen der Gallenblase, zumal bei Gallensteinen, und die Leberschutzwirkung ist nur eine zusätzliche. Gleiches gilt vom *Wermut*, der zumal bei chronischen Gallenleiden mit einer schwachen und gesenkten (atonischen) Gallenblase eine gute Wirkung entfaltet und gleichzeitig die begleitenden Magenbeschwerden im Sinne eines ebenfalls schwachen und gesenkten Magens (Senkmagen, Magenatonie) so auffallend gut zu bessern vermag. Beide Zustände kombinieren sich häufig und sind im Grunde der Ausdruck eines gleichartigen Schwächezustandes von Magen und Gallenblase als Teilerscheinung einer allgemeinen Körperschwäche. Eine Operation kann hierbei nicht helfen, falls nicht zusätzlich operationserfordernde Gallensteine vorliegen, zumal bei gehäuften Koliken. Das ist dann aber schon wieder ein anderer Zustand, der sich deutlich von diesen atonischen oder Schwächezuständen abgrenzen läßt. Diese bestehen nach einer operativen Entfernung der Gallensteine vielfach weiter, weil sie eben auf einer anderen Grundlage beruhen. Eine Kur mit Wermut-Tee, 1–2 Teelöffel des Wermutkrautes auf eine Tasse Wasser, warm und schluckweise nach jeder der beiden Hauptmahlzeiten getrunken, regelmäßig für 3–4 Wochen, hilft diesen Kranken oft auffallend gut. Am besten ist hierfür der reine Wermut-Tee, ohne jeden weiteren Zusatz, auch ohne Honig oder Zucker, denn der bittere Geschmack läßt sich dadurch nicht bessern. Es ist aber immer wieder erstaunlich, wie viele Kranke trotz des sehr bitteren Geschmackes den Wermut-Tee ohne Beanstandung und sogar gern nehmen, weil sie bald seine gute Wirkung verspüren.

Französische Autoren waren es, die sich mit der guten Wirkung eines weiteren Naturstoffes auf Gallenbeschwerden beschäftigten: dem *Betain* aus der *Zuckerrübe* (Beta vulgaris var. altissima), nicht zu verwechseln mit dem roten Farbstoff Betanin aus der Roten Bete (Beta vulgaris var. conditiva). Betain ist eine weiße, kristalline, süßlich schmeckende Substanz, die unmittelbar in den Leberstoffwechsel eingreift und dadurch die Regeneration der kranken Leberzelle unterstützt. Sie gehört zu den lebenswichtigen hepatotropen Aminosäuren, ebenso wie das Methionin, und vermag in ähnlicher Weise wie dieses, sogar noch besser, einen Enzymdefizit in der Leber auszugleichen. Zusammen mit *Sorbit,* dem Naturstoff aus den Vogelbeeren (Sorbus aucuparia) ist Betain im *Flacar* (Fa. Schwabe) enthalten. Man nimmt von dem gelblichen Pulver täglich morgens und abends anfangs zwei Beutel (= 5 g), später für die Langzeitbehandlung jeweils einen Beutel der Fertigpackung vor oder nach den Mahlzeiten, mindestens 3 Monate lang.
Trotz aller Vorbehalte und Skepsis ist unsere moderne Lebertherapie durch diese Arzneipflanzen deutlich bereichert worden. Bemerkenswert ist auch hierbei wieder, daß es sich bei allen nicht um neue Arzneipflanzen handelt, sondern um altbekannte, die schon immer bei Lebererkrankungen gebraucht wurden, deren Nutzen und praktische Verwendbarkeit aber erst durch neue Untersuchungen belegt werden konnten. Dadurch haben sie nun auch wissenschaftlich ihren Wert erwiesen und erneut Eingang in die Therapie gefunden.

Neues von den Wirkungen der Gewürze

Paprika

„Die Gewürze sind die Aschenputtel der Ernährungsphysiologie und der Diätetik: wenig bekannt, wenig geachtet", so beginnt eine Arbeit von Prof. H. *Glatzel,* dem Leiter des Max-Planck-Instituts für Ernährungsphysiologie in Dortmund. In früheren Zeiten waren die Gewürze hoch geschätzt, allerdings in erster Linie wegen ihrer Geschmackswerte. Aber in allen Völkern und zu allen Zeiten waren die Gewürze auch Heilmittel, vor allem bei Magenleiden und zur allgemeinen Anregung. Die medizinische Wissenschaft hat sich jedoch wenig mit den Gewürzen beschäftigt. Man hat in neuester Zeit beim Meerrettich, beim Knoblauch, bei der Gartenkresse und bei der Kapuzinerkresse antibiotische Wirkungen festgestellt und sie auch nutzbar zu machen gesucht. Aber was die Gewürze in der Diätküche zu leisten vermögen, war doch bisher mehr auf Erfahrung aufgebaut als auf exaktem Wissen.

Manche Gewürze galten als schädlich für die Nieren, vor allem Pfeffer, Paprika und Senf. Mit aller Bestimmtheit wissen wir heute, daß dies *nicht* zutrifft. Wohl können manche der Gewürze, wie Paprika, eine Vermehrung der Harnmenge herbeiführen. Aber das ist nicht schädlich. Man kann daher die Gewürze selbst bei Nierenkranken verabfolgen. Das ist besonders wichtig, weil man auf diese Weise die salzarme Kost, welche die Nierenkranken notwendig haben, wesentlich abwechslungsreicher und schmackhafter gestalten kann. Ein vernünftiger Gebrauch der Gewürze in der Diätetik kann sicher als harmlos betrachtet werden.

Neue Untersuchungen im Institut für Ernährungsphysiologie in Dortmund haben nun ganz besondere Wirkungen der Gewürze auf Herz und Kreislauf ergeben. Wir wußten schon immer, daß nach einer reichlichen Mahlzeit das *Herz* belastet ist. Es muß stärker und schneller arbeiten, um die vermehrte Blutzufuhr zu den Verdauungsorganen zu bewältigen. Das spürt schon der Gesunde. Noch mehr aber ist eine solche Belastung nach der Nahrungsaufnahme für ein *krankes* Herz schädlich. Das kann sogar zu einem akuten Versagen eines solchen Herzens führen.

Dabei haben sich nun sehr interessante Ergebnisse herausgestellt, die völlig überraschend sind. Wir haben bisher geglaubt, daß Reis und Butter leicht verträgliche Nahrungsmittel seien, während etwa Speck als ausgesprochen schwer verdaulich galt. Ein gewürzloser Reisbrei liegt schwer im Magen und verbleibt dort relativ lange, weil jeder Anreiz zu einer Magenfunktion fehlt. Damit wird auch die Blutzirkulation langsamer und muß durch vermehrte Herzarbeit ausgeglichen werden. Das ändert sich jedoch völlig, wenn man Gewürze zusetzt. Gibt man zu dem Reis *Paprika,* dann arbeitet das Herz ruhiger und kräftiger als nach der ungewürzten Mahlzeit. Auf etwas andere Weise, aber gleichfalls günstig wirkt ein Zusatz von *Senf.* Danach scheint also die alte Erfahrung richtig zu sein, daß gewürzte Speisen von Herz und Kreislauf besser vertragen werden als sehr milde, obwohl man in der Diätetik vielfach das Gegenteil behauptete.

Noch bedeutsamer sind die Einflüsse der Gewürze auf die *Blutgerinnung.* Von der Managerkrankheit und von der Zunahme des plötzlichen Herztodes ist ja bekannt, daß eine reichliche Nahrungsaufnahme gar nicht selten die Ursache des Auftretens dieser akuten schweren Krankheitserscheinungen sein kann. Man warnt ja deshalb vor den reichlichen Abendmahlzeiten bei Empfängen und dergl., denn plötzliche Todesfälle danach kommen immer wieder vor. Wir wissen, daß durch eine fettreiche Mahlzeit die Blutgerinnung ungünstig beeinflußt wird, so daß völlige Verschlüsse kleiner Gefäße im Herzmuskel und damit der gefürchtete Herzinfarkt eintreten können. Die neuen Untersuchungen haben nun das bemerkenswerte Resultat ergeben, daß durch den Zusatz von Gewürzen zu den Speisen die Gerinnungsverhältnisse im Blut *günstiger* gestaltet werden. Auch das wurde wieder am Beispiel des Paprikas gezeigt, der in richtiger Abstimmung zu unseren geschmacklich besten Gewürzen gehört. Mit Hilfe natürlicher Würze scheint es möglich zu sein, die gefahrdrohenden Gerinnungsverhältnisse im Blute größtenteils unschädlich zu machen. Diese Befunde eröffnen weitgehende Perspektiven. Vielleicht ist es auf diesem Wege in durchaus naturgemäßer Weise möglich, dem Herzinfarkt *vorzubeugen.* Jedenfalls hat sich auch hier wieder ergeben, daß ein Zusatz von Gewürzen zu den Mahlzeiten vorteilhaft ist und die Verträglichkeit bessert. Freilich muß er sich in den üblichen Grenzen halten. Zuviel wäre hier ebenso schädlich wie ein Zuwenig. Aber vor dem „richtigen“ Würzen der Mahlzeiten brauchen wir keine Angst zu haben, sondern wir sollen es im Gegenteil fördern.

Wesenlich länger und daher auch schon besser bekannt sind die Wirkungen der Gewürze auf die Verdauungstätigkeit im *Magen.* Alle Gewürze steigern die Menge des abgesonderten Speichels. Dabei zeigte es sich, daß nicht nur die Menge des Speichels zunimmt, sondern daß dieser Speichel nach den Gewürzen auch fermentreicher ist als der Ruhespeichel. Er fördert also, wenn er mit den Speisen in Magen und Darm gelangt, die Verdauungstätigkeit auf doppelte Weise: durch die größere Menge und durch den reichlicheren Gehalt an verdauenden Fermenten. Bisher glaubte man, und so steht es noch in vielen Lehrbüchern, daß der vermehrte Speichel die Speisen besser herunterspüle und daß dies die hauptsächlichste Wirkung dieser vermehrten Speichelabsonderung sei.

Jetzt wissen wir, daß die Wirkung noch erheblich darüber hinausgeht. Im Magen verstärkt der Speichel die Verdauung der Stärke, beschleunigt die Magenentleerung und erleichtert und verkürzt die Verdauungsarbeit. Gleichzeitig schützt der reichliche Gehalt des Speichels an Neuraminsäure und Hexosamin vor einer mechanischen oder chemischen Schädigung der Schleimhaut und vor krankmachenden Keimen.

Diese Wirkung der Gewürze beginnt bereits im *Mund*. Wenn Gewürze ohne Berührung der Mundschleimhaut sogleich in den Magen gelangen, sind sie ohne Wirkung. Die Gewürze reizen gewisse Nervenendigungen in der Mundschleimhaut, die dann reflektorisch die vermehrte Magensaftproduktion erzeugen. Zu den schwach wirksamen Gewürzen gehören Wermut und Piment, zu den stark wirkenden Pfeffer, Curry und auch Zitronensaft. Noch stärker sind sogar Wein- und Essigsäure. Aber jeder Mensch reagiert auf Gewürze anders. Daher ist es schwer, feste Regeln aufzustellen, und jeder muß seine eigenen Erfahrungen machen.

Die Gewürze sind über diese Wirkungen hinaus auch noch *Tonica*. Wir verstehen unter Tonica stärkende oder kräftigende Mittel, die bei Erschöpfungs- und Schwächezuständen gebraucht werden. Schon immer wußte man, daß Gewürze hierbei eine große Rolle spielen. Sie regen nicht nur den Appetit an, sondern verbessern auch die allgemeine Leistungsfähigkeit. Man gebrauchte für diesen Zweck gern die Chinarinde, die Pomeranze, den Wermut, Condurango etwa in Form des Condurango-Weines, und versprach sich davon eine Erhöhung der körperlichen und geistigen Leistungsfähigkeit und der Widerstandskraft gegenüber Belastungen. Näheres über den Wirkungsmechanismus wissen wir noch nicht. Aber es scheint, als ob sich der Weg schon abzeichne. Er geht über das System der Nebennierenrindenhormone. Dies sind diejenigen Hormonsubstanzen, welche die Leistungsfähigkeit des Körpers zu heben vermögen. Bei einem Mangel an ihrer Produktion im Körper sinkt die Leistungskraft ab und es stellen sich Müdigkeit und Energielosigkeit ein. Wir scheinen nun in den Gewürzen ein natürliches Mittel zu haben, um die Funktion der Nebennierenrinde und damit die Produktion ihrer Hormone anzuregen. Auch hier war es der Paprika, bei dem man eine solche erhöhte Produktion dieser Hormone im Experiment zeigen konnte.

In der Pflanzenheilkunde nahmen die Gewürze bisher eine Zwischenstellung ein zwischen den eigentlichen Heilpflanzen und Unterstützungsmitteln der Diätetik. Die neuen Untersuchungen aber heben sie gleichsam eine Stufe höher. Weit über ihre rein geschmacklichen Funktionen hinaus vermögen sie weitreichende Wirkungen im menschlichen Körper hervorzurufen. Das bemerkenswerte dabei ist, daß diese Wirkungen sehr *milde* sind, sich aber nicht abschwächen, sondern sich ständig wiederholen. Das macht die Gewürze besonders wertvoll als Unterstützungsmittel bei Krankheitszuständen. Noch mehr scheint ihr Wert auf dem Gebiete der *Vorbeugung* zu liegen, zumal dann, wenn Herz und Kreislauf schon etwas geschädigt sind. Ganz anders als bei den pflanzlichen Gewürzen liegen die Dinge beim *Kochsalz*, dem gewöhnlichen Speisesalz (Natriumchlorid). *Zuviel Salz in der Nahrung steigert einen erhöhten Blutdruck in geradezu gefährlicher Weise.* Zur Behandlung eines erhöhten Blutdrucks (arterielle Hypertonie) reicht es oft schon völlig aus, das Salz in der täglichen Nahrung so gering wie möglich zu halten, etwa auf 6 g täglich, statt üblicherweise vielfach bis zu 12–15 g. Ganz verboten ist das Nachsalzen der Speisen bei Tisch, was viele Menschen oft schon tun, noch ehe sie überhaupt die Speise gekostet haben. Salzarme Kost ist nicht nur das beste Vorbeugungsmittel gegen hohen Blutdruck mit allen seinen gefährlichen Folgen, sondern unterstützt auch jede Behandlung mit blutdrucksenkenden Mitteln. Umgekehrt verhält es sich bei einem konstitutionell *niedrigen* Blutdruck. Hier ist eine etwas reichliche, aber auch nicht übertriebene Salzzufuhr *günstig* und steigert das Wohlbefinden und die Leistungsfähigkeit. Man muß also individuell auswählen. Was für den einen Menschen ungünstig und geradezu gefährlich sein kann, vermag anderen zu nützen. Gewarnt wird übrigens auch immer wieder vor der gleichsam *unsichtbaren* Kochsalzzufuhr durch Wurst, geräucherte Speisen u.dgl.

Philosophia botanica

Der Begriff der Philosophia botanica stammt von dem großen schwedischen Arzt und Botaniker *Carl Linné*, dem Schöpfer der wissenschaftlichen Systematik und Nomenklatur des Pflanzenreiches. Er gab den Pflanzen – und auch den Tieren – die noch heute gültigen wissenschaftlichen Namen, die sich jeweils aus dem Gattungs- und dem Artnamen zusammensetzen. Damit wird in einfachster Weise erreicht, daß man jede Pflanze und jedes Tier überall in jedem Land und in jedem Sprachbereich, eindeutig kennzeichnet und zweifelsfrei weiß, welche Art unter diesem Namen zu verstehen ist. Bis dahin war dies keineswegs selbstverständlich und führte dazu, daß jeder Autor die ihm gerade bekannte Namensgebung wählte, ähnlich wie die Volksnamen der Pflanzen von Land zu Land sehr verschieden sind. Das hat auch Bedeutung für die Pflanzenheilkunde, denn auch die Bezeichnung der *Drogen* wird von diesen botanischen Namen, die ja in lateinischer oder griechischer Art gehalten sind, abgeleitet. So ist man sicher, in wissenschaftlichen Arbeiten und auch im Handelsverkehr immer genau zu wissen, um welche Stammpflanze es sich bei einer Droge handelt.
Unter botanischer Philosophie wurde, dem damaligen Gebrauch entsprechend, die übergeordnete und überschauende Betrachtungsweise verstanden, die das

Einzelne in das Ganze einzugliedern sucht. Das Einzelobjekt wird damit in die gesamte Natur hineingestellt, als Glied eines mehr intuitiv erfaßten als exakt wissenschaftlich begründeten Systems. Ausschlaggebend war dabei das Denken in *Formen,* wie sie sich der unbefangenen Betrachtung ergeben, aufgenommen als *Bild* in einer ungeheuren Mannigfaltigkeit von Bildwerken, wie sie uns fertig geformt dargeboten werden, mit allen ihren Besonderheiten, ihren Übergängen und Ähnlichkeiten, aber doch immer als einmalig geprägte und als solche bestimmte Form. Wissenschaftlich nennt man das ein *morphologisches* Denken und Betrachten. Die Wahrnehmung dieser Formen ist uns möglich. Sie erzeugen in uns Bilder, die wir als *Wirklichkeit* erkennen. Wie sie zustande kommen und was hinter ihnen verborgen bleibt, wird der Wissenschaft niemals möglich sein zu ergründen. Jeder Versuch, es zu „erklären", geht über den Bereich der wissenschaftlichen Erforschung hinaus. Es ist die einfache, gleichsam ‚naive' *Anschauung der Dinge in der Natur,* wie sie uns Goethe lehrte und wie sie von Linné wieder aufgenommen wurde.
In der Folgezeit wurde diese philosophische Betrachtung der Botanik immer mehr zurückgedrängt durch die sich ausbreitende Naturwissenschaft. Man lernte, die Bestandteile der Pflanzen zu *zergliedern,* man erkannte die Zellen und ihre Funktion, man fand die biochemischen Vorgänge und kam zu der Erforschung der Gene, fand die chemische Zusammensetzung der Säfte und ihre Einwirkungen aufeinander und vieles, vieles andere mehr. Immer weiter wurde und wird noch diese Zergliederung vorwärts getrieben, immer mehr wissen wir heute von der Biologie und Biochemie der Gewächse, und einhergehend damit wuchs unsere *Macht,* die Pflanze in den Dienst der Menschheit zu stellen, durch Auslese und Züchtung neue Rassen zu schaffen, die Vermehrung in größtem Ausmaße zu steigern und sich die Pflanzenwelt nutzbar zu machen. Das galt und gilt als die eigentliche wissenschaftliche Forschung. Sie betrifft auch die Heilpflanzen. Wir suchen die Inhaltstoffe genauer kennen zu lernen, machen Tierexperimente, und glauben, aus ihnen mehr und mehr über die Wirkungsmöglichkeiten zu erfahren.
So entstand eine *neue* Richtung. Bei ihr ist nicht das gleichsame naive Wahrnehmen des Bildes, der Gestalt, von Wert und Bedeutung, sondern das *Wissen* um möglichst viele Einzelheiten. Das ist das Charakteristikum aller Wissenschaft in heutiger Zeit und keineswegs auf die Botanik beschränkt. Die Beschäftigung mit den festgelegten Formen, also mit der Morphologie, gilt kaum noch als Wissenschaft. So steht es in gleicher Weise mit der Anatomie des Menschen und der Tiere. Auch hier gilt es als kaum noch wissenschaftlich, nur die Formen zu kennen und sie eingehender zu betrachten. Man braucht diese Kenntnisse allenfalls als Grundlage aller weiteren Arbeit mit diesen Objekten, sucht sie aber auf das Nötigste zu beschränken.
Jedoch: je mehr man zergliedert, je mehr man Einzelheiten dem „Wissen" an-

fügt, um so mehr muß man erkennen, daß man hier *nie ein Ende* finden wird. Hinter jedem Resultat eröffnet sich eine neue Frage. Das ungeheuere, nicht mehr zu übersehende „Wissen“ droht uns zu ersticken, so glänzend auch die Forschungsergebnisse im einzelnen sein mögen. Die Einsicht in den *Ordnungsplan,* der allen diesen Erscheinungen zugrunde liegt, geht indessen darüber verloren. Ja, wir sehen heute schon in der Physik eine Grenze erreicht, wo alles Erforschen über die Fassungskraft unseres Verstandes hinausgeht, wohl aber Kräfte weckt, deren Zerstörungskraft größer ist als unser Vermögen, sie zu beherrschen und uns nutzbar zu machen. Sie drohen uns letztlich zu vernichten. Das Gedicht vom Zauberlehrling scheint Wahrheit zu werden.

Alles im Kosmos verläuft in *Rhythmen.* Wenn das Pendel nach der einen Seite genügend ausgeschlagen hat, kehrt es wieder zurück. So scheint sich heute schon ein Wandel anzubahnen, versteckt und schüchtern erst, aber doch nicht mehr zu überhören. Man fragt sich, mehr im Stillen als laut und vor den anderen, um nicht rückschrittlich zu erscheinen, ob die so stolz verlassene Gedankenwelt einer Naturphilosophie, in unserem Falle einer *Philosophia botanica,* nicht doch ihre Berechtigung habe? Von *Einstein* wird das Wort berichtet „Durch rationelles Denken lassen sich Lebensprobleme nicht lösen“. Man beginnt zu ahnen, daß alle äußere Form *Symbol* einer unerkennbaren transzendenten Wirklichkeit sein könnte und daß die Gestalten Ausdruck einer immanenten Gesetzlichkeit zu sein vermögen – man läßt wenigstens wieder diese *Möglichkeit* zu, die man bisher als reine Spekulation und Phantasie abzutun glaubte. Man räumt der *Ethik* wieder einen Platz ein und fragt sich, ob alle Zergliederung wissenschaftlicher Einzelforschung die Menschheit letztlich *glücklicher* zu machen vermöge, über allen äußeren Wohlstand hinaus.

Solche Gedankengänge scheinen sogar wieder *modern* zu werden und gliedern sich daher in unser pflanzenheilkundliches Thema ein. Auf der Therapiewoche 1965 in Karlsruhe, die in jedem Jahr einige tausend Ärzte zur Diskussion der Fortschritte in Wissenschaft und Praxis vereint, wurde der große einleitende Festvortrag von einem Anatomen gehalten, Prof. K. *Goerttler* von der Universität Freiburg. Es ist erstaunlich, was uns hier von einem unserer führenden Akademiker gesagt wurde. Es sind Klänge, die so ganz anders anmuten als das, was man noch vor kurzem als wissenschaftlichen Fortschritt zu preisen pflegte. Wir hören heraus, daß sich wieder die große Umkehr anbahnt, daß der Kulminationspunkt der Wissenschaft im bisher gültigen Sinne erreicht zu sein scheint und daß es wieder notwendig wird, sich mit den philosophischen Grundlagen der Naturwissenschaft und der Medizin zu befassen. So wird die Frage gestellt: „Was heißt eigentlich messen?“, denn alle experimentelle Wissenschaft läuft auf die Festlegung bestimmter räumlicher und zeitlicher Meßpunkte hinaus.

Die Mechanik führe aber nie auf qualitative, sondern immer nur auf quantitative Beziehungen, und zwar auf so einfache, daß die Mathematik sich ihrer überall bemächtigen konnte. „Die aus der Mechanik verbannte Schönheit findet allein noch in ihr ihre Zuflucht." Und weiter sagt uns der Anatom: „Es ist verständlich, daß die außerordentlichen Erfolge der chemisch-physikalisch eingestellten Kausalforschung die gesamte Wissenschaft faszinieren. Aber wir geraten dabei in die Gefahr, zugunsten eines nackten und blinden Mechanismus das Leben selbst seiner Qualitäten zu berauben und dadurch die Ehrfurcht zu vergessen, welche das Fundament unserer Wissenschaft ist. Die naturphilosophische Konzeption der Welt, welche die Beherrschung und Ordnung ihrer Erscheinungen durch geistige Macht zu sichern suchte, ist geschichtlich sehr viel älter als der Versuch, sie durch materielle Analyse zu erklären."
„Der feinste Indikator für die Existenz einer natürlichen Einheit ist die *Gestalt*wahrnehmung. Sie ist eine echte Erkenntnisleistung *vor* jeder individuellen Erfahrung. Die Tatsache, daß dazu eine besondere Begabung gehört, spricht nicht gegen ihre Wissenschaftlichkeit. Jedes Kind besitzt diese Begabung. Es lebt in einer ihm noch völlig fremden Welt, die erfüllt ist mit einem ungeheuren Reichtum an farbigen und reich differenzierten Merkmalen – die der Erwachsene meist gar nicht mehr wahrzunehmen vermag."

„Wir leben in einer gedachten Wirklichkeit." Auch unsere Umwelt ist stets nur ein Teil von uns selbst. Wir prägen sie. Das gilt ebenso für jedes Tier." Aber das Tier lebt in vollkommener Harmonie mit seiner Umwelt. Das menschliche Gehirn besitzt dagegen vielerlei Möglichkeiten, seine Umwelt zu interpretieren. „Wir leben daher auch längst nicht mehr in Harmonie mit der Natur."

„Mit dieser Betrachtungsweise ist die naturwissenschaftlich kausale Erforschung der Dinge keineswegs aufgehoben. Aber sie allein reicht nicht aus, um das organische Geschehen zu begreifen. Seine Ordnung untersteht einer anderen Gesetzmäßigkeit. Wir können diese lebendige Gestalt allerdings nur mit dem geistigen Auge sehen. Sie ist dasselbe, was Plato einen *Edios* nannte."
„Warum sollte es unwissenschaftlich sein, sich auch mit den Gesetzen dieser *inneren* Welt auseinanderzusetzen? So rasen wir innerhalb unserer Umwelt von einem Fortschritt zum anderen, während unser schlichtes Menschenglück, neben vielen anderen wertvollen Qualitäten, schon längst auf dem Wege dieses Fortschritts hinter uns auf der Strecke geblieben ist." Und abschließend heißt es in diesem Festvortrag dann: „Mir scheint, daß die Eroberung des Weltenraumes für uns nicht dringlicher ist als die Aufgabe, der Welt durch den Aufbau einer neuen, vom Geiste wahrer Humanität getragenen Kulturgesinnung auch einen lebensbejahenden, neuen Sinn wiederzugeben."

Diese Äußerungen eines Wissenschaftlers der heutigen Zeit stehen durchaus nicht allein. Ähnliche Gedankengänge klingen von überall heran an unser Ohr. Was hier an hervorragender Stelle gesagt wurde, soll nur Beweis und Beispiel sein für die Wandlung, in der wir heute stehen, die freilich nur von denjenigen wahrgenommen wird, die sich dafür selbst innerlich bereitet haben. Sie aber sind die wahrhaft „Modernen" in unseren Tagen, denn sie eilen der Gegenwart voraus und suchen zu erfühlen, in welcher weltweiten Wandlung wir uns schon jetzt befinden.

Man hat die Botanik auch als die „scientia amabilis" bezeichnet, die liebenswerte oder besser liebenswürdige Wissenschaft, weil sie nicht nur den Verstand, sondern auch das *Gemüt* anspreche. Darauf sollten wir uns wieder besinnen. Die Pflanzenheilkunde ist in dieser „scientia amabilis" mit einbegriffen. Sie gewährt eine umfassende Schau des Lebendigen und des krankhaften Geschehens und zeigt uns Möglichkeiten der Besserung und Heilung, die aus der Gesamtheit der Natur kommen. Sicher wollen wir die anderen Möglichkeiten, die uns Chemie und Physik bieten, darüber nicht vernachlässigen oder gering achten. Wohl aber fühlen wir uns berechtigt, die Beschäftigung mit den in den Pflanzen liegenden Heilkräften und ihrer Anwendung ebenso als eine Wissenschaft anzusehen und sie als *gleichwertig* neben die anderen Formen der Heilkunde zu stellen, ohne Überheblichkeit, unter Abwehr aller Übertreibungen und Einsichtigkeiten, aber mit tiefer Ehrfurcht und wahrer Liebe zu den unergründlichen kosmischen Gesetzen, denen unser Leben heute wie seit jeher folgt und in aller Zukunft folgen wird.

Letztlich wird man die Würdigung der Pflanzenheilkunde ebenso wie aller anderen Heilverfahren nur dann gerecht, wenn man sich der grundsätzlichen Unterscheidung zwischen dem „Heiler" und dem „Forscher" deutlich bewußt ist. Das Beste und Tiefste, was sich darüber sagen läßt, finden wir in dem Kapitel „Die Macht der Krankenheilung" in dem Buch „Wegweiser" von *Bô Yin Râ* (Josef Anton Schneiderfranken), der trotz des fremdländisch klingenden Namens ein urdeutscher Weiser der Gegenwart war, 1876 in Aschaffenburg geboren und 1943 in Lugano gestorben (Kober-Verlag, Bern/Schweiz). In Wahrheit – so heißt es dort – kann kein Arzt auf der Welt auf andere Weise wirklich heilen, als dadurch, daß er den Kräften, die jeder Mensch in sich selbst trägt, die Möglichkeit schafft, sich auszuwirken. „Einerlei, durch welche Mittel er dazu gelangt, mag er auch chemische oder chirurgische Eingriffe vornehmen." Außer diesen, in jedem Menschen vorhandenen, meist aber latent bleibenden Kräften, die man von altersher als Lebenskraft, Vis vitalis verstand, ist nun aber beim Wirken eines wirklichen Heilers noch etwas anderes im Spiel. Es besteht darin, daß manche Menschen eine angeborene Eignung zum heilärztlichen Wirken besitzen. Sie vermögen den Willen und die Kraft zur Heilung auf andere *zu übertragen*, ganz gleich, welcher Methoden sie sich dabei bedienen. Immer sind diese letztlich nur das Vehikel, mit dem der wahre Heiler diese Kraftübertragung vornimmt. Ein solcher Heiler – so sagt uns Bô Yin Râ – wird mit jeder Methode Heilerfolge erzielen, „und seine erworbene Wissenschaft wird stets von seiner sicheren Intution berichtigt werden. Der kranke Mensch will geheilt werden und trägt keinerlei Begehr danach, daß man ihn als einen interessanten Fall betrachtet, was er nur für den Forscher sein darf, aber niemals für den Heiler!"

Auch die Eignung zum Forscher ist angeboren. Sie ist nicht minder hoch zu schätzen, und zweifellos haben uns viele Forscher große Fortschritte für die Heilkunde gebracht, die wir heute nicht mehr missen mögen. Jedoch sei man sich bewußt, daß der Forscher nur auf diesem, mehr indirektem Wege, zur praktischen Heilung des kranken Menschen beiträgt, so wesentlich auch das von ihm ausgehende Verfahren oder Medikament sein möge. Er tut demgemäß gut daran, sich auf seine Forschungstätigkeit zu beschränken. Überaus selten, so lesen wir weiter bei Bô Yin Râ, vereinigen sich beide Möglichkeiten des Heilers und des Forschers in einem Menschen. Solche begnadeten Naturen hat es freilich immer gegeben. Man denke an Hippokrates und Paracelsus. Sie vermochten zu gewissen Zeiten der Heilkunde neue Impulse zu geben, die sich weit über ihre Zeit hinweg auswirkten.
Ist man sich dieser beiden grundlegenden Begriffe, des angeborenen Heilers und des Forschers, unvoreingenommen bewußt, so wird manches Mißverständnis ausgeräumt, das bisher der Anerkennung vieler Naturheilverfahren hindernd im Wege stand. Es sollte sich nur derjenige der heilenden ärztlichen Tätigkeit zuwenden, der diese Möglichkeit der *Übertragung einer heilenden Kraft* deutlich in sich spürt. Das läßt sich freilich mit wissenschaftlicher Methodik nicht beweisen, und deshalb wird es immer Schwierigkeiten und Ablehnungen von manchen Seiten geben. Wir haben gerade in der Pflanzenheilkunde markante Beispiele hierfür. Pfarrer Kneipp in Bad Wörishofen und Pfarrer Künzle in der Schweiz, allgemein der „Kräuterpfarrer" genannt, haben diese Gabe als wahrhafte „Heiler" mit dem Bestreben nach wissenschaftlicher Begründung ihrer Heilverfahren in vorbildlicher Weise gezeigt.

Angefügt sei hier noch die Geschichte von der *Wiese der Glückseligkeit,* von der uns der viel zu früh verstorbene Münchner Botaniker Prof. Friedrich *Boas* berichtet. Wir finden in ihr die gleichen Gedankengänge, an einem ganz anderen Beispiel ausgedrückt. Ein neues Forschungs- und Lehrgut war fertig geworden. Man bemühte sich, dort die besten Saatmischungen für die Wiesen zu finden, um den Kühen ein gutes Gedeihen zu ermöglichen. Zwei Kühe, Helma und Lore, hatten das Vergnügen, auf diesen wissenschaftlich bearbeiteten Wiesen ihr Futter zu suchen. Zunächst wuchsen beide tüchtig heran. Dann aber kam die Zeit, wo sie Nachzucht bringen sollten. Die Kuh Helma aber versagte. Die besten Kenner kamen und untersuchten sie, fanden aber nichts. Nicht lange Zeit danach war es für die Kuh Lore so weit. Aber auch hier stellte sich das gleiche heraus. Man stand vor einem Rätsel. Die Wiese gedieh doch so gut, das Gras wuchs reichlich und gleichmäßig.

Eines Tages ging der Gutsleiter wieder über die Wiese und schaute traurig und nachdenklich auf seine Kühe. Da kam eine Überraschung. Wenige Meter von der nach wissenschaftlichen Grundsätzen angelegten Weide entfernt, nur durch einen Graben getrennt, befand sich eine Naturwiese, eine echte Bauernwiese, vielartig und vielfarbig. Das Futter dieser Wiese verbrauchte der Verwalter nur für seine Pferde. Nun aber hatte auch die Kuh Helma diese Wiese entdeckt. Mit einem kurzen Anlauf sprang sie über den Graben, stand auf der Bauernwiese und fraß und fraß, Klee, Wiesenknopf, Kümmel, Schafgarbe, Platterbse, sogar einige Königskerzen und die Blätter der am Bach stehenden Erlen. Alles geschah mit einer Gier, als wenn Helma wochenlang gehungert hätte. Sie fraß, als wollte sie einen gewaltigen Verlust nachholen. Bald folgte Lore nach. Der Gutsleiter war vernünftig genug, beide gewähren zu lassen. Helma bekam zur rechten Zeit ein Kalb, Lore ebenfalls.

Was war hier geschehen? Die Kuh Helma lehrt uns, daß zu einer vollwertigen, harmonischen Ernährung eine Vielfalt von Pflanzenarten und Pflanzenstoffen gehört. Auf der „wissenschaftlich" gezogenen Wiese war die Pflanzenkost zu einseitig. Es fehlte an Wirkstoffen, an Katalysatoren für die richtige Ausnützung der Nahrung. Außer dem Gras braucht die Kuh eben auch die Ergänzungspflanzen, die „Unkräuter", und diese verschafften sich Helma und Lore durch das Ausbrechen in die „Wiese der Glückseligkeit".

Nur in der Fülle der Natur, in ihrer nicht zu übertreffenden Mannigfaltigkeit findet sich die Vollkommenheit. Das sollte uns nachdenklich machen. Die Pflanzen, sowohl die Nutzpflanzen als auch die Heilpflanzen und die Gewürzpflanzen, liefern uns erst in ihrer Vielfalt die Grundlage für Leben und Gesundheit.

Der Baum und seine Verzweigungen

Kennzeichen des Lebens im gesamten Kosmos ist die Vielfalt. Das gleiche Leben äußert sich in außerordentlich mannigfacher Weise. Und doch ist es eben letztlich die gleiche Kraft, aus der alles entströmt. Eines der einfachsten Beispiele ist ein Baum in freier Natur. Läßt man ihn wachsen, wie er will, so sehen wir den starken Stamm, der sich immer mehr aufteilt. Aber doch bleiben alle seine Äste und Verzweigungen weise beschränkt. Man betrachte nur einmal einen einzelstehenden Baum, wie er doch eine gleichmäßig abgerundete Form zeigt, zu der sich alle seine vielfachen Verzweigungen zusammenfügen. Sie gliedern sich dem ganzen Aufbau ein und leben alle aus dem gleichen Wurzelwerk, aus dem gleichen Saft, der von dort aus zu ihnen aufsteigt und ihnen ihre Lebenskraft gibt. Es ist immer wieder erstaunlich zu sehen, wie keiner dieser Zweige sich allzu weit vom Zentrum entfernt und wie bei aller Vielfalt im Innern die äußere, meist kugelige oder ovale Form gewahrt bleibt.
Heute wird mehr Kräutertee getrunken, konnte man kürzlich in den Zeitungen lesen. Das Bedürfnis nach einer einfachen Behandlungsweise ist jedenfalls allerorten unverkennbar. Es wird die Aufgabe unserer Zeit sein, diesen Trend auszunutzen und zu fördern, wo immer es geht, aber dabei neuen Übertreibungen vorzubeugen. Ein sinnvoller *Mittelweg* wird auch hier das Richtige sein, gemäß den Worten von *Horaz:*

est modus in rebus
sunt certi denique fines
Es ist *Maß* in den Dingen
und sicher gibt es *Grenzen.*

Die Bedeutung der Heilpflanzen für die heutige Medizin

Die Heilpflanze ist wieder *modern* geworden. Eine Zeitlang schien es, als ob sie durch die stürmische Weiterentwicklung der Chemotherapie bald ganz in den Hintergrund gedrängt sein würde. Fraglos ist es der synthetischen Chemie gelungen, uns ganz große neue Heilmittel zu schenken, ohne die wir heute nicht mehr Arzt sein möchten. Aber inzwischen zeigen sich auch hier die Grenzen. Es wird nicht nur immer schwieriger, neue synthetische Heilmittel von wirklichem Wert zu entwickeln, sondern wir mußten auch bei den bisherigen erkennen, daß ihre Leistungsfähigkeit begrenzter ist, als man anfangs hoffte. Vor allem mußten die Ärzte in Praxis und Klinik feststellen, daß die Anwendung dieser Mittel am kranken Menschen die Behandlung nicht einfacher, sondern vielfach weit schwieriger und verantwortungsvoller machte, als man es erwartet hatte. Es erwies sich gerade bei den großen synthetischen Heilmitteln, daß sie im menschlichen Körper mannigfache Wirkungen hervorzubringen vermögen, also den Organismus in seiner Gesamtheit beeinflussen, wie wir das auch von den pflanzlichen Heilmitteln schon immer wußten. Therapeutisch ausnutzbar ist aber meistens nur eine dieser vielen Wirkungen, und die anderen sind vielfach recht störende, ja sogar gefährliche Begleiteffekte. Es war daher falsch, von Nebenwirkungen zu sprechen, denn damit wurde die Blickrichtung zu sehr auf das eine, jeweils erstrebte Ziel eingeschränkt. Es sei nur erinnert an die Corticosteroide, die Hormone aus der Nebennierenrinde, deren gewaltiger entzündungshemmender Effekt manche lebensbedrohliche Zustände überwinden hilft. Aber wir wissen alle, daß heute von allen maßgeblichen Seiten ernst und immer erneut gewarnt wird vor einer allzu leichtfertigen Anwendung dieser hochwirksamen Substanzen, da dann die schädlichen, sogar ebenfalls lebensbedrohenden Begleiteffekte sich allzu störend bemerkbar machen. Gleiches gilt von den modernen harntreibenden Substanzen, den Saluretica, deren harntreibender Effekt alles übersteigt, was wir bisher von pflanzlichen diuretischen Mitteln kannten, die aber zugleich gefährliche Störungen im Elektrolythaushalt hervorzurufen vermögen, vor allem den gefürchteten Kaliummangel. Bei den Antibiotika ist es vielleicht nicht ohne Reiz, daran zu erinnern, daß der Ausgangspunkt und das Ausgangsprodukt niedere Pilze sind, beim Penicillin unser gewöhnlicher Weißschimmel, also doch eben Pflanzen. Weiterhin ist es recht aufschlußreich, aus dem neuesten Schrifttum immer wieder zu ersehen, daß gerade das Penicillin als das erste und ursprüngliche Produkt rein pflanzlicher Natur seine führende Rolle keineswegs eingebüßt hat, sondern wegen seiner hervorragenden Wirksamkeit bei gleichzeitig fast fehlender Toxizität noch immer für viele Fälle das Mittel der Wahl darstellt.

Gerade aus den USA, die ja auf diesem Gebiete führend sind, kamen in letzter Zeit ernste, warnende Stimmen. Man sprach dort geradezu von einem neuen *Turmbau zu Babel,* welchen die moderne Medizin zu errichten im Begriffe steht. Die Nomenkultur der vielen neuen chemischen Produkte droht eine wahrhaft babylonische Sprachverwirrung in der Medizin hervorzurufen. Man versteht sich gegenseitig nicht mehr, selbst in der großen Klinik. Nur noch die Fachleute engster Gebiete finden sich in diesem Gewirr zurecht.

So konnte die Reaktion nicht ausbleiben. Wir wollen dabei nicht in den Fehler verfallen, etwa wieder von einer *Krise* in der Medizin zu sprechen. Ein kluger deutscher Kliniker hat einmal sehr gut gesagt, der Eindruck der Krise entstehe nur bei denen, die nicht mehr mitkommen. Nun, wir kommen in der modernen Phytotherapie durchaus mit, und wir fordern von dem Arzt, der sich mit naturheilkundlichen Verfahren beschäftigt, mit allem Ernst und Nachdruck, daß er über alle Fortschritte der gesamten Heilkunde, bis zur modernsten Pharmakotherapie hin, stets gut orientiert sei. Es darf sich keinesfalls so etwas wie ein trotziges Abkehren oder Beiseitestehen entwickeln. Aber wir müssen auch deutlich erkennen, daß sich zwischen den Verwendungsmöglichkeiten vieler neuer chemischer Präparate und der allgemeinen Praxis eine große Kluft auftut. Die Möglichkeiten der großen Klinik sind auf manchen Gebieten gewachsen und unbestreitbar. Gewachsen sind aber auch die Gefahren. Ein Schweizer Arzt drückte dies deutlich in witziger Weise derart aus: Die Behandlung in der Klinik ist gefährlich geworden, und als Präsent erhalten wir eine Reihe resistenter Bakterien von dorther mit.

Demgegenüber ist die Arzneipflanzentherapie die ausgesprochene Behandlungsform für die Praxis. Sie gibt dem Arzt einfache, aber gute und zweckmäßige Mittel in die Hand, die in vielen Fällen helfen, und deren Gefahren ganz wesentlich geringer sind. Freilich muß man hierbei eine der grundlegenden Regeln der Phytotherapie beachten, daß nämlich ein Erfolg in vielen Fällen nicht sofort eintritt, sondern erst bei längerer kurmäßiger Anwendung. Das aber macht gerade das Wesentliche in der ärztlichen Betreuung der Praxis aus: Wir sehen die Kranken über längere Zeit, müssen und können sie langfristig behandeln und beobachten. Das ist ein großer Unterschied zur Klinik, wo man rasche Erfolge erwartet.

Überhaupt ist es so, daß sich die pflanzliche Therapie gerade für diejenigen Krankheiten am besten eignet, welche heute so stark überhandgenommen haben. Es sei hier nur an die große Zahl der Herzerkrankungen erinnert, die nicht so schwer sind, daß sie eine Krankenhausbehandlung benötigen, die aber doch behandelt werden müssen. Gerade hier kommen wir mit recht einfachen phytotherapeutischen Mitteln aus. Das insuffiziente Herz erfordert nach wie vor Digitalis. Für die Erkrankungen der Herzkranzgefäße, für das Hypertonieherz und für die degenerativen Zustände am Herzmuskel auf der Grundlage von Altersveränderungen steht uns im Weißdorn (Crataegus) ein wirksames Mittel zur Verfügung; bei Reizleitungsstörungen verwenden wir statt des gefährlichen Chinidin lieber den Besenginster, Sarothamnus scoparius, bei leichter Herzmuskelschwäche mit Übererregbarkeit die Convallaria usw. Bei den Lebererkrankungen haben wir in der Mariendistel und in der Artischocke neue wertvolle Heilpflanzen gefunden, und so ließen sich diese Beispiele noch leicht vermehren.

Bei einer Umfrage im Publikum, ob der einzelne ein chemisches Mittel vorziehen würde, wenn er die Wahl hätte, waren die Antworten außerordentlich aufschlußreich: 11 Prozent wollen chemische Mittel, 37 Prozent aber pflanzliche Arzneimittel haben, 22 Prozent waren gleich interessiert, und der Rest war unbestimmt. Bei älteren Menschen wächst die Bewertung der pflanzlichen Mittel noch mehr. Hier waren es fast die Hälfte – 48 Prozent –, die angaben, sie hätten lieber ein pflanzliches Mittel. Auch das sollte uns doch zu denken geben. Es ist fraglos, daß wir Ärzte auf dem Gebiet der Arzneibehandlung eine Selbstbesinnung brauchen und dabei an den Heilpflanzen nicht mehr vorübergehen können. Das wird bestätigt durch eine Umfrage bei 787 Kassenärzten, welche die Pressestelle der Ärztekammer Baden-Württemberg in Stuttgart durchführte. Sie sollte Auskunft geben über die Verbreitung der Heilweisen in der Praxis, zumal solcher, die nicht allgemein üblich sind. Dabei zeigte es sich, daß die Verordnung *pflanzlicher* Heilmittel einen über Erwarten großen Anteil hat. Die Phytotherapie hat in den letzten Jahren einen so beträchtlichen Aufschwung genommen, so daß wir geradezu von einer *Renaissance* derselben sprechen können. Zwei Tatsachen sind hierbei besonders eindrucksvoll. Zunächst ist festzustellen, daß sich die Forschung in zunehmendem Maße mit den pflanzlichen Arzneimitteln beschäftigt und hierbei zu sehr bemerkenswerten Ergebnissen gekommen ist. Es hat sich immer wieder gezeigt, daß eine schon längst bekannte Arzneipflanze ein ganz anderes medizinisches Gesicht gewinnt, wenn sich die moderne Chemie, die Pharmakologie und die Klinik damit eingehender befassen.

Die zweite Tatsache, die zu dem neuen großen Aufschwung der Phytotherapie geführt hat, liegt in der Entwicklung besserer und vielfach auch standardisierter Präparate. Hier müssen wir Ärzte es dankbar begrüßen, daß die Industrie in vorbildlicher Weise gearbeitet hat, und es ist gar nicht zu verkennen, daß dadurch die gesamte wissenschaftliche Erforschung der Arzneipflanzen mannigfache und wesentliche Anstöße und Förderungen erhielt. Es ist hierbei nicht anders wie auf anderen Gebieten der Heilkunde auch. Erst die Zusammenarbeit der klinischen und praktischen Erprobung mit einer hochwertigen Arzneimittelproduktion kann heute zu wirklichen Fortschritten führen.

Einen neuen Aspekt hat die Phytotherapie auch bekommen durch die Hinzunahme einer ganzen Reihe fremdländischer Arzneipflanzen. Dabei wurde eine sehr eigenartige und aufschlußreiche Erfahrung gemacht. Es zeigte sich nämlich, daß die meisten der bei uns eingeführten Arzneipflanzen fremder Länder letztlich aus der Volksmedizin derselben stammen. Es handelt sich also keineswegs um Neuentdeckungen, sondern ebenfalls nur um Bestätigungen uralten Erfahrungsgutes. Das trifft zu für die Rauwolfia, die bereits in den alten indischen Veden und Upanischaden als Heilpflanze genannt ist, für die Ephedra, die als Asthmamittel bei uns eingeführt wurde, aber aus der alten chinesischen Volksmedizin stammt, und ebenso die Khella, Ammi visnaga, die in Ägypten schon seit alten Zeiten bei Blasenerkrankungen gebraucht wurde. Die neuere Durchforschung derartiger Pflanzen ergab aber dann doch auch neue Aspekte insofern, als sich andere Indikationsgebiete als wesentlicher herausstellten, entgegen der Anwendung in der Volksmedizin dieser Länder. So wurde bei der

Khella gefunden, daß der spasmolytische Effekt am stärksten an den Bronchiolen und an den kleinen Coronargefäßen ist, so daß sich die Anwendung von den Blasen-Nierenerkrankungen auf Bronchialasthma und die coronare Herzkrankheit verlagerte.
Erstaunlich ist auch, daß manche Pflanzen fremder Länder beträchtliche Heilwirkungen aufweisen, die man früher noch gar nicht kannte. Ein gutes Beispiel hierfür ist der japanische Ginkgo-Baum, der sich als ein sehr brauchbares Gefäßtonikum erwiesen hat. Andererseits hat sich bei manchen ausländischen Heilpflanzen herausgestellt, daß ihre Wirkungen letzten Endes doch nicht anders sind wie diejenigen entsprechender heimischer Pflanzen. Das trifft vor allem auf das Strophanthin zu, dessen Wirkung im Prinzip nicht anders und nicht einmal so viel stärker ist als diejenige des Digitoxin aus unserem heimischen Roten Fingerhut.
Der alte Streit, ob Frischpflanze, Volldroge oder isolierte Reinsubstanz besser und vorzuziehen seien, hat heute an Aktualität verloren. Wir haben erkannt, daß sich hier eine allgemein gültige Antwort nicht finden läßt. Man muß sich von Fall zu Fall entscheiden. Wohl aber haben sich deutliche Hinweise darauf ergeben, daß in manchen, wenn auch längst nicht in allen Fällen, die Gesamtheit der Inhaltsstoffe in dem ausgewogenen Verhältnis der Frischpflanze oder der Volldroge bei der Anwendung am Kranken Vorteile haben kann, während andererseits die experimentelle Erforschung der Wirkungen sich lieber der isolierten Reinsubstanz bedient.
So stellt sich nunmehr die Aufgabe, den *Platz* zu finden, den die Heilpflanze in der heutigen Medizin einzunehmen hat. Wir finden ihn vielleicht am ehesten, wenn wir auf älteste Erfahrungen zurückgreifen und sie den heutigen Verhältnissen anzupassen suchen. Vor etwa 3000 Jahren formulierte einer der wahrhaft Weisen und Großen der antiken Heilkunde, Asklepios von Thessalien, die Reihenfolge in der Anwendung der Heilmittel folgendermaßen:

zuerst das Wort –
dann die Pflanze –
zuletzt das Messer!

Heute müssen wir diesen Ausspruch etwas modifizieren, denn wir können das große chemische Arzneimittel nicht mehr aus unserem Heilschatz herauslassen. Daher habe ich folgende Modifikation vorgeschlagen.

zuerst das Wort –
dann das pflanzliche Heilmittel –
danach das große synthetische Chemotherapeutikum –
und zuletzt das Messer!

So haben wir alles zusammen und erkennen gleichzeitig den Platz, den die Heilpflanze auch in der modernen Medizin einzunehmen hat: den Platz noch vor dem großen synthetischen Arzneimittel, den Platz auch noch vor der Operation oder der Bestrahlung auf jeden Fall jedoch einen vollwertigen Platz. Gleichzeitig wird dadurch aber nicht nur die Stelle, sondern ebenso die Intensität und die Gefährlichkeit der einzelnen Behandlungsmethoden bestimmt, indem wir von den leichtesten fortschreiten bis zu den schwersten. Manchem mag dabei die Hydrotherapie und die Diätetik fehlen. Sie sind in dem Ausspruch des Asklepios nicht besonders berücksichtigt. Vielleicht liegt das daran, daß die schon im Altertum viel gebrauchten Kräuterbäder ohnehin zu der ,,Pflanze" zählten. Auch die Ernährung bedient sich ja pflanzlicher Produkte. Wir werden also nicht fehlgehen, wenn wir diese beiden Gruppen von Heilanwendungen mit einbeziehen in den Begriff, der hier mit ,,Pflanze" ausgedrückt ist.

Wohl aber dürfte es, gerade in heutiger Zeit, angebracht sein, mit Nachdruck darauf zu verweisen, daß das ,,Wort" an den Anfang aller heilkundlichen Bemühungen gestellt ist. Das galt schon damals, und heute beginnt man sich wieder bewußter darauf zu besinnen. Das ,,Wort" ist ein seelisches Heilmittel und wendet sich daher zunächst an die Psyche, von der aus es dann auch gewichtige Wirkungen bis in die körperliche Sphäre hinein auszuüben vermag. Das hat uns die neue Lehre von der Psychosomatik wieder deutlich gemacht. Das ,,Wort", in der richtigen Weise ,,gesprochen", ist eine Kraft, deren Wirkung und Reichweite weit größer ist, als man in einer materialistisch eingestellten Welt anzunehmen geneigt war. Verbindet sich die Kraft des Wortes, in einfachster Weise in einem bewußten *ärztlichen Gespräch* mit der geichzeitigen Darreichung eines pflanzlichen Heilmittels, so haben wir eine ideale Heilform, die für die große Mehrzahl aller Erkrankungen bereits ausreichen dürfte. Vor allem trifft dies zu für die vielen Fälle, die der Arzt täglich in seiner Praxis sieht. Aber auch die Klinik sollte sich, bewußt geworden durch die Ergebnisse der Psychosomatik, an diese Grundtatsache allen Heilens mehr erinnern. Sie wird es nicht zu bereuen haben.

Ein ,,Zurück zur Natur" im Sinne von Rousseau kann es heute nicht mehr geben. Das gilt auch für die Naturheilkunde. Wir müssen uns des gesamten Rüstzeuges der modernen Medizin bedienen, aber wir sollen uns von der Technik nicht beherrschen lassen. Unsere Aufgabe wird es vielmehr sein, einen Mittelweg zu finden und uns eine Materia medica zu erarbeiten, die in gleicher Weise alles Neue wie auch das bewährte Alte umfaßt, in kritischer Auswahl und immer im Hinblick darauf, was dem kranken Menschen nützen kann. Dabei werden die Phytotherapeutika einen breiten Raum einzunehmen haben. Vorbedingung ist jedoch, daß wir die pflanzlichen Mittel kennen. Sie haben dabei vor den synthetischen den Vorzug, daß uns ihr Ausgangspunkt, die Pflanze selbst anschaulich vor Augen steht, in etwa der gleichen Weise, wie dem Chemiker die Strukturformel des Stoffes, mit dem er sich beschäftigt. Eines ist so notwendig wie das andere, und wir sollten daher über allem technischen und laboratoriumsmäßigen Fortschritt das einfache Kennen, Betrachten und Unterscheiden der Heilpflanzen nicht vernachlässigen. Die Phytotherapie steht nicht isoliert im Raume, sie ist kein Hobby von solchen, die sich gerne damit beschäftigen; sondern es ist eine ernste und wesentliche Aufgabe, die sich uns hier mit mannigfachen neuen Ergebnissen und Perspektiven eröffnet hat. Wir wollen erkennen, welches der Wert der Heilpflanze heute noch ist, wie er es wahrscheinlich immer sein wird, und wir werden dann mit um so größerer Berechtigung an die praktische Anwendung gehen können. Die Phytotherapeutika sind aus unserer heutigen Medizin nicht mehr fortzudenken. Leicht war es nicht, dahin zu kommen. Möge die Medizin der kommenden Tage sich dieser Errungenschaften bewußt sein, sie immer mehr festigen und ausgestalten, zum Wohle der leidenden Menschheit.

Stichwortverzeichnis

Gesundheit durch die heilende Kraft der Natur.

Klosterfrau Melissengeist für Kopf, Herz, Magen, Nerven.

Nie war er so wertvoll wie heute.

Beratung über dieses natürliche Arzneimittel durch Ihre Apotheke, Fachdrogerie und Ihr Reformhaus.

Klosterfrau Melissengeist. Innerliche Anwendung: Nervöse Störungen, wie nervöse Kopfschmerzen, nervöse Magen- und Darmbeschwerden, nervöse Einschlafstörungen, nervöse Herzbeschwerden ohne organische Ursache, Wetterfühligkeit, Beschwerden in den Wechseljahren. Zur Vorbeugung und als unterstützende Maßnahme bei Beschwerden infolge Erkältung, grippalem Infekt. Äußerliche Anwendung: Muskelkater, Hexenschuß und Erschöpfung. Innerlich nicht anzuwenden bei Lebererkrankungen sowie Magen- und Darmgeschwüren. MCM Klosterfrau, Köln.

sinupret®
SEKRETOLYTIKUM
bei
SINUSITIDEN
und
SINOBRONCHITIDEN
Zusammensetzung: 100 g enthalten 29 g Mazerat (Auszugsmittel 58,9 V/V Ethanol) aus: Rad. Gentian. 0,2 g, Flor. Primul. cum Calyc. 0,6 g, Herb. Rumic. acet. 0,6 g, Flor. Sambuc. 0,6 g, Herb. Verben. 0,6 g. – 1 Dragée enthält: Rad. Gentian. 0,006 g, Flor. Primul. cum Calyc. 0,018 g, Herb. Rumic. acet. 0,018 g, Flor. Sambuc. 0,018 g, Herb. Verben. 0,018 g, Vitamin C 0,010 g. Indikationen: Akute, subakute und chronische Sinusitiden, Rhinosinusitis, Sinobronchitis, Infektprophylaxe beim bronchitischen Syndrom, sinogener Kopfschmerz. Kontraindikationen sind bisher nicht bekannt. Nebenwirkungen wurden bisher nicht beobachtet. Dosierung: 3mal täglich 10 bis 50 Tropfen oder 1 bis 2 Dragées. Handelsformen: OP mit 100 ml DM 9,75, OP mit 50 Dragées (N2) DM 9,45, OP mit 100 Dragées (N3) DM 15,90; Großpackungen mit 500 ml, 1000 ml und 1000 Dragées. – Stand bei Drucklegung.
bionorica 8500 NÜRNBERG 1